总第4辑 (2017.1)

中国审判指导丛书

环境资源审判指导

最高人民法院环境资源审判庭 编

人民法院出版社

图书在版编目（CIP）数据

环境资源审判指导.2017年.第1辑：总第4辑/最高人民法院环境资源审判庭编.—北京：人民法院出版社,2018.3
（中国审判指导丛书）
ISBN 978-7-5109-2059-2

Ⅰ.①环… Ⅱ.①最… Ⅲ.①环境保护法-审判-研究-中国 Ⅳ.①D922.684

中国版本图书馆 CIP 数据核字（2018）第026022号

环境资源审判指导 2017年第1辑（总第4辑）
最高人民法院环境资源审判庭 编

责任编辑	范春雪
执行编辑	陈映锦
出版发行	人民法院出版社
地　　址	北京市东城区东交民巷27号（100745）
电　　话	（010）67550525（责任编辑） 67550558（发行部查询）
	65223677（读者服务部）
网　　址	http://www.courtbook.com.cn
E-mail	courtpress@sohu.com
印　　刷	三河市国英印务有限公司
经　　销	新华书店

开　　本	787×1092毫米 1/16
字　　数	299千字
印　　张	18.25
版　　次	2018年3月第1版 2018年3月第1次印刷
书　　号	ISBN 978-7-5109-2059-2
定　　价	38.00元

版权所有 侵权必究

《环境资源审判指导》编辑委员会

主 任 委 员　江必新

副主任委员　杜万华

委　　　员　郑学林　王旭光　魏文超　毕东升

　　　　　　张　华　王季君　贾清林　王展飞

　　　　　　刘小飞

执 行 编 辑　刘小飞　陈中原

目 录

【环境资源审判政策与精神】

周强院长在人民法院环境资源审判成果展开幕式上的致辞 ……… (1)

全面学习宣传贯彻十九大精神推动环境资源审判工作再上新台阶

——江必新副院长在"全国环境资源司法理论研究基地与

实践基地第二届联席会暨贵阳环境司法专门化

十周年论坛"上的讲话 ……………………………………… (3)

江必新副院长在全国法院推进检察公益诉讼审判工作

视频会议上的讲话 ………………………………………… (17)

江必新副院长在环境损害司法鉴定研究基地成立暨

环境损害司法鉴定理论与实务研讨会上的讲话 …………… (32)

江必新副院长在生物多样性司法保护国际研讨会上的致辞 …… (42)

【法律法规、司法解释、规范性文件】

中华人民共和国水污染防治法

（2017年6月27日第二次修正） ………………………… (45)

全国人民代表大会常务委员会

关于修改《中华人民共和国民事诉讼法》和《中华人民共和国

行政诉讼法》的决定

（2017年6月27日） ……………………………………… (65)

最高人民法院 最高人民检察院

关于办理非法采矿、破坏性采矿刑事案件适用

法律若干问题的解释

（2016年11月4日） ……………………………………… (66)

最高人民法院　最高人民检察院
　　关于办理环境污染刑事案件适用法律若干问题的解释
　　　　（2016年12月8日） ………………………………………（70）
最高人民法院
　　关于审理矿业权纠纷案件适用法律若干问题的解释
　　　　（2017年6月24日） ………………………………………（76）
最高人民法院
　　关于审理环境公益诉讼案件的工作规范（试行）
　　　　（2017年4月1日） ………………………………………（80）

【环境资源部门规章】

环境保护部　公安部　最高人民检察院
　　关于印发《环境保护行政执法与刑事司法衔接工作办法》的通知
　　　　（2017年1月25日） ………………………………………（93）
农用地土壤环境管理办法（试行）
　　　　（2017年11月1日） ……………………………………（100）

【理解与适用】

《关于办理非法采矿、破坏性采矿刑事案件适用法律若干问题的
　　解释》的理解与适用 ………………………………… 喻海松（106）
《关于办理环境污染刑事案件适用法律若干问题的
　　解释》的理解与适用 ………………………… 周加海　喻海松（119）
《最高人民法院关于审理矿业权纠纷案件适用法律
　　若干问题的解释》的理解与适用
　　　　………………………… 郑学林　王旭光　贾清林　刘牧晗（132）
指导案例75号《中国生物多样性保护与绿色发展基金会诉宁夏
　　瑞泰科技股份有限公司环境污染公益诉讼案》理解与参照
　　　　………………… 王旭光　刘小飞　叶　阳　吴凯敏　李　兵（151）

【环境资源典型案例】

环境污染犯罪典型案例 ………………………………………… (158)
  一、刘祖清污染环境案 ……………………………………… (158)
  二、田建国、厉恩国污染环境案 …………………………… (159)
  三、浙江汇德隆染化有限公司等污染环境案 ……………… (159)
  四、王秋为等污染环境案 …………………………………… (161)
  五、湖州市工业和医疗废物处置中心有限公司污染环境案 … (162)
  六、建滔(河北)焦化有限公司污染环境案 ……………… (163)
  七、白家林、吴淑琴污染环境案 …………………………… (164)
  八、浙江金帆达生化股份有限公司等污染环境案 ………… (164)

环境公益诉讼典型案例 ………………………………………… (167)
  一、江苏省泰州市环保联合会诉泰兴锦汇化工有限公司等
     水污染民事公益诉讼案 ………………………………… (167)
  二、中国生物多样性保护与绿色发展基金会诉宁夏瑞泰科技
     股份有限公司等腾格里沙漠污染系列民事公益诉讼案 … (169)
  三、中华环保联合会诉山东德州晶华集团振华有限公司
     大气污染民事公益诉讼案 ……………………………… (172)
  四、重庆市绿色志愿者联合会诉湖北恩施自治州建始磺厂
     坪矿业有限责任公司水库污染民事公益诉讼案 ……… (173)
  五、中华环保联合会诉江苏江阴长泾梁平生猪专业合作社等
     养殖污染民事公益诉讼案 ……………………………… (175)
  六、北京市朝阳区自然之友环境研究所诉山东金岭化工
     股份有限公司大气污染民事公益诉讼案 ……………… (176)
  七、江苏省镇江市生态环境公益保护协会诉江苏优立光学
     眼镜公司固体废物污染民事公益诉讼案 ……………… (177)
  八、江苏省徐州市人民检察院诉徐州市鸿顺造纸有限公司
     水污染民事公益诉讼案 ………………………………… (179)
  九、贵州省六盘水市六枝特区人民检察院诉贵州省镇宁布依族
     苗族自治县丁旗镇人民政府环境行政公益诉讼案 ……… (180)

十、吉林省白山市人民检察院诉白山市江源区卫生和计划生育局、
　　白山市江源区中医院环境行政附带民事公益诉讼案 ……（181）

【理论与实务研究】

中国环境资源审判的新发展 ………………………… 郑学林（183）
关于出席2017年度世界环境大会的总结报告
　………………………………………… 贾清林　刘山煽（190）
"环境资源法律和司法实践"专题培训交流团赴美总结报告
　……………… 刘晓华　朱　婧　张红生　薛　森　朱　丽（202）
温州污染环境刑事案件调研报告 ………… 任国权　戴一威（224）
深化环境公益诉讼理论与实务研究提升环境公共利益法治保障水平
　——"环境公益诉讼理论与实务研讨会"综述
　………………………………… 刘小飞　刘慧慧　陈　乾（237）
生物多样性司法保护国际研讨会综述 ………… 刘慧慧　王　璐（249）

【裁判文书选登】

中华人民共和国最高人民法院民事判决书
　（2015）民二终字第167号 ……………………………（260）
山东省德州市中级人民法院民事判决书
　（2015）德中环公民初字第1号 ………………………（273）

【环境资源审判政策与精神】

在人民法院环境资源审判成果展开幕式上的致辞

最高人民法院院长　周强

（2017年6月5日）

各位来宾，同志们、朋友们：

大家上午好！今天是"世界环境日"，欢迎各位嘉宾在这个特殊的日子莅临中国法院博物馆，参加"人民法院环境资源审判成果展"开幕式。首先，我代表最高人民法院，对各位嘉宾的到来表示热烈的欢迎，对大家长期以来对人民法院工作的关心、支持表示衷心的感谢！

党的十八大以来，以习近平同志为核心的党中央统筹推进"五位一体"总体布局、协调推进"四个全面"战略布局，把生态文明建设摆在全局工作的突出地位，牢牢坚持新发展理念，在环境资源保护方面取得举世瞩目的成就。在党中央坚强领导下，在相关部门和社会各界的关心支持下，在各级法院的共同努力下，人民法院环境资源审判事业取得了可喜成绩。

我们始终立足审判职能，积极服务和保障国家生态安全、环境公共利益和人民群众环境权益。各级法院牢记职责使命，以现代环境司法理念为引领，依法审理各类环境资源案件。特别是将当前人民群众普遍关心的大气、水、土壤污染案件，以及京津冀、长江经济带和三江源等重点区域生态保护案件作为审理重点，作出了一批具有重大社会影响的标杆性判决，推出了一批具有示范教育功能的典型案例，大力弘扬社会主义核心价值观，促进在全社会形成保护生态环境的良好氛围。

我们着力提升环境资源审判专业化水平。2014年，最高人民法院设立环境资源审判庭，推动环境资源审判专业化建设。经过3年的努力，专业化的环境资源审判已经全面铺开。地方各级法院根据本地实际情况，合理设置环境资源审判专门机构，探索建立环境资源案件跨行政区划集中管辖制度和归口审理模式，构建与行政机关、检察机关之间的协调联动机制，完善多元纠纷解决机制。这些卓有成效的制度建设，为全面加强生态环境司法保护筑牢了坚实基础，提供了不竭动力。

我们努力建设一支高素质的环境资源审判队伍。最高人民法院成立环境资源司法研究中心，建立3个环境司法理论研究基地和15个实践基地，组建环境资源审判咨询专家库，开展了内容丰富、形式多样的专题培训、业务交流和会议研讨，推出了一系列有分量的理论研究成果，有力指导司法实践。一些地方法院也设立了环境资源专家库，为生态环境司法保护提供了智力支持。

我们不断加强环境司法国际交流合作，积极参与全球环境治理。我们深刻地认识到，以气候变化为代表的诸多环境问题已经突破了国与国之间的界限，需要世界各国携手应对。我们采取"请进来、走出去"的方式，着力搭建环境司法国际交流平台，学习借鉴国外先进经验，介绍中国环境资源审判的发展成就，为推进全球环境治理贡献中国司法智慧。

人民法院环境资源审判工作取得的成效，与中央各有关部门的关心支持，与全国人大代表、全国政协委员的有力监督是分不开的。我们举办这次专题展，既是对党的十八大以来人民法院环境资源审判工作的一次系统总结和集中展示，也是一次向大家的全面汇报和深入交流。我们希望通过这次展览，让全社会更加了解中国环境资源审判工作的发展历程、审判体系以及服务保障生态文明建设效果方面的情况，同时更好地听取各位嘉宾和社会各界的意见和建议。

我们将以今天的展览作为一个新的起点，牢固树立"绿水青山就是金山银山"的强烈意识，不断提高环境资源审判能力和水平，充分发挥环境司法在节约资源和保护环境方面的积极作用，为建设天蓝地绿水净的美丽中国，为实现"两个一百年"奋斗目标和中华民族伟大复兴的中国梦作出新的更大贡献！

全面学习宣传贯彻十九大精神
推动环境资源审判工作再上新台阶

——在"全国环境资源司法理论研究基地与实践基地第二届联席会暨贵阳环境司法专门化十周年论坛"上的讲话

最高人民法院副院长　江必新

（2017年11月9日）

各位领导、各位专家、同志们：

在中国特色社会主义进入新时代的历史背景下，如何在习近平新时代中国特色社会主义思想的指引下，不断提升生态文明建设和绿色发展司法保障的能力水平，为美丽中国建设，为人民群众的美好生活贡献司法力量，是我们必须认真研究和深入思考的课题。刚刚胜利闭幕的党的十九大，是在全面建成小康社会决胜阶段、中国特色社会主义进入新时代的关键时期召开的一次历史性重大会议。党的十九大报告和党章把习近平新时代中国特色社会主义思想确立为全党必须长期坚持的指导思想，作出中国特色社会主义进入了新时代、我国社会主要矛盾已经转化为人民日益增长的美好生活需要和不平衡不充分的发展之间的矛盾等重大政治论断，明确了全面建设社会主义现代化国家分"两个阶段"安排的新战略。在生态文明建设领域，十九大报告明确把"坚持人与自然和谐共生"纳入新时代坚持和发展中国特色社会主义的基本方略，指出"建设生态文明是中华民族永续发展的千年大计""必须树立和践行绿水青山就是金山银山的理念""像对待生命一样对待生态环境"。2035年基本实现的社会主义现代化，将"生态环境根本好转，美丽中国目标基本实现"作为重要的衡量标准；本世纪中叶即将建成的富强民主文明和谐美丽的社会主义现代化强国，把

"美丽"作为建成社会主义现代化强国的重要衡量标准之一。十九大报告提出的一系列新理念、新论断、新任务和新举措，为推进全面依法治国和生态文明法治建设提供了理论指导、指明了前行方向。人民法院担负着维护国家利益和环境公共利益，保障人民群众合法环境权益的重要职责，是进行伟大斗争、建设伟大工程、推进伟大事业、实现伟大梦想不可或缺的一支重要力量，必须把学习宣传贯彻党的十九大精神作为当前和今后一个时期的重要政治任务，在学懂、弄通、做实上下功夫，在具体的环境资源审判工作中将十九大精神落到实处。

一、深刻认识准确把握新时代环境资源审判工作的历史使命

十九大报告深刻指出，"经过长期努力，中国特色社会主义进入了新时代，这是我国发展新的历史方位"。人民法院要深刻认识、准确把握中国特色社会主义进入新时代的历史方位，进一步增强做好环境资源审判工作的历史责任感，以更高的站位、更宽的视角、更强的担当，准确把握环境资源审判工作的时代使命。

（一）要准确把握新时代环境资源审判工作面临的形势。十九大报告充分肯定十八大以来取得的历史性成就和历史性变革，包括生态环境保护方面取得的成就，同时也清醒地看到，"发展不平衡不充分的一些突出问题尚未解决，发展质量和效益还不高"，"生态环境保护任重道远"。我们要加强对环境资源保护的认识，认清和把握好环境资源审判面临的形势和任务。目前我国环境问题主要体现在环境污染严重和生态系统退化，一些重点流域、海域水污染严重，部分区域和城市大气雾霾现象突出，农村环境污染尤其土壤、地下水污染加剧，部分地区自然资源开发过度，生态系统功能退化，生态环境比较脆弱。近年来，人民法院紧紧围绕党和国家工作大局，切实贯彻节约资源和保护环境基本国策，全面加强和创新环境资源审判工作，审判职能作用日益彰显，体制机制改革稳步推进，机构队伍建设不断深化，监督指导成效显著，公众参与更加广泛，全社会保护环境观念和环境法治观念明显增强。但在认真总结成绩和经验的同时，也要认识到环境资源审判工作实际中还存在着一些困难和挑战：有的法院对环境资源审判工作的特殊性、重要性认识不足，部分同志担当意识不够，使命感不强；环境资源审判专门化工作机制发展不平衡、专门审判机构发展不健全的问题仍然存在；环境公益诉讼有待加强，新型、疑难、复杂案件法

律适用问题有待进行深入研究；环境资源审判队伍建设还存在薄弱环节，现有法官队伍素质尚不能完全适应审判工作需要，等等。对此，我们要高度重视，切实研究，破解难题，补齐短板。

（二）要准确把握新时代环境资源审判工作的主要矛盾。十九大报告提出了我国社会主要矛盾"已经转化为人民日益增长的美好生活需要和不平衡不充分的发展之间的矛盾"这一重大政治论断，矛盾中的主要短板特别列举了安全、环境、公平、正义等方面内容，这些都与生态环境息息相关。这是对时代发展、人民期待的精准把握和呼应。人民法院新时代环境资源审判工作的主要矛盾也相应转化为人民群众日益增长的对美好生态环境和公正环境资源司法保障的需求与人民法院环境资源审判工作发展不平衡、人民群众环境权益司法保障不充分之间的矛盾。要充分认识中国特色社会主义进入新时代、我国社会主要矛盾发生历史性变化对人民法院工作提出的新要求，紧紧抓住人民法院新时代环境资源审判工作的主要矛盾，找准环境资源审判工作的新目标、新方向，不断完善审判理念、工作机制和裁判方法，推动环境资源审判工作科学发展。

（三）要准确把握新时代人民群众对环境资源审判工作的新需求。十九大报告指出要建设美丽中国，把绿色纳入社会主义现代化强国建设的重要内涵。同时，司法审判要发挥职能作用助推法治国家、法治政府和法治社会建设，进一步强化人权的司法保障。我国即将全面建成小康社会，人民美好生活需要日益广泛，不仅对物质文化生活提出了更高要求，而且在民主、法治、公平、正义、安全、环境等方面的要求日益增长。美好生活内涵的不断丰富，对于我们全面分析把握人民群众追求美好生活过程中的多样化、多层次的环境资源司法需求具有重要的理论指导意义和实践意义。要自觉将思想和认识统一到十九大报告的重要论断上来，将人民群众对优美生态环境和公平正义的需求作为环境资源审判工作的根本出发点和落脚点，充分认识工作中存在的问题，直面困难和挑战，努力提供更加优质高效便捷的环境资源司法服务，保障人民群众的环境知情权、参与权和监督权，回应人民群众对良好生态环境的更高期待。

（四）要准确把握新时代环境资源审判工作的新任务。十九大报告指出，在决胜全面建成小康社会的过程中，要用最严格的制度来保护生态环境，坚决打赢环境保护和污染治理的攻坚战，把我国建成富强民主文明和谐美丽的社会主义现代化强国。环境资源审判工作作为人民法院审判工作的重要组成部分,肩负着保障宪法和法律实施的庄严使命,关系到坚守社会公平正义的神圣职责。要紧紧围绕十九大报告提出的建设"美丽中国"四项任务,深入研究新时代环境资源审判工作的特点和规律,严格落实生态环境损害赔偿和责任追究制度,为健全环境治理和生态保护市场体系提供司法保障,提升生态环境治理的法治化、现代化水平。

二、牢固树立和践行新时代环境资源审判的新观念

十九大报告对于本世纪中叶建成社会主义现代化强国,首次提出了"美丽"的目标要求。人民法院必须坚定不移贯彻创新、协调、绿色、开放、共享的发展理念,树立和践行像对待生命一样对待生态环境,绿水青山就是金山银山,山水林田湖草一体保护,人与自然是生命共同体,节约优先、保护优先、自然恢复为主和维护环境正义的新时代环境资源审判的新观念。

(一)树立和践行像对待生命一样对待生态环境的生态文明观,实行最严格的生态环境保护制度

习近平总书记多次强调,只有实行最严格的制度,最严密的法治,才能为生态文明建设提供保障。"在生态环境保护问题上,就是要不能越雷池一步,否则就应该受到惩罚"。要像对待生命一样对待生态环境,将科学处理人与自然的关系作为新时代中国特色社会主义的应有之义,生动阐述了人与自然之间唇齿相依的一体性关系。实行最严格的环境资源保护制度,有赖于最严格的执法和司法作保障,要求人民法院在环境资源审判工作中必须严格执行法律规定,依法独立公正审理各类环境资源纠纷案件。要结合主体功能区制度因地制宜,根据优化开发区域、重点开发区域、限制开发区域、禁止开发区域、划定生态保护红线区域的不同定位要求确定不同的处理思路。要坚持法律底线不可触碰,在严守资源消耗上限、环境质量底线、生态保护红线的前提下,正确运用法律解释规则和裁判方法,实现法律效果和社会效果的统一,依法服务保障经济社会健康发展。

(二)树立和践行绿水青山就是金山银山的绿色发展观,正确处理生态环境保护与经济发展的关系

十九大报告强调"必须树立和践行绿水青山就是金山银山的理念",深刻揭示了经济发展和生态环境保护的关系,深化了对经济社会发展规律和自然生态规律的认识,是生态文明价值观的核心内容。建设社会主义现

代化国家,解决生态环境问题,最终要依靠高质量、高效益的发展,要依靠科学的发展。当前,我国工业化、城镇化、农业现代化的任务尚未完成,城乡区域发展不均衡,经济增长方式转变遗留的环境问题凸显,产业转移带来环境压力持续加剧,经济发展与环境保护的矛盾仍然十分突出。人民法院在环境资源案件审理执行过程中,要处理好经济发展与环境保护的关系,要在加强生态环境和受害人保护的前提下,综合考量合理利用环境容量的现实需要、生产经营行为的性质以及社会整体利益等因素,合理运用容忍限度理论,创新审判和执行方式。要找准环境保护、经济发展和维护人民群众环境权益之间的平衡点,为建立健全绿色低碳循环发展经济体系提供司法服务和保障。

(三)树立和践行山水林田湖草一体保护的系统保护观,统筹推进生态环境系统治理

十九大报告提出设立国有自然资源资产管理和自然生态监管机构,统一行使全民所有自然资源资产所有者职责和所有国土空间用途管制、生态保护修复职责;统筹山水林田湖草系统治理,将"草"与"山水林田湖"系统治理统筹起来。这是对自然界认识的又一大进步,充分体现了我党对自然共同体的认识更加完整。树立和践行山水林田湖草一体保护的理念,是落实十九大报告关于"构建国土空间开发保护制度,完善主体功能区配套政策,建立以国家公园为主体的自然保护地体系"的重要内容,坚持山水林田湖草一个都不能少,为环境资源司法保护构建了一种整体的认知方式。人民法院在环境资源司法保护过程中要坚持源头保护、系统保护,要适应环境资源保护的整体性特点,统筹适用刑事、民事、行政责任,落实以生态环境修复为中心的损害救济制度,妥善处理权利冲突和责任竞合问题。要在中立裁判的基础上,适度强化能动司法,探讨环境资源系统修复、整体保护、综合治理的保护模式,探索恢复性生态环境司法的新手段、新领域,推动形成绿色发展方式。

(四)树立和践行人与自然是生命共同体的生态伦理观,推动人与自然和谐共生

十九大报告提出人与自然是生命共同体,人类必须尊重自然、顺应自然、保护自然。我们要建设的现代化是人与自然和谐共生的现代化,坚持人与自然和谐共生是新时代坚持和发展中国特色社会主义的基本方略。人民法院必须认识到人和自然是血脉相连的生命共同体,在环境资源审判工

作中尊重自然、遵循自然规律，通过有效法律手段把生产生活规制在环境承载力和环境容量范围内。要积极服务保障国家重大战略实施，围绕创新驱动发展战略、乡村振兴战略、区域协调发展战略、可持续发展战略等，研究推动绿色发展的司法举措。要依法妥善衡平各方利益冲突，处理好全局利益与局部利益、长远利益与短期利益、公共利益与个人利益、当代利益与后代利益的关系，统筹兼顾生态环境保护和社会经济发展，衡平个人环境权益与国家利益、社会公共利益的关系，促使经济社会发展建立在资源高效循环利用、生态环境严格保护的基础上。要加快建立绿色生产和消费的司法导向，切实维护人民群众在优美环境中生存发展的权利，还自然以宁静、和谐、美丽。

（五）树立和践行节约优先、保护优先、自然恢复为主的生态保护观，切实打好污染防治攻坚战

十九大报告指出，必须坚持节约优先、保护优先、自然恢复为主的方针。要在资源开发利用上把节约放在首位，在经济发展与环境保护上把保护放在首位，在生态维护治理上以自然恢复为主，这三个方面形成一个统一的有机整体，构成我国生态文明建设的方向和重点。环境资源审判要冲破传统思维束缚，处理好发展经济与保护环境、开发资源与节约资源的矛盾，把节约、保护放在优先位置。要在依法公正审理环境资源纠纷过程中，将恢复受损生态环境作为环境权益保护的最终目标，既要重视对破坏生态环境行为的打击惩治，更要重视对生态环境的恢复，从源头上扭转生态环境恶化趋势。恢复包括自然恢复和人工修复。坚持恢复为主的理念，要根据受损生态环境的具体情况，处理好自然恢复与人工修复的关系。对于具备自然恢复条件、生态环境不能或者不宜进行人工修复、或者人工修复可能导致二次损害的，应优先采用自然恢复的保护方式，由环境污染者或生态破坏者支付生态环境损害赔偿费用，用于提升区域整体环境质量。

（六）树立和践行维护程序正义、兼顾实体正义的环境正义观，切实保障人民群众的环境权益

环境正义强调在不同文化、地区、血统、收入人群之间的环境公平，坚持环境资源权利的公平性、永续性，主张个人、社会群体和代际之间都平等享有清洁的土地、空气、水与其他自然环境要素的权利，并将其作为实现可持续发展、社会公平的主要手段。环境司法要有效实现环境正义，必须通过司法裁判处理好实质正义与程序正义的关系。实质正义重在权利

义务分配的公平合理,是实现法治的基本价值追求。程序正义强调程序和规则,正义不仅应得到实现,而且要以人们看得见的方式加以实现。追求实质正义,不能以违背或者破坏程序正义为代价;强调程序正义,也不意味着放弃对实体正义的追求。各级法院在审理环境资源案件过程中,要特别注意维护程序正义、兼顾实体正义。这就要求不仅要秉持司法公平正义理念,正确适用法律公正裁判案件,坚持污染者治理、损害者赔偿、开发者养护、受益者补偿的原则,严厉制裁环境违法侵权行为,合理分担生态环境损害责任。更要使环境司法的裁判过程符合公平正义的要求,使人民群众能够充分感受到裁判过程的公平性和合理性。要引导公众通过合法途径表达环境诉求,充分保障公众的环境知情权、参与权和监督权,要提高公民有组织地参与环境利益诉求表达的能力,帮助环境受害人提高参与环境司法的能力,从根源上缓解和消除环境危机,实现环境正义。

三、依法履行新时代环境资源审判职责

十九大报告深刻指出,要着力解决突出环境问题,加大生态系统保护力度。人民法院要围绕打好污染防治攻坚战要求,认真研究当前环境资源司法保护领域存在的突出问题和人民群众反映强烈的环境污染问题,充分发挥司法在维护生态文明建设秩序方面的职能作用,彰显司法权威。

(一)通过环境资源审判工作,化解与环境资源有关的各种纠纷,维护社会的和谐、稳定和安全。严厉打击污染环境、破坏资源类犯罪和环境资源监管失职犯罪,震慑潜在污染行为人和资源破坏者,保护国家生态环境和自然资源安全。依法追究污染环境、破坏生态和自然资源的民事责任,促进生态环境恢复改善和自然资源合理开发利用。依法支持和监督行政机关依法及时履行行政监管职责,提高人民群众参与环境资源保护的积极性。继续推进环境公益诉讼和省级政府提起的生态环境损害赔偿诉讼工作,依法维护国家利益和社会公共利益。

(二)通过环境资源审判工作,落实最严格的环境资源保护制度,使制度落地生根。要强化环境资源审判职能,保证国家保护生态环境的法律规范得到统一实施和贯彻落实。要按照十九大报告关于统筹山水林田湖草系统治理的要求,细化环境资源案件裁判规则,按照不同案件类型分类施策,统一裁判尺度,实现个案公正。要围绕大气、水、土壤污染以及农业面源污染、农村人居环境整治、城市群建设等环境资源重点类型案件,及

时制定司法解释和指导意见,完善法律适用规则,助力生态环境保护攻坚战,打赢蓝天保卫战。要完善环境资源案例指导制度,健全典型案例发现、培育和推荐工作机制,提高编选典型案例的针对性、科学性,明确法律适用标准,提升环境资源审判公信力。

(三)通过环境资源审判工作,促进生态环境的改善,为绿色发展和美丽中国建设贡献力量。环境资源审判是国家环境治理体系的重要环节,在生态文明建设与绿色发展中发挥着重要作用。要按照十九大报告关于加快生态文明体制改革、建设美丽中国的要求,充分发挥环境资源审判在救济环境权益、制约公共权力、终结矛盾纠纷和形成公共政策等方面的功能作用,推动生态环境质量不断改善,促进经济社会可持续发展。要准确把握服务和保障生态文明建设与绿色发展的目标任务,将绿色发展理念作为环境资源审判的行动指南,加大环境权益司法保护力度,健全完善环境权益保障体系。生态环境保护和美丽中国建设离不开每一个人的参与,要充分发挥司法的评价指引作用,扩大人民陪审员参与案件审理的范围,加强对社会关注度高、具有示范意义的环境资源保护重大典型案件的公开审判和宣传力度,增强人民群众的环保意识,在全社会营造人人、事事、时时崇尚生态文明的氛围。

(四)通过环境资源审判工作,回应新时代环境资源审判工作的新要求,不断完善我国环境资源法律制度。要按照十九大报告要求,积极推动建立绿色生产和消费的法律制度和政策导向。要根据环境资源案件特点,探索完善行为保全、举证责任分配等制度,妥善协调环境资源法律规范之间的效力冲突,多做协调工作,探索多样化的责任承担方式,创新环境资源审判执行工作方式方法。要发挥技术专家作用,破解环境资源案件审理中的"评估难""鉴定难"问题,推动构建科学、公平、中立的环境资源评估鉴定制度。要深入研究涉及排污权、碳排放权等与气候变化密切相关案件和清洁能源、绿色金融等新领域的特殊法律问题,积极助推绿色发展方式和生活方式形成。要及时总结审判经验,回应立法要求、社会呼声和生态环境保护的新需求,及时制定司法解释和司法政策,完善法律适用规则。

四、全面推进新时代环境资源审判体制机制改革

十九大报告明确指出,深化司法体制综合配套改革,全面落实司法责

任制,努力让人民群众在每一个司法案件中感受到公平正义。人民法院,特别是各高级人民法院和环境资源审判实践基地中、基层人民法院,要按照十九大报告要求和最高人民法院的统一部署,开拓创新,攻坚克难,逐个破解制约环境资源审判职能有效发挥的体制机制难题,全面推进环境资源司法专门化体系建设。

(一)以生态环境监管体制改革为契机,推进环境资源审判体制机制建设。十九大报告提出加强对生态文明建设的总体设计和组织领导,设立国有自然资源资产管理和自然生态监管机构、统一行使全民所有自然资源资产所有者职责,统一行使所有国土空间用途管制和生态保护修复职责,统一行使监管城乡各类污染排放和行政执法职责。生态环境监管体制改革是生态文明体制改革的具体实践,需要各项制度改革互相配合、整体联动。建构完善的环境资源审判体制是其中的关键一环。司法体制改革配套不到位,仍然按照旧有行政区划管辖环境资源案件,不仅难以解决环境案件跨区域跨流域问题,还会消解改革红利,改革成效不仅无法转化为人民群众实实在在的获得感,反而可能会让群众产生"失落感"。人民法院要从增强改革的系统性、完整性、协同性的高度认识环境资源审判体制机制改革的重要意义,继续推进环境资源司法专门化建设,形成制度合力,促进环境资源司法行政监管的社会性和生态系统的自然性进一步契合,推进生态环境治理体系和治理能力现代化。

(二)配合司法体制综合配套改革,推进环境资源案件跨行政区划集中管辖

环境资源保护与经济发展存在不可避免的矛盾,环境资源审判来自各方面的干预更多。跨行政区划集中管辖是适应环境污染和生态破坏流动性、扩散性特征,实现生态环境整体保护,有效解决跨行政区划污染以及环境资源审判领域的"主客场"问题的重要改革措施。各地法院配合司法体制综合配套改革进程,根据辖区内生态环境的特点进行了有益探索。如甘肃高院将甘肃矿区人民法院改建为专门审理环境资源类案件的中级法院,跨行政区划管辖全省涉环境资源类案件。青海玉树中院设立专门的环境资源法庭管辖区域内环境资源案件。徐州中院把辖区环境资源案件统一由徐州铁路运输法院管辖。贵州清镇法院、江苏无锡中院、云南昆明中院、福建龙岩中院、重庆万州法院等在探索环境资源案件跨行政区划管辖、深化环境资源司法改革方面积累了很多好的经验。绝大部分环境资源

实践基地法院积极进取，利用自身优势和当地生态环境特点逐步开展环境资源审判的体制机制建设，取得很多可喜成果。在今后的司法体制配套改革中，要高度关注环境资源案件的管辖问题，根本上还是要建立跨行政区划法院审理包括环境资源案件在内的特殊案件。

对于环境污染、生态破坏行为以及损害后果跨行政区划的案件，可由高级法院根据本区域内环境资源保护需要，统筹探索由部分中基层法院跨行政区划集中管辖。加强对京津冀、三江源、国家公园等环境治理重点区域、生态功能区实行跨行政区划集中管辖的研究力度，进一步加强对建立跨行政区划环境资源法院的可行性研究。

（三）适应环境资源案件特点，推进环境资源审判专业化建设

环境资源案件具有高度的专业性、技术性，将环境资源案件实行"三合一"归口管辖，有利于形成集聚优势、统一裁判尺度、培养专业法官。各实践基地法院要发挥模范带头作用，加快推进环境资源审判专门机构建设，完善环境资源审判体制机制。继续推进环境资源案件归口审理，推广环境资源民事、行政、刑事案件由同一个业务庭或者专门化审判团队审理的模式，协调不同环境资源类型案件的衔接，实现对生态环境的全方位保护。环境资源案件污染物质认定、损害数额计算以及损害事实因果关系认定的复杂性，决定了案件审理需要发挥技术专家的作用。国外的环境资源法院或专门法庭在发挥技术专家（技术法官）方面的经验作法，值得我们借鉴。最高人民法院环境资源司法研究中心成立时，聘请了多位环境科学和环境法学方面的专家学者作为咨询专家，部分地方法院环境资源审判实践中也设立了专家库，同时在技术专家担任人民陪审员参与审判、司法鉴定以及第三方监督等方面进行了积极的探索。要加强探索配置技术专家辅助环境资源案件审理，继续完善现有配置技术专家辅助环境资源审判的机制，鼓励技术专家作为陪审员或者咨询专家积极参与案件审理，发挥技术专家在环境损害事实以及因果关系的司法鉴定、第三方监督等方面作用，为查明案件事实提供专业咨询意见。

（四）突出司法保障职能，推进多元共治环境治理格局体系

环境资源审判牵涉方方面面，事关社会公平正义，人民法院在维护人民群众环境权益方面肩负着重要职责。但是我们也要看到，环境治理是一项系统工程，需要党委、政府、社会各方面的共同参与。修复受损的生态环境作为环境司法追求的最终目标，不能指望法院一家包打天下。人民法

院要汇集多方力量和智慧,适应区域联防联治环境治理新模式的需要,建立与公安、检察和环境保护相关主管部门的执法协调联动机制,在证据提取、信息共享等方面做好衔接。要推动构建环境资源纠纷多元化解决机制,充分发挥行政调解、人民调解、行业调解等非诉纠纷解决机制的作用。要准确认识司法作为最后一道防线的功能作用,探索环境行政调处与司法裁判的衔接,推动构建政府为主导、企业为主体、社会组织和公众共同参与、司法保障的多元共治环境治理体系。

五、大力加强新时代环境资源审判队伍建设

十九大报告深刻指出,实现伟大梦想,必须建设伟大工程,这个伟大工程就是我们党正在深入推进的党的建设新的伟大工程。伟大斗争,伟大工程,伟大事业,伟大梦想,紧密联系、相互贯通、相互作用,其中起决定性作用的是党的建设新的伟大工程。

(一)强化环境资源审判队伍的政治建设。要始终坚持党的领导,建设过硬环境资源审判队伍。核心问题在于要有担当精神,敢于严格执法,敢于排除干扰,敢于保护人民群众环境资源方面的合法权益,这是对党忠诚、对国家忠诚、对人民忠诚的最好体现。环境资源审判工作要为统筹推进"五位一体"总体布局、协调推进"四个全面"战略布局提供更好的司法服务和保障,要在贯彻新发展理念、依法保障美丽中国建设上有新作为,关键在党,关键在人。人民法院要落实全面从严治党的要求,按照增强"八个本领"要求,全面加强环境资源审判队伍建设。要牢固树立"四个意识",切实学懂弄通做实党的十九大精神,全面深刻认识坚决维护党中央权威和集中统一领导的极端重要性,积极开展"不忘初心,牢记使命"教育实践活动,坚持以习近平新时代中国特色社会主义思想统揽各项工作。

(二)加强环境资源审判队伍正规化、专业化、职业化建设。人民法院要结合环境资源审判工作政策性、专业性和技术性强的特点,准确把握环境资源审判客观规律,探索研究包括技术专家配置、法官素质提高等问题。进一步丰富、更新环境法官知识体系,开展审判能力培训,培养既精通法律又熟悉环境资源专业知识的环境资源审判团队,着力打造专家型法官队伍。要以建立高素质、复合型的环境资源审判队伍作为人才培养的目标,留住审判经验丰富的骨干力量,吸引高素质人才充实队伍。环境资源

审判法官要有终身学习的意识、提高知识更新频率,不断增加知识储备,提高专业化水平。

(三)适应新时代要求,提升环境资源审判专业素养。人民法院要不断总结环境资源审判工作在司法政策、司法理念、法律适用等方面积累的经验,通过对实践经验、发展成果的提炼总结,进一步加强环境资源司法理论创新,努力使环境资源审判工作适应新时代中国特色社会主义的发展要求。要进一步加强国际交流合作,紧密结合我国环境资源司法保护需求,拓展国际视野,依托信息技术推进国际范围内的信息共享,加强理论和实务的比较研究,合理借鉴域外环境资源司法理论和实践经验。要在有效应对我国环境资源审判发展中新情况新问题的同时,为全球环境治理提供有益的"中国经验",通过创建环境资源司法国际论坛等渠道,提升中国环境司法的国际话语权。

六、加强新时代环境资源司法理论研究

十九大报告明确指出,"实践没有止境,理论创新也没有止境",要"深化马克思主义理论研究和建设,加快构建中国特色哲学社会科学,加强中国特色新型智库建设"。要密切关注、研究环境资源审判中出现的新情况、新问题。最高人民法院要加强调查研究,汇总各地在新时代环境资源审判工作中面临的实际困难,及时出台相应司法解释,完善工作规则、工作规范。各级法院尤其环境资源司法实践基地要结合工作中的实际问题加强理论研究。三个理论研究基地应继续发挥环境资源司法智库作用,增强环境资源理论研究的前瞻性、针对性和有效性,为环境资源审判提供坚实的理论基础。

(一)探索构建新时代中国特色环境资源司法理论体系。要坚持高标准、高定位,围绕建设美丽中国、全面推进依法治国的新时代主题,系统研究环境治理和生态环境司法保障的价值选择、发展方向等重大课题,深入研究解决新时代生态文明建设过程中环境资源法律制度和环境资源审判发展的前沿问题,探索构建新时代中国特色社会主义环境资源司法理论体系。

(二)加强对环境权益的基础理论研究。环境权益是目前学界和实务界普遍关注的重大理论问题。作为现代社会的新型权益,环境权益同时具有公权和私权的双重属性。我国宪法尚未对环境权益作出明确规定,有进

一步研究和拓展的空间。与生态环境有关的环境权益，既包括实体上的权利，也包括程序上的权利；既包括客观上的权利，也包括主观上的权利，是个复杂的体系。随着社会的发展，环境权益的内涵会不断发展变化，环境权益的司法保障也会不断完善。从发展过程来看，环境司法要将人民群众环境权益的全面保护作为理想追求，但基于社会生活的复杂性和我国目前仍处在社会主义初级阶段的现实国情，逐步扩大环境权益保护范围是必要的。要深化环境法学的基础理论问题和环境权益的意涵，按照各类环境权益的内在特征加以类型化研究，既要研究民法上的环境侵权，也要研究民法上的环境物权、环境人格权，以及环境权益作为民事权利客体的必要性和可行性。要区分环境私益和环境公益，根据公益和私益的不同特点探寻有针对性的保护方式。

（三）落实民法总则所确立的绿色原则。10月1日正式实施的《民法总则》第九条确立了"节约资源、保护生态环境"的绿色原则，民法典分编部分目前也正在编纂过程中。我们要抓住民法典分编编纂工作的机遇，从理论上厘清环境法与传统法律尤其是民法的关系，推进环境法解释方法的研究。从完善立法的层面，研究民法总则所确立的绿色原则的具体化，把环境资源司法最新研究成果具体化为民法典物权、合同、侵权等各分编的具体条文，使绿色原则真正成为贯穿于民事活动和司法审判工作的基本原则。

（四）探索环境资源实体和程序法律制度。要探索研究独立的环境资源案件诉讼程序，充分考虑诉讼过程中由环境资源案件特殊性所决定的法官职权干预与当事人主义之间的衡平，对环境资源诉讼程序价值、基本原则等基础性问题和环境资源案件的管辖、回避、证据、审理、执行以及证明责任分配、证明标准、因果关系认定、责任承担方式等制度进行系统研究。要进行编纂环境法典的可行性研究，实现环境资源保护领域法律之间的协调，满足环境资源司法工作对法律制度的整体性、系统性的需求。

（五）密切关注生态文明体制改革过程中出现的新情况新问题。十九大报告将"加快生态文明体制改革，建设美丽中国"作为一个部分集中论述，明确要加快建立绿色生产和消费的法律制度和政策导向，建立健全绿色低碳循环发展的经济体系，发展绿色金融，建立以国家公园为主体的自然保护地体系，积极参与全球环境治理，落实减排承诺。要进一步加强对于涉及生物多样性保护、排污权交易、碳排放权交易、用能权交易、绿色金融以及国家公园自然保护地等环境资源新类型案件的研究，为制定相关法律规范、司法解释或者指导性意见提供理论依据。

（六）推动环境资源司法理论与实践结合。要搭建理论界与司法实务界交流的桥梁纽带，将环境资源审判实践作为环境资源法理论研究发展的重要动力。理论研究基地要着眼于解决环境资源审判实践中的重点难点热点问题，通过召开研讨会、实地调研等方式，加强与实践部门尤其是各实践基地法院的深度合作，推出优秀的理论研究成果，促进成果转化，为立法完善、司法决策和案件审理提供理论指引。

同志们，环境资源保护工作功在当代，利在千秋。新时代的环境资源审判工作任重道远，新时代的环境资源法官责任重大。新时代要有新气象，更要有新作为。各级人民法院要在习近平新时代中国特色社会主义思想的指引下，不忘初心，牢记使命，求真务实，团结奋进，进一步加强新时代环境资源审判专门化建设，不断开创环境资源审判工作的新局面。我们也真诚希望各理论研究基地和各位专家学者参与到环境资源司法审判事业当中来，共同为推进依法治国、建设生态文明、建设美丽中国，为建成社会主义现代化强国做出新的更大的贡献！

在全国法院推进检察公益诉讼审判工作
视频会议上的讲话

最高人民法院副院长 江必新

(2017年11月14日)

同志们：

　　这次全国法院推进检察公益诉讼审判工作视频会议的主要任务是：深入学习贯彻党的十九大精神和全国人大常委会关于修改民事诉讼法、行政诉讼法的决定，以习近平新时代中国特色社会主义思想为指引，认真研究新时代公益诉讼审判工作的职责任务，在总结试点工作经验的基础上，进一步统一思想，明确思路，研究措施，为充分发挥检察公益诉讼审判工作职能作用，依法有效保护国家利益和社会公共利益提供有力的司法服务和保障。

　　党的十九大报告作出了中国特色社会主义进入新时代的新论断；作出了新时代我国社会主要矛盾是人民日益增长的美好生活需要和不平衡不充分的发展之间的矛盾的新判断；描绘了建设社会主义现代化国家分"两个阶段安排"的新蓝图；明确了新时代坚持和发展中国特色社会主义、建设社会主义现代化强国的新思路和新方略；党的十九大报告再次强调全面推进依法治国总目标是建设中国特色社会主义法治体系、建设社会主义法治国家，尤其是报告坚持以人民为中心的理念，对与人民利益密切相关的生态环境和资源保护、食品药品安全等重大民生事项给予了高度关注。各级人民法院一定要认真学习、深刻领会党的十九大精神，切实把十九大精神和决策部署贯彻落实到环境资源审判执行工作之中，特别是公益诉讼审判工作之中。

　　为贯彻落实党的十八届四中全会提出的探索建立检察机关提起公益诉

讼制度的改革要求，加强对国家利益和社会公共利益的保护，第十二届全国人大常委会作出《全国人民代表大会常务委员会关于授权最高人民检察院在部分地区开展公益诉讼试点工作的决定》，授权最高人民检察院自2015年7月1日起在生态环境和资源保护、国有资产保护、国有土地使用权出让、食品药品安全等领域开展为期两年的公益诉讼试点工作。最高人民法院党组高度重视检察公益诉讼试点审判工作，周强院长多次作出重要批示，要求认真贯彻授权决定，积极支持检察机关依法提起公益诉讼，依法维护国家利益和社会公共利益。最高人民法院专门成立工作指导小组，安排13个试点地区法院开展试点工作，建立了分类指导、协调配合的监督指导机制，出台《人民法院审理人民检察院提起公益诉讼案件试点工作实施办法》，先后召开7次试点地区法院参加的调研指导会议，加大监督指导力度，稳妥有序推进试点工作。各试点地区法院按照最高人民法院的统一部署，认真贯彻授权试点决定，严格执行民事诉讼法、行政诉讼法以及相关法律规定，坚持授权法定原则，依法受理和审理检察机关提起的民事、行政公益诉讼案件，改革试点工作取得了积极成效。2015年7月至2017年9月，全国法院共受理检察机关提起公益诉讼一审案件831件，审结455件。其中民事公益诉讼178件，审结92件；行政公益诉讼645件，审结362件；行政附带民事诉讼8件，审结1件。上述案件涵盖了生态环境保护、消费者权益保护、国有财产保护、国有土地出让等试点领域。各试点地区法院通过探索实践，检察公益诉讼的审判程序不断完善，专业化审判能力不断提升，多元共治机制逐步建立，国家利益和社会公共利益司法保护力度有效增强。今年上半年，在试点期间即将届满前，最高人民法院会同最高人民检察院向立法机关提出立法建议，推动对相关法律及时作出修改。今年六月，全国人大常委会通过《关于修改〈中华人民共和国民事诉讼法〉和〈中华人民共和国行政诉讼法〉的决定》，明确规定了检察机关提起民事、行政公益诉讼法律制度，进一步完善了我国公益诉讼法律体系。

刚才，山东、江苏、福建、贵州、云南5个高级法院的负责同志围绕检察公益诉讼审判工作的开展情况和经验做法进行了交流，并就存在的问题提出了意见建议。大家讲得都很好，对问题的分析客观深入，提出的建议具有针对性。各级人民法院要结合本地区实际情况认真研究借鉴，高起点开展检察公益诉讼审判工作。

从开展试点工作的情况看，各试点地区法院思想认识到位、监督指导有力、工作积极主动、沟通协调顺畅，为试点工作取得预期成效和顺利实现制度法定化作出了积极贡献。试点工作的共同经验主要有：一是紧紧依靠党委领导，确保试点工作正确的政治方向；二是试点法院党组特别是"一把手"高度重视、精心部署，为做好工作提供直接推动力；三是坚持法治原则，既坚决支持又依法监督，确保审判权、检察权和行政权在法定范围内行使；四是坚持原则性和灵活性相结合，既坚持诉讼基本规律、基本制度又兼顾检察公益诉讼的特殊性；五是注意试点工作方式方法，多做沟通协调工作。同时，试点工作中也出现了思想认识不到位、工作存在畏难情绪、法律适用不尽统一、沟通协调还不够顺畅、审判能力还不相适应等问题，要在下一阶段工作中认真加以解决。下面，我就全面推进检察公益诉讼审判工作谈几点意见。

一、深刻认识检察公益诉讼审判工作的意义与价值

各级人民法院要深刻认识检察公益诉讼审判工作的意义与价值，统一思想认识，牢记职责使命，勇担改革重任，以高度的政治责任心和使命感，采取扎实有效的措施，全面提升检察公益诉讼审判工作水平，确保检察公益诉讼制度有效实施。

（一）检察公益诉讼审判工作是解决"公地悲剧"、破解经济发展"外部性"难题的重要着力点

作为保护国家利益、社会公共利益免受不法侵害的最后一道制度防线，检察公益诉讼制度对于完善党委领导、政府负责、社会协同、公众参与、法治保障的国家利益和社会公共利益保护体系具有重要价值。检察公益诉讼制度能够形成监督合力，有效排除外部阻力和干扰，是提高司法公信力的重要机制。构建行之有效的检察公益诉讼制度有利于克服地方保护主义，强化司法审判对违法行为人的监督、追责力度，解决长期以来在国家利益和社会公共利益保护方面法律机制不足而导致的"公地悲剧"问题。检察公益诉讼审判工作的顺利开展，对于畅通环境权益的司法救济渠道，督促相关行政机关依法履职，贯彻损害担责和污染破坏者付费原则，促使外部成本的内部化具有重要意义。

（二）检察公益诉讼审判工作是人民法院服务决胜全面建成小康社会、建设社会主义现代化强国的重要切入点

党的十九大报告提出，在全面建成小康社会的基础上，到本世纪中叶建成富强民主文明和谐美丽的社会主义现代化强国。国家利益、社会公共利益得到充分保护是决胜全面建成小康社会、建设社会主义现代化强国的重要物质基础。各级人民法院要切实增强工作的自觉性和主动性，通过依法审理环境资源、消费者权益、国有财产和国有土地出让等领域的公益诉讼案件，充分发挥公益诉讼监督行政、救济权益、规范引导、政策形成等职能作用，不断完善国家利益、社会公共利益保护的制度体系，为全面建成小康社会，全面建成社会主义现代化强国打好坚实基础。

（三）检察公益诉讼审判工作是满足人民美好生活需要，回应人民群众权益保障新诉求的重要增长点

党的十九大报告指出，我国社会主要矛盾已经转化为人民日益增长的美好生活需要和不平衡不充分的发展之间的矛盾。人民群众日益增长的对民主、法治、公平、正义、安全、环境等方面的需求对人民法院审判工作提出了更高要求。满足人民日益增长的美好生活需要，保证人民平等参与社会发展，缩小城乡区域发展差距和居民生活水平差距，实现基本公共服务均等化，实现全体人民共同富裕，都要以国家利益和社会公共利益得到充分保护为前提。各级人民法院要切实树立为民意识，及时回应人民群众权益保障新需求，妥善审理好各类公益诉讼案件，不断增进民生福祉，保障美丽中国、法治中国、健康中国建设。

（四）检察公益诉讼审判工作是完善权力监督体系，深化依法治国实践的重要结合点

行政机关在国家利益和社会公共利益保护领域居于主导地位，负有重要的监督管理职责。检察公益诉讼制度的重要功能在于，通过诉讼方式督促行政机关依法行政、严格公正文明执法，调动法定机关和社会组织参与公益保护的积极性，确保国家利益和社会公共利益得到全面有效保护。检察公益诉讼制度的建立，形成了审判权、检察权、行政权监督制约的全新架构，有利于强化对行政权力的监督，完善公益保护法律机制，构建政府主导、公众参与、司法监督的社会治理体系，推进全面依法治国，具有重要意义。各级人民法院要通过全面持续推进检察公益诉讼审判工作，充分发挥审判职能，保障检察权对行政权的合法监督和有效规制，形成法治合力，促进法治国家、法治政府、法治社会的基本建成。

（五）检察公益诉讼审判工作是完善国家治理体系、提升国家治理能力的重要创新点

检察公益诉讼是运用法治思维和法治方式加强国家利益和社会公共利益保护，破解发展难题、促进社会和谐的新的制度安排，为完善国家治理体系和提升国家治理能力提供了新的样本。各级人民法院要自觉把检察公益诉讼审判工作置于新时代中国特色社会主义建设事业总体布局中，积极开拓创新，通过依法审理检察公益诉讼案件，推动政府职能转变，创新行政监管方式，共同提高社会治理社会化、法治化、智能化、专业化水平。

（六）检察公益诉讼审判工作是充分发挥公益保护职能作用、提升司法公信力的重要依托点

检察公益诉讼案件的审理，既关系到国家利益、社会公共利益的保护，又关系到人民群众高度关注的民生问题，还关系到依法行政和法治政府建设。检察公益诉讼由于检察机关的参与，不仅形成了对行政权进行依法监督的合力，而且增强了排除阻力的能力，使裁判的公正性和社会可接受性大为增强，使人民法院的公益保护职能作用得到充分发挥，因而成为提升司法公信力的重要依据。各级人民法院要准确把握检察公益诉讼的特点，重点关注检察公益诉讼的公益性、涉众性、专业性给司法审判带来的新挑战，加强审判工作的开拓性和前瞻性，妥善处理检察公益诉讼审判中的权力监督和价值选择问题，不断提高检察公益诉讼审判能力，通过公正优质高效地审理检察公益诉讼案件，发挥对国家利益、社会公共利益的司法保障作用，提高人民法院司法公信力。

二、准确把握检察公益诉讼案件的特点和特殊要求

做好检察公益诉讼审判工作，要准确把握检察公益诉讼案件的特点，深入研究此类案件对人民法院审判工作提出的新要求，积极有效地应对诉讼中出现的新情况、新问题，依法保障各方主体的诉讼权利，完善程序制

度，创新方式方法，妥善处理审判执行工作中的程序和实体问题。

（一）起诉主体的特殊性

检察机关通过行使公益诉权成为民事诉讼或者行政诉讼主体，诉讼地位从法律监督机关转变为民事、行政公益诉讼的起诉人，其诉讼地位具有特殊性。与传统民事、行政案件的原告相比，检察机关是代表国家利益和社会公共利益提起诉讼的特殊主体；与社会组织等其他公益诉讼主体相比，检察机关是行使公权力的国家机关，其起诉行为具有职权行为的特点。各级人民法院要认真研究检察机关作为公益诉讼起诉人的特殊性，既要准确把握民事诉讼、行政诉讼基本制度对检察公益诉讼的规范，又要注意处理好检察机关作为国家公权力机关而无法适用相关诉讼程序规定的特殊问题。在总结试点经验的基础上，对依据现行民事诉讼法和行政诉讼法难以处理的新问题，要加强调查研究，并在法律框架范围内提出妥善的解决方案。

（二）诉讼范围的特定性

依据修改后的民事诉讼法和行政诉讼法，检察机关可以提起公益诉讼的范围包括生态环境和资源保护、食品药品安全、国有财产保护、国有土地使用权出让等领域国家利益和社会公共利益受到侵害的情形，其诉讼范围具有特定性。各级人民法院要遵循职权法定原则，注意把握审判权行使的边界。现阶段要依据法律规定确定受理检察机关提起公益诉讼的案件范围，遇到新类型案件时要注意加强协调沟通。在条件成熟时，再研究逐步将检察公益诉讼案件范围扩展到其他领域的必要性和可行性。要积极受理、依法审理人民群众反映突出的大气污染、水污染、土壤污染、食品药品安全等领域的公益诉讼案件，力求取得好的效果。

（三）诉权行使的后置性

依据民事诉讼法的规定，检察机关在法律规定的其他机关和有关组织不提起公益诉讼的情况下才可以提起民事公益诉讼；法律规定的其他机关和有关组织提起诉讼的，检察机关可以依法支持起诉。依据行政诉讼法的规定，检察机关应当在诉前向行政机关发出检察建议，督促行政机关依法履行职责，只有在行政机关未依法履职时才可以提起行政公益诉讼。各级人民法院要准确把握检察机关公益诉权行使的后置性特点,在立案时,要依法审查是否有其他适格主体提起诉讼、法律规定的前置程序是否完成、起诉条件是否成就、诉前检察建议和诉讼请求是否相关等问题,确保检察机关公益诉讼起诉的受理符合法律规定。要坚持权责一致原则,适应检察机关公益诉权行使的后置性特点,依法做好公益诉讼审判工作中的程序协调,妥善处理好适格社会组织加入诉讼、相关联民事公益诉讼与行政公益诉讼一并审理,以及检察公益诉讼和生态环境损害赔偿诉讼的关系等问题。

(四) 损害事实认定的复杂性

检察公益诉讼涉及生态环境和资源保护、食品药品安全、国有财产保护和国有土地使用权出让等领域,案件审理中普遍存在侵害行为隐蔽、损害结果严重、因果关系复杂、损害事实认定困难等问题。尤其是生态环境和资源保护领域的侵害事实认定专业技术性较高,往往需要具有专业知识的人参与。在检察公益诉讼审判工作中,要注重发挥专家作用,可以通过委托鉴定、专家辅助人出庭、建立咨询专家库、吸收专家担任陪审员以及聘请专家参与保全、调解和执行等方式,充分听取专业意见,不断完善保障专家客观中立的程序制度,从而提高事实认定的客观性。。

(五) 诉讼功能的督促性

检察公益诉讼具有督促行政机关依法、正当、完全、及时履职的重要功能,对于保护国家利益和社会公共利益,助力法治政府建设具有非常积极的意义。要通过行政公益诉讼的审理督促行政机关按照法定程序和法定职责正当履职,保障行政相对人公平参与行政决策的权利。要全面审查行政机关履职行为,尤其在审理涉及国有财产保护、国有土地使用权出让等案件中,可以依据检察机关申请一并确认被诉行政机关与公民、法人或者其他组织之间协议的效力,督促行政机关及时、完全、充分履职。要督促行政机关及时履职,可以合理适用行为保全措施,发挥行政公益诉讼的风险防控功能,特别是在审理检察机关提起的涉及国土资源主管部门、土地规划管理部门、环境保护主管部门关于建设用地规划许可、国有财产和国有土地使用权出让、环境影响评价、排污许可等相关行政公益诉讼案件时,如发现国家利益、社会公共利益面临受到实际损害的重大风险、需要采取有效措施加以防范的,可以根据检察机关的申请,责令行政机关依法采取相应措施,预防损害后果的发生和扩大。

(六) 裁判执行的高难度性

公益诉讼案件特别是生态环境和资源保护领域案件的执行以恢复生态环境功能为核心目的,执行的专业性高、难度大。要注意发挥职能作用,对需要采取强制执行措施的生效裁判,及时移送执行机构执行。要创新执行方式,合理选择自行修复、委托第三方修复、替代修复、异地修复等方式。要借助环境保护主管部门的力量审查修复方案的可行性,确保修复工作的实际效果。要做好与检察机关、行政机关、社会组织等诉讼主体的协调配合工作,完善各司其职、分工负责、衔接顺畅的公益诉讼执行机制,提高执行效率。要加强执行效果评估,及时研究、督促、跟踪公益诉讼裁判的执行进展,总结经验、完善规则,确保检察公益诉讼判决执行工作顺利进行。

三、正确处理检察公益诉讼审判工作中的若干重大关系

检察公益诉讼涉及的价值多元、关系复杂。各级人民法院在推进检察公益诉讼审判工作时,要认真处理好以下关系,确保这项制度在法律框架范围内有序运行,全面实现保护国家利益和社会公共利益的功能。

(一) 处理好审判权与检察权、行政权的关系

一要处理好审判权与检察权、行政权相互制约的关系。审判权和诉讼权利的优化配置是确保法院公正审判、正确履行审判职责的重要保障。人民法院要认真贯彻以审判为中心的诉讼制度改革要求,履行好审判职责。要在中立裁判基础上,积极发挥审判权指引、评价功能,做好必要的诉讼释明工作,引导各方诉讼主体依法行使诉讼权利,共同保障审判工作顺利开展。被诉行政机关在诉讼过程中依法积极履行职责,检察机关的诉讼请求全部实现的,可以裁定终结诉讼;对行政机关的积极自查和自觉整改行为要给予正面评价,以激励相关的机关自觉履行生效裁判。

二要准确界定检察权在公益诉讼不同阶段的行使方式。区分检察机关作为法律监督机关发送检察建议、提起抗诉与作为国家利益、社会公共利益的代表提起公益诉讼的职责差别,依法适用不同的诉讼程序和规则。

三是遵循司法介入的谦抑精神,把握好审判权在检察公益诉讼案件中的行使限度。在行政公益诉讼案件的受理和审判过程中,要依法审查检察机关是否已经向行政机关提出检察建议,行政机关是否按照检察建议依法履行职责。要注意审查检察建议督促行政机关履职的具体内容与诉讼请求的相关性,审查行政机关履职是否妥当、完全和充分,推动法定的诉前程序发挥应有功能。要尊重行政机关的首次判断权和自由裁量权,注意裁判内容和方式的强度或深度,避免以司法裁量权取代行政裁量权。要区分行政机关违法不作为和合法自由裁量的界限,防止审判权和检察权"越界"行使权力。要区分行政公益诉讼和行政非诉强制执行的功能,对于可以通过行政强制执行实现保护国家利益、社会公共利益目的的,应及时作出执行裁定,支持行政机关依法履职。

(二) 处理好国家利益、社会公共利益与个人利益的关系

国家利益、社会公共利益与个人合法权益密切关联,相辅相成,是一个有机的整体,维护国家利益、社会公共利益的最终目的是保护好每个个体的合法权益。处理好国家利益、社会公共利益与个人利益的关系,旨在妥善平衡各种利益之间冲突,做出正确的价值选择,实现国家和人民整体利益的最大化。

一要坚持平等保护。要把握好检察公益诉讼案件涉及利益主体的广泛性和多极性,正确看待不同利益主体之间可能发生冲突的现实情况,依法平等保护各方主体的权益。

二要坚持按序保护。在平等保护的前提下,要注意权利保护的序位,要将保障人民群众生存权放在首要位置。在国家利益、社会公共利益与人民群众的生存权发生矛盾时,国家利益和社会公共利益应当让位于个人的生存权。

三要坚持依法保护。严格按照法律规定准确判断国家利益、社会公共利益与个人利益的边界,不能无限度扩大公共利益范围,以公共利益挤压、取代个人利益。避免以保护某一利益为名,行损害其他合法利益之实。特别是在审理涉及国有土地使用权出让等案件时,不仅要充分关注善意受让人的个人权利,还要充分考虑对竞争者个人权利乃至不特定公众的合法权利保护,依法认定出让、转让合同的效力。

四要坚持协调保护。要综合运用多种方式,协调多元主体的利益冲

突，保障国家利益、社会公共利益和个人利益的适度平衡。在审理涉土地、矿业、林业、草原、海洋等国有自然资源开发利用的案件时，要以新发展理念为指导，贯彻国家生态环境监管体制改革要求，坚持节约优先、保护优先、自然恢复为主的原则，创新国有自然资源资产保护思路。在处理群体性案件时，要充分关切各方的合理诉求，注重工作的方式方法，避免激化矛盾。

协调国家利益、社会公共利益与个人利益的冲突，既要遵循普遍规则，也要具体问题具体分析，应当根据每个案件的具体情况作出妥当处理。要通过案件审理积累经验，总结提炼并丰富裁判规则，在充分开展类型化研究的基础上逐步统一裁判标准。

（三）处理好发展、稳定与社会公共利益保护的关系

公益诉讼涉及的问题既是在发展过程中产生的问题，往往又需要通过发展来加以解决，决不能因噎废食，更不能因此否定国家经济发展取得的伟大成就。

一要牢牢把握新时代人民群众日益增长的美好生活需要和不平衡不充分发展之间的矛盾，处理好新时代发展、稳定与社会公共利益保护的关系。要树立绿色发展理念，按照"绿水青山就是金山银山"的要求，将生态环境、国土资源保护融入发展之中。要通过依法审理检察公益诉讼案件促进传统产业优化升级，推动经济转型、质效提升和动力变革，建立健全绿色低碳循环发展的经济体系，实现更高质量的发展。要创新裁判方式方法，多做协调工作，平衡经济发展与生态环境保护之间矛盾，让绿色成为发展和美丽中国永不消逝的底色。

二要树立底线思维，贯彻分类施策原则。比如，在环境公益诉讼案件中，需要按照国土主体功能区的分类，对于优化开发区域、重点开发区域、限制开发区域、禁止开发区域确立不同的审判思路和裁判标准。要特别注重对京津冀、雄安新区、长江经济带、三江源等重点区域生态环境的保护，将推进经济发展与严控资源消耗上限、环境质量底线和生态保护红线有机结合起来，协调推进经济发展和生态环境保护。

三要充分发挥检察公益诉讼疏解社会矛盾，维护社会稳定的重要功能。要畅通诉讼渠道，将社会矛盾纠纷依法纳入法治化轨道。要坚持专业审判与公众参与相结合，加大司法公开力度，以人民群众看得见、摸得

着、听得懂的方式疏解社会矛盾。要依法审理信息公开案件，保障公民的知情权，妥善处理"邻避效应"引发的纠纷。要重点审理人民群众反映强烈的案件，对于涉及面广、危害程度深、社会影响大的生态环境保护、食品药品安全等方面的违法行为，要依法支持行政主管机关所做的合法制裁措施，维护社会稳定。

（四）处理好诉讼的一般规律与检察公益诉讼特殊规律的关系

一要明确检察公益诉讼制度的基本依据是现行民事诉讼法和行政诉讼法，审判程序必须遵循民事诉讼和行政诉讼的基本原则和基本制度，不能用刑事诉讼的模式和规则来审理民事案件和行政案件。这一点各级人民法院必须严格遵循。

二要坚持正当程序的基本规则。要平等对待双方当事人，不能因一方当事人身份的特殊性而将其意见作为法庭和其他当事人必须接受的观点。要给予被告充分的辩论权利，不能在被告未充分发表意见的情况下作出对其不利的裁决。要注意避免在诉讼中出现歧视、偏袒一方当事人的言行，使当事人或社会公众产生合理怀疑。

三要把握检察公益诉讼的特点，不完全照搬传统民事诉讼和行政诉讼的规则。既不能以法无明文规定为借口放弃审判职责或者久拖不结，也不能无视司法权的边界而任意作为。对于尚无法律依据，或者当前民事诉讼法和行政诉讼法的规定不能适应检察公益诉讼特殊规律的，应当按照法律解释和正当程序规则进行程序安排。要善于结合具体案件，运用法律解释的方法弥补成文法的不足，不断创新、完善具体的审判工作方式方法。

（五）处理好依法独立行使审判权与公众参与的关系

人民法院依法独立行使审判权是一项宪法原则，是健全司法权力运行机制、提升司法透明度和公信力、保障人权的必然要求。

一要构建新时代检察公益诉讼审判新格局。要紧紧围绕"让人民群众在每一个司法案件中感受到公平正义"的工作目标，牢牢坚持司法为民、公正司法工作主线，依法独立公正行使审判权，构建以审判为中心、公众有序参与社会治理的共建共治共享的检察公益诉讼审判格局。

二要坚持专业审判与公众参与相结合。检察公益诉讼案件涉及国家利益和社会公共利益，社会关注度高，要充分保障社会公众对公益诉讼案件的知情权、参与权和监督权。要准确把握检察机关提起民事公益诉讼的诉权后置性特点,尊重社会组织提起公益诉讼的权利,按照立法确定的起诉顺位,优先保障法律规定的其他机关和社会组织的诉权,探索发挥检察机关支持起诉作用的新机制。

三要落实司法公开原则。要通过人民陪审员参加公益诉讼案件审理,公开开庭、庭审直播、公开宣判,第三方监督执行等举措,有效引导社会公众依法有序参与社会公共利益保护。要广泛开展巡回审判,强化裁判文书上网公开,完善公益诉讼案件受理、调解情况公告制度,为公众参与创造便利条件。

(六)处理好案件审判与监督指导的关系

要处理好独立公正审理案件与加强上级法院监督指导的关系。各级人民法院要依据宪法和法律赋予的权力,敢于担当,依法独立公正行使审判权。在检察公益诉讼制度实施的起步阶段,鉴于大多数地方人民法院尤其是非试点地区法院审判经验尚不够丰富,法律规范特别是程序规范还不够完备,具体工作操作层面的观点还不尽统一,加强对下监督指导十分必要。

一要健全监督指导机制。目前,最高人民法院已经构建了由环境资源审判庭总牵头并具体负责环境民事、行政公益诉讼指导,民事审判第一庭具体负责侵害消费者合法权益民事公益诉讼指导,民事审判第四庭具体负责海洋环境污染民事公益诉讼指导,行政庭具体负责其他行政公益诉讼指导,立案庭负责与相关审判业务部门共同做好公益诉讼案件的立案审查指导的监督指导机制。各级人民法院要在最高人民法院的指导下,根据内设机构职能情况,加快建立监督指导工作机制,明确牵头负责监督指导的职能部门,指定专门联络人和舆情应对机制,避免因内部协调、沟通不畅发生推诿扯皮现象,确保检察公益诉讼案件审判工作的信息畅通、指导有力。

二要坚持案件报备制度。要继续坚持试点期间的请示报备制度,对于符合受理条件的案件,要在受理后10日内层报最高人民法院备案;对于不符合受理条件,拟裁定不予受理的案件,要层报最高人民法院批准;对于拟开庭审理或者宣判的案件,要将审理、宣判提纲以及宣传方案层报最高人民法院。

三要加强信息沟通。充分利用全国法院检察公益诉讼审判微信工作群和公益诉讼动态刊物作为载体,加强上下级法院之间和各地之间工作情况的沟通和指导。

四要注重审判程序和裁判标准的统一。要积极研究各类公益诉讼案件中的法律适用问题,总结提炼裁判规则,确保裁判尺度的统一。要严格依法审理案件,对于法律和司法解释没有明确规定的事项,现阶段可以参考最高人民法院制定的《关于审理环境公益诉讼案件的工作规范(试行)》和发布的公益诉讼典型案例审理相关案件,必要时及时向上级法院请示。最高人民法院正在加紧制定审理检察行政公益诉讼案件适用法律若干问题的解释,争取年内出台。

四、努力取得检察公益诉讼审判工作的最佳实效

检察公益诉讼审判工作,是一项政治性、法律性、实操性都很强的工作,涉及党和国家工作大局、人民群众普遍关注,要给予高度重视、务求取得最佳实效。

(一) 加强组织领导

检察公益诉讼审判工作对大多数法院而言是一项全新的审判工作,涉及面广,审理难度大,对于人民法院司法能力提出了更高要求。各地方法院党组特别是"一把手"要切实强化责任意识、担当意识,把推进检察公益诉讼审判工作作为当前深化司法体制改革的重大政治任务,列入主要工作日程,加强统筹协调、通盘部署、督促指导和研究总结,分管领导要高度关注这项工作,全力抓好抓实,确保审判工作稳妥有序开展。要结合司法责任制改革和内设机构改革,设置专门审判机构和审判团队,选优配强审判力量,提高审判专业化水平。各高级人民法院要切实承担起监督指导职责,实行台账管理和重大案件跟踪指导。

(二) 争取党委领导和人大监督

检察公益诉讼案件涉及党和国家大局,需要公权力机关的协调配合,没有党委的坚强领导和人大的监督和支持,很难取得好的效果。要增强汇报的主动性,把党中央决策部署,立法精神和最高人民法院的具体要求,本地开展检察公益诉讼审判工作的具体举措和阶段性成果,特别是重大案

件审理情况及时向地方党委、人大做好汇报,紧紧依靠党委领导推进工作,自觉接受人大监督,确保检察公益诉讼审判工作正确的政治方向。

(三) 强化沟通协调

要在坚持中立裁判的前提下,加强与检察机关、行政机关和社会组织的信息沟通和工作协调,汇聚公益保护的合力。各级人民法院要主动做好与相关行政机关的沟通工作,推进构建行政与司法的工作衔接和协调联动机制。要注意充分利用司法建议这一手段,及时反馈审判执行过程中发现的行政主管部门、企业等责任主体存在的问题,强化风险防范,促进行政机关依法行政的能力和水平的提升。要加强与检察机关的协调配合,完善案件沟通机制,共同开展相关理论问题和实践对策研究,共同加强国家利益和社会公共利益的保护。

(四) 强化接受监督意识

要主动接受诉讼各方当事人的监督,以监督促进司法公正、提升司法公信、树立司法权威。要主动接受社会公众的监督,认真研究社会公众对于国家利益和社会公共利益司法保护的意见建议,不断改进审判工作方式。要正确认识检察机关的法律监督职能,依照法定程序和阶段自觉接受检察监督。要严格执行民事诉讼法和行政诉讼法规定,自觉规范司法审判行为,提高审判文明化水平,树立人民法院依法公正维护国家利益和社会公共利益的良好形象。

(五) 加强宣传引导

要大力加强公益诉讼理论创新成果和重大典型案件的宣传,让地方党委、政府和社会各界熟悉、理解检察公益诉讼审判工作的积极意义,消解不必要的抵触心理。要加强正面宣传,对于行政机关在诉前程序或者诉讼中主动履行职责、或者败诉后主动履行裁判义务等正确做法,应当予以积极评价。要定期发布检察公益诉讼典型案例,注意所发布案例的典型性和代表性,既要兼顾民事和行政案件,还要兼顾行政机关败诉和胜诉的案件。要加强新媒体新技术的运用,利用微博、微信等媒体及时同步报道案件进度,开展网络庭审直播,邀请人大代表、政协委员以及相关企业和公众代表到庭旁听,充分发挥公益诉讼审判的评价、引领作用,弘扬社会主义核心价值观。要讲究宣传的社会效果，积极协调谋划，通过集中开庭、集中宣判、集中发布典型案例、发表专题研究文章等方式，形成规模效应，充分展现人民法院依法保障国家利益和社会公共利益的决心和信心。

（六）提高能力本领

检察公益诉讼审判工作跨越民事、行政两大诉讼门类，专业性强，牵涉利益大，影响面广，政策敏感度高，对法官的政治素质和司法能力提出了更高的要求。各级人民法院要按照党的十九大报告提出的增强"八个本领"的要求，根据检察公益诉讼的特点，采取有效措施提高司法能力水平。要加强工作交流，13个试点地区法院要承担起向非试点地区法院传授经验的责任，非试点地区法院要积极向有经验的试点地区法院学习。要针对审判工作中的疑难问题，加强理论研究，培养锻炼优秀的审判专业人才，深入研究检察公益诉讼审判工作的基础理论、程序特点和运行规律，加强与科研机构合作，推动理论与实践相结合，为做好工作提供坚实的理论支撑。

同志们，全面推进检察公益诉讼审判工作，事关国家利益和社会公共利益的保护，事关党和国家工作大局，事关法治国家建设。我们要在十九大精神和习近平新时代中国特色社会主义思想指引下，切实增强责任感和紧迫感，不忘初心，牢记使命，依法履职，勇于创新，大力加强国家利益和社会公共利益司法保护，为推进国家治理体系和治理能力现代化，满足人民日益增长的美好生活需要，建设富强民主文明和谐美丽的社会主义现代化强国而努力奋斗！

在环境损害司法鉴定研究基地成立暨环境损害司法鉴定理论与实务研讨会上的讲话

最高人民法院副院长　江必新

（2016年11月12日）

各位专家学者、同志们：

今天上午，我们在这里隆重举行了最高人民法院环境损害司法鉴定研究基地成立仪式。这是最高人民法院加强环境损害司法鉴定理论和实务研究，进一步提升环境资源审判能力和水平的一项重大举措。刚才，我们为首批环境损害司法研究中心聘请的研究员颁发了聘书，忠梅、孟伟、佑海同志分别作了精彩的发言，听后很受启发。下午与会代表还将围绕"生态环境损害鉴定评估理论与实务"以及"环境健康理论与实务"等主题集中进行研讨，希望大家能够畅所欲言，为健全完善环境损害司法鉴定制度积极建言献策。下面，我讲三点意见。

一、充分认识环境损害司法鉴定在环境资源审判中的重要作用和面临的突出问题

规范意义上的司法鉴定，根据《全国人民代表大会常务委员会关于司法鉴定管理问题的决定》的规定，是指在诉讼活动中鉴定人运用科学技术或者专门知识对诉讼涉及的专门性问题进行鉴别和判断并提供鉴定意见的活动。司法鉴定是科学性与法律性高度统一的活动，是人民法院审判工作的重要辅助手段。在各种环境损害技术鉴定中，司法鉴定无疑是最为规范、权威的证据来源。鉴定机构提供的鉴定意见科学、权威、客观、公正，不仅有利于法官妥当做出裁判，依法维护受害人的人身财产权益以及环境公共利益，也有利于当事人服判息诉，为化解纠纷奠定良好的基础。

环境资源审判作为高度科技关联的审判领域，更是离不开司法鉴定这一重要辅助手段。环境损害司法鉴定既是人民法院依法裁判的证据来源、定案根据，也是构建环境损害赔偿制度必需的技术支撑。由于环境侵害行为呈现出多源头排放、多介质污染、多途径暴露和多受体损害的复杂面貌，因此在环境侵权案件的审理中，对于污染物性质的确定、损失数额的量化、因果关系的认定、环境修复方案的编制以及修复费用、服务功能损失数额等专门性问题，通常都需要从专业技术角度作出评判。尤其是因果关系的认定问题，已经成为当前环境损害司法鉴定以及环境侵权案件审理中的难点，也是决定侵权行为人是否应承担民事责任的关键所在。以环境污染行为导致的健康损害为例，除了人体暴露于受污染的环境中可能导致健康损害之外，遗传性疾病、不健康的生活方式、营养不良、落后的医疗条件等因素均可造成健康风险，很难确定个体的健康危害后果究竟是何种因素所致，即便能够确定损害确实由环境污染所致，由于环境污染的迁移转化特征，也很证明究竟是在哪一环节造成了环境污染。加之，环境污染致病具有长期性和潜伏性特征，损害后果往往历经几年、十几年甚至几十年方能显现，此时不仅健康受损后果已难以逆转，对于因果关系的认定更是难上加难。为此，有必要进一步加强环境损害司法鉴定理论和实务研究，推动构建科学、公平、中立的环境资源鉴定制度，这对于进一步提升环境资源审判能力，推进环境资源审判专门化水平，无疑具有十分重要的现实意义和深远的历史意义。

总的看来，目前我国环境损害司法鉴定的理论研究和实践仍处于初级阶段，还未建立完善的法律制度、工作机制与技术方法体系，由此造成的鉴定难问题也已成为制约环境资源审判工作开展的重大瓶颈。对于司法鉴定制度中存在的问题和缺陷，学界已多有论述，归纳起来主要有以下几项：

一是缺少专业化、具有公信力的环境损害司法鉴定机构。我国环境损害司法鉴定管理分别由环保、农业、国土、林业、海洋、渔业等行政管理部门各自负责，司法行政机关尚不能有效发挥统一的行政监管职责，没有形成规范的国家环境损害司法鉴定体系。由于缺乏统一的资质规范和评定标准，导致环境损害司法鉴定行业的准入门槛较低，鉴定评估市场机构林立，良莠不齐，致使多头鉴定、重复鉴定现象屡见不鲜。同时，很多从事环境损害司法鉴定的机构并不具备评估环境损害的能力和经验，不能为环境司法提供具有权威性、公正性的技术支持。比如，因严重环境污染引起的地区性公害病在我国时有发生，但因为缺乏专门的鉴定机构，审判实践中对于公害病的认定尚不能及时得到足够的科学鉴定意见的支撑。

二是鉴定评估技术规范存在缺失和冲突。我国现行的人身、财产损害鉴定评估规范相对健全，但是环境损害鉴定评估领域涉及环保、农业、国土、林业、海洋等环境资源行政主管部门，这些部门正在或已经组织编制的技术规范各有侧重，关于损害范围的鉴定与评估方法也有差别，还未建立起术语统一、专业科学、合理有效的鉴定评估执行标准与技术方法体系。由于鉴定评估技术程序、标准和方法的不统一，必然导致操作不统一以及鉴定意见的相互矛盾，审判实践中多份鉴定意见之间相互打架的情形并不鲜见，增加了裁判难度。

三是鉴定评估周期长。由于涉及范围广、污染因子较多、时空变化较快、牵涉其他因素众多等原因，环境损害司法鉴定工作相对复杂，加之环境损害司法鉴定链条所包含的污染物质鉴别、污染成因分析、累积因素排除、损失分析评估、损害量化确认等环节，在客观上导致环境损害司法鉴定的周期较长。与此同时，我国目前存在的环境损害司法鉴定标准不一、管理分散、一些机构的能力水平有限等方面的问题，进一步拖延了鉴定周期，以至于难以适应案件的办理时限需求。

四是鉴定评估成本高。环境损害司法鉴定的投入、周期和专家的技术要求度都高，成本肯定会高，但目前也存在由于缺乏收费标准，导致价格虚高的问题。环境受害人多为自然人，即使作为环境民事公益诉讼原告的社会组织也大都处于初创阶段，缺乏资金实力，繁琐的鉴定程序和高昂的鉴定费用往往成为他们诉讼的负担。实践中，有些案件的评估鉴定费用甚至会超出当事人主张的诉讼标的额，这无疑成为制约环境侵权被害人提起损害赔偿诉讼的拦路虎。

以上这些问题严重影响了环境损害司法鉴定的专业化、公正性、权威性和公信力，也进一步制约着环境资源执法、审判的顺利开展。此外，审判实践中还存在着法官对于鉴定意见过度依赖的问题。原因是多方面的，既有环境侵权纠纷所具有的高技术特征带来的客观需要，也有部分法官对于既有特殊法律规则认识不足甚至认识错误的主观因素，还有来自于当事人为了胜诉进而对获得于己有利的鉴定意见的迫切需求。部分当事人在诉讼结果对己不利或者有不利倾向时，往往会把鉴定意见作为"突破口"来寻求救济。有些当事人甚至会采取上访、闹事的方式，试图逼迫法官接受他们不合法的鉴定申请甚至是重复鉴定的无理要求。同时，地方保护、人情干预、不合理的业绩衡量指标等因素，有时也会促使一些法官乐于选择依据鉴定意见做出裁判的工作方法。要解决这些问题，需要汇聚人民法院、环境行政主管部门、司法行政主管部门以及科学技术界等各方面的智慧和力量，在合理借鉴国外成熟经验做法的基础上，探索走出一条符合中国国情并能有效适应环境执法、司法需要的环境损害司法鉴定之路。

二、积极推动构建科学、规范、合理的环境损害司法鉴定体制

深化司法鉴定体制改革是十八届三中、四中全会确定的全面推进依法治国、深化司法体制改革的重要内容。要充分利用这一改革契机，针对环境损害司法鉴定制度实施过程中存在的问题和困难，充分调动各方力量和智慧，积极构建科学、规范、合理的环境损害司法鉴定体制。

一是建立统一的环境损害司法鉴定管理体制。要牢牢抓住司法鉴定机构建设这个牛鼻子，重塑我国的环境损害司法鉴定评估体系，促进各类技术鉴定机构的"转型升级"。2016年1月8日，最高人民法院和最高人民检察院、司法部联合印发《关于将环境损害司法鉴定纳入统一登记管理范围的通知》，之后司法部、环境保护部又共同发布《关于规范环境损害司法鉴定管理工作的通知》《环境损害司法鉴定机构登记评审办法》等文件，就环境损害司法鉴定实行统一管理和规范管理环境损害司法鉴定工作作出了明确规定。环境损害司法鉴定已经成为继法医、物证和声像资料传统三大类司法鉴定外，第一项正式纳入第四类司法鉴定的业务。根据上述规定，环境损害司法鉴定业务实行双重管理模式，即由环保技术管理部门和司法行政主管部门分别进行技术能力和司法行政准入资格的审查，并由行政主管部门和行业自律组织共同管理。下一步，最高人民法院将继续做好与相关部委的沟通协调工作，积极稳妥地推进环境损害司法鉴定机构建设。考虑到环境损害鉴定工作刚刚起步，环境损害鉴定涉及多个专业领域，单个机构的实验、监测与技术人员难以满足所有环境损害鉴定评估事项的技术要求，因此对于鉴定机构的设立不宜贪多求快，应当本着逐步探索、稳步推进的原则，根据不同地区环境损害鉴定评估的业务需求和潜在的环境损害类型，集中各方面的资源和技术优势，在每一个领域规划并培

育少量的鉴定评估机构，适当控制总体规模确保环境损害司法鉴定质量。

需要注意的是，由于构建专门的环境损害司法鉴定体系尚需时日，因此在可预见的一段时期内，司法鉴定机构、行政机关的技术鉴定机构和社会力量设立的技术鉴定机构并存的局面将会继续存在。基于案件审理的需要，人民法院应当注意发挥各类鉴定机构的优势。其中，司法鉴定机构无疑应当作为首选。在没有司法鉴定机构的情况下，依法委托行政机关主管的技术鉴定机构或者其他技术鉴定机构，也是既有司法实践的重要辅助手段。

二是规范环境损害鉴定评估技术方法。环境保护部已先后印发了《环境损害鉴定评估推荐办法》《突发环境事件应急处置阶段环境损害评估推荐办法》《生态环境损害赔偿技术指南总纲》等技术文件，初步形成了环境损害鉴定评估技术体系。下一步，还要结合环境执法、司法对环境损害鉴定评估工作的不同要求，在学习借鉴美国、欧盟等国外比较成熟的经验做法基础上，构建适用于环境损害调查、评估、修复方案制定与修复执行等不同技术环节的损害评估工作流程和操作步骤。要加强环境基础科学研究与环境监测能力的提高，逐步建立环境损害鉴定评估方法库、知识库、案例库，为形成环境损害鉴定评估工作能力奠定基础。

三是完善责任追究机制和资金保障机制。要加强对鉴定机构的诚信管理，建立环境损害司法鉴定"黑名单"制度，对有技术污点和违法记录的鉴定机构和鉴定人员除了依法进行行政处罚外，还应当纳入"黑名单"，并向司法机关和社会公布，保证环境损害司法鉴定行业的健康发展。对于因故意或者重大过失出具虚假或不实鉴定意见造成损失的，要依法追究鉴定机构的民事责任。要积极采取措施解决环境损害司法鉴定的资金保障问题。目前海南、昆明、无锡等多地法院都设立了环境公益诉讼专项资金，除了用于解决环境公益诉讼修复费用和赔偿款的给付问题，该专项资金还可以用于解决社会组织无力负担的环境损害司法鉴定费用等资金问题。最高人民法院将与财政部、环境保护部协商沟通，推动在全国范围内建立环境公益诉讼资金制度。研究探索建立司法鉴定援助制度，将经济困难且因环境侵权受损的自然人纳入司法援助的范围。

三、妥善做好环境损害司法鉴定和环境资源诉讼程序的衔接

解决环境资源审判面临的鉴定难问题，除了要积极推动构建科学、规

范、合理的环境损害司法鉴定体制外，还要做好环境损害司法鉴定和诉讼程序的衔接，从而有效发挥环境损害司法鉴定在环境资源审判中的作用。

一是正确认识和处理好技术判断和司法判断的关系。司法判断是基于法律思维和日常经验法则等对法律和事实问题做出的判断，这是法官的职责，不能交由法官以外的任何人去判定。技术判断则是基于技术思维对案件审理中的专门性问题进行的判断，由于超出了法官的能力范围，往往需要委托专门的鉴定机构提出意见。当前环境资源审判实践中不同程度地存在混淆技术判断和司法判断的现象，突出表现为一些人民法院在审理环境资源案件时存在过度依赖鉴定意见的倾向，对于鉴定意见不加分析地予以采信，这等于将专门性问题的审查判断权完全交给鉴定机构。鉴定意见虽是建立在一定科学事实基础之上，但本质上只是诉讼法规定的证据形式的一种，相较于其他证据形式，鉴定意见并没有取得"证据之王"的优越地位，仍需经庭审质证并经人民法院审查认定后方能作为定案证据。因此，要正确认识专门性问题认定中技术判断和司法判断的关系，技术判断只是司法判断的辅助性手段，只能对司法判断起到补强作用，并不能取代司法判断。法官要避免事实认定的司法权旁落，不能唯鉴定意见是从，不能为技术事实所迷惑，更不应存在以委托鉴定的形式推脱风险与责任的心理。

解决法官对于鉴定意见的过度依赖问题，可以从以下几个方面着手：一是加快建立专门的环境资源审判机构，打造一支既精通法律又熟悉环境专门知识的审判团队，可以在一定程度上解决法官由于知识壁垒造成的对于鉴定意见的依赖。二是在决定是否委托鉴定时应首先考虑鉴定的必要性和可行性，并且要明确委托鉴定的范围。委托鉴定的范围应当是当事人确有争议且对案件裁判有影响的专门性事实问题，不能是日常经验法则可以确定的普通事实，更不能是法律问题。并且，鉴定并非查明案件事实的唯一手段，在有其他办法，尤其是能够使用在庭审中直接查明事实的有关措施时，就不宜启动鉴定程序。三是强化庭审质证。保证当事人对鉴定意见的质证权是诉讼参与原则和程序正义的重要组成部分。当事人对鉴定意见有异议或人民法院认为鉴定人有必要出庭的，鉴定人应当出庭作证，并且鉴定人应对于鉴定意见的科学性、关联性、可靠性等加以充分论证说明。四是完善对鉴定意见的审查和运用规则。审判实践中有不少法官对于鉴定意见通常仅依照诉讼法规定对于鉴定机构和鉴定人是否具备资质、鉴定程序是否合法等形式要件进行审查，对于鉴定意见所依据的科学、技术原理或方法的可靠性往往不做审查,这实质上还是将事实裁判权交于鉴定机构。因此有必要探索建立对于鉴定意见进行实质审查的分析框架和判断标准。美国联邦法院关于科学证据可靠性的判断标准—道伯特标准,包括鉴定意见所依赖的原理、方法和技术是否已经被充分、正确的验证;该原理、方法和技术是否经过同行审查和出版,如经过同行审查,该原理、方法和技术在科学团体中被接受的程度;该原理、方法和技术的错误率等判断因素,具有一定的参考借鉴价值。

二是正确认识和处理好鉴定意见和专家意见的关系。现行民事诉讼法在我国原有鉴定人制度基础上引入专家辅助人制度,属于一项重大制度创新。鉴定意见和专家辅助人制度分别属于大陆法系和英美法系为解决专门性问题所作的制度设计,各有其优缺点,要协调利用好两种制度。

要充分发挥专家辅助人作用。由于环境损害司法鉴定制度的建立、完善需要一个过程,加之环境资源纠纷涉及的环境要素极广,不排除今后仍会遇到某些环境损害缺乏相应鉴定机构的问题,并且鉴定费用高昂的问题依然存在。因此,除了可以委托具备相关资格的司法鉴定机构出具鉴定意见外,还要注意充分发挥技术专家的作用。《最高人民法院关于审理环境民事公益诉讼案件适用法律若干问题的解释》对此作了规定,即对于生态环境修复费用难以确定或者确定具体数额所需鉴定费用明显过高的,人民法院可以结合污染环境、破坏生态的范围和程度、生态环境的稀缺性、生态环境恢复的难易程度、防治污染设备的运行成本、被告因侵害行为所获得的利益以及过错程度等因素,并可以参考负有环境保护监督管理职责的部门的意见、专家意见等,予以合理确定。贵阳、昆明、无锡等多地法院在审判实践中探索不经过评估鉴定,直接参考专家辅助人意见并结合相关因素的基础上酌定生态环境修复费用或修复方式。刚刚颁布的《贵州省生态环境损害赔偿制度改革试点工作实施方法》提出,对于生态损害较小,责任认定无争议,损害损失金额在50万元以下的案件,可采用专家证人出具专家意见的简易评估认定程序。这一做法有效降低了环境资源案件的诉讼成本负担,受到当事人的欢迎。

要注意保持专家辅助人的中立性,确保专家立场的超然性和专家意见的客观性。虽然专家辅助人制度源自于英美法,但我们不能采取英美法专家证人的角色定位,而是要强调专家辅助人的社会责任感,其职责是为法庭服务而不仅仅是为当事人服务,要求其客观真实的提供专家意见以帮助法庭发现案件的事实真相。从技术层面上，还要设计完善的交叉询问程序和规则，以便法官能够审查专家意见中存在的瑕疵和偏见。此外，还可以借鉴英国的"单一共同专家证人制度"，即由双方当事人共同确定并委托专家辅助人，而非各自选任。

要积极创新技术专家介入环境资源案件审理的方式。除了民事诉讼法规定当事人申请专家辅助人参加诉讼外，《最高人民法院关于全面加强环境资源审判工作为推进生态文明建设提供有力司法保障的意见》对于人民法院依职权聘请技术专家的方式作了规定。按照上述意见，各级法院不断创新工作机制，在不同层次、不同方面较好地发挥了技术专家的支持、帮助作用。一是建立专家库。最高人民法院和一些高、中级法院已经陆续建立了环境资源审判的技术专家库，目的就是要让技术专家参与到研究重大、疑难法律适用问题以及制订司法解释的论证工作中，同时就一些法官可能理解不了或者不能很好理解的个案技术鉴定问题，请技术专家加以解释说明，帮助作出分析和判断。二是聘请技术专家作为人民陪审员，经过地方人大常委会任命，作为合议庭成员与法官一起审理案件。三是聘请环境资源领域的专家担任特邀调解员，运用专业技术知识促使当事人自觉认识错误，修复环境，赔偿损失，化解原被告间的诉讼争议。此外，还可以借鉴知识产权审判领域直接聘请技术专家担任法官助理或技术调查官的做法，与法官共同组成审判团队，弥补法官技术判断能力不足的问题。

三是正确认识和处理好鉴定意见和其他证据之间的关系。要充分运用诉讼技术规则弥补鉴定手段的不足。由于环境侵权具有间接性、不确定性、潜伏性、复杂性、技术性、信息不对称等特点，法院对此类案件的审理需要采用无过错责任原则、举证责任倒置和因果关系推定等特殊的诉讼技术规则，以最大限度地救济被侵权人的受损利益，这是从事环境损害责任纠纷审理时必须特别注意的法律技术规则。环境侵权诉讼中因果关系的认定是审判实践中的一大难点。目前两大法系关于因果关系的认定都逐渐趋向采用二元化标准，即首先判断被告侵权行为是否对于损害发生具有原因力，这一阶段着重解决的是事实层面被告行为是否是损害发生的原因，不涉及价值判断，是纯粹的对事实过程的认识；在事实判断成立的基础上，依据价值判断或者政策因素考虑，再做出法律上因果关系能否成立的判断。因此，鉴定机构就环境侵权行为和损害结果之间是否存在因果关系进行鉴定时，应着重就是否存在事实上的因果关系进行鉴定，至于法律上的因果关系,应由人民法院审查决定。可以参考国外因果关系推定的理论、方法,对于环境侵权行为造成的损害采取的证明标准予以类型化区分。对于大规模人群的健康受损,可以借鉴"疫学因果关系理论"加以判定;对于其他的人身和财产损害,可以借鉴"间接反证理论"予以审视。这些理论与相应的法律规则、技术方法相互配合,有利于减轻证明难度以克服"确有损害但又难以确定"的困难。在具体的个案审判中,法官可以基于举证责任倒置、因果关系推定等方面的法律规定,根据既有的鉴定意见、其他证据和不同情况,运用疫学因果关系说、间接反证说、事实自证说、盖然性说等理论、方法做出相应的司法判断,不能简单地一概依赖鉴定意见。

要强化协调联动,发挥行政文书的证明效力。环境执法与环境司法关系密切。除了有些行政处罚会成为司法程序审查对象外,行政执法过程中的事实认定和证据固定也会为司法诉讼奠定基础、提供服务。环保行政机关或者其委托机构出具的环境污染事件调查报告、检验报告、检测报告、评估报告或者监测数据等,在性质上属于行政公文书之列。根据《最高人民法院关于适用〈中华人民共和国民事诉讼法〉的解释》的相关规定,环保行政机关或者其委托机构出具的有关环境污染的公文书所记载的事项推定为真实,但有相反的证据足以推翻的除外。《最高人民法院、最高人民检察院关于办理环境污染刑事案件适用法律若干问题的解释》以及《最高人民法院关于审理环境侵权责任纠纷案件适用法律若干问题的解释》这两部环境司法领域最为重要的司法解释,对于环境行政机关出具的行政文书的证据效力问题都作了明确规定。因此,在环境行政执法过程中严格按照环境损害司法鉴定评估技术规范的要求开展环境损害调查、获得有效证据、提出损害评估结论,是实现环境执法和环境司法有效衔接的客观要求,同时也可以更好地服务于环境行政执法和环境司法诉讼。根据最高人民法院、民政部、环境保护部《关于贯彻实施环境民事公益诉讼制度的通知》关于三部门协调配合机制的相关规定,人民法院在环境侵权纠纷案件的审理中,要注意主动加强与环境行政机关的协调对接,因审理案件需要,可以向负有监督管理职责的环境保护主管部门调取涉及被告的环境影响评价文件及其批复、环境许可和监管、污染物排放情况、行政处罚及处罚依据等证据材料的,相关部门也应及时向人民法院提交,以充分发挥行政文书在案件事实认定中的证明作用。

各位专家学者、同志们！

天津大学环境损害司法鉴定研究基地是最高人民法院环境资源司法研究中心继在中国人民大学、武汉大学设立环境资源司法理论研究基地之后设立的第一个专项研究基地。希望天津大学研究基地成立后，能够紧紧依托天津大学化学化工、环境科学、计算机科学、精密仪器科学等优势理工学科，并与法学学科紧密结合，充分发挥多学科和交叉学科的优势，针对环境损害司法鉴定中面临的重大理论和技术问题进行深入、系统的研究，并不断推进理论与实践的融合创新，为推进环境资源审判专门化提供强有力的技术和智力支撑。我相信并且期待天津大学环境损害司法鉴定研究基地将会为我国的环境资源审判事业做出积极和重要的贡献！

谢谢大家！

在生物多样性司法保护国际研讨会上的致辞

最高人民法院副院长　江必新

（2017年9月14日）

尊敬的书记，各位嘉宾，女士们，先生们，朋友们：

今天，我们相聚在美丽的古城南京，共同参加生物多样性司法保护国际会议。首先，请允许我代表中国最高人民法院和首席大法官周强院长，向来自巴西、印度、巴基斯坦、尼泊尔、联合国环境开发署、欧洲环保协会的各位同行和专家，向致力于推动国际环境司法合作交流事业的亚洲开发银行，向来自国内外的各位来宾朋友，表示最热烈的欢迎和最诚挚的谢意！

1992年6月，联合国环境与发展大会通过了具有里程碑意义的《生物多样性公约》，开启了全球范围生物多样性保护的新时代。25年来，各缔约国按照《公约》确定的"保护生物多样性""可持续利用生物多样性的组成部分""公平公正地分享由于利用遗传资源而产生的惠益"的目标要求，探索各类生境（生态学中环境的概念，非笔误）生物多样性的保护，关注外来入侵物种对生物多样性的威胁，研究气候变化对生物多样性的影响，构建遗传资源惠益公平分享机制，积极开展生物多样性保护国际和区际合作，为推动全球环境治理，保护我们共同的家园作出了重要贡献。

作为世界上历史最悠久的国家之一，中国一直有着保护生物资源的传统。据《史记》记载，早在几千年前，当时中国的统治者舜就设立了专司掌管山林、川泽、草木、鸟兽的官职"虞"，并任命了第一任长官"伯益"。西周时期颁布的《伐崇令》说："毋坏屋、毋填井、毋伐树木、毋动六畜"，形成了生物资源保护法令的雏形。汉代统治者发布诏书，禁止捕猎迁徙的"五色鸟"等珍稀候鸟；宋代政府部门制定了专门法令，禁止食用重点保护鸟兽；明代统治者多次放生野生虎、鹰、山猴，并禁止各属国进贡珍禽异兽；清代统治者严禁地方官员进献象牙制品，或许这是世界第一个禁止象牙制品的禁令。可以说，对自然的敬畏和人与自然和谐共生的理念始终伴随着中华文明的发展进程，融入中华民族的血脉。

跨过历史的长河，进入新的时期，生物多样性保护事业在中国有了长足的发展。加入《公约》以来，中国政府积极履行国际义务，先后成立了国家履约协调小组，构建了生物物种资源保护与管理部际联席会议机制；发布了《中国生物多样性保护战略与行动计划》（2011-2030），勾画了今后一段时期生物多样性保护和可持续利用及公平惠益的宏伟蓝图；编制了《中国生物多样性国情研究》报告，为相关部门和地方政府有针对性地开展生物多样性保护提供了重要参考；实施了"中国——欧盟生物多样性项目（CEBP）"等重要双边、多边合作项目，为加强生物多样性多边和双边合作提供了良好的示范。中国政府还注重加强生物多样性保护、预防入侵生物威胁等相关工作的宣传，让生物多样性保护在全社会形成了广泛的共识。

中国政府高度重视运用法治手段加强对生物多样性的保护。在立法层面，先后制定、修订了多部与生物多样性保护密切相关的法律法规，形成了以《环境保护法》为环境基本法，以《海洋环境保护法》《野生动物保护法》等30多部生态环境保护法律为单行法，并由《野生动植物保护条例》《自然保护区条例》等多部环境保护行政法规，以及相关环境保护标准共同组成的生态环境保护法律体系，实现了对包括生物多样性在内的生态环境全方位立法保护。

在司法层面，早在上个世纪80年代，中国的一些地方法院就开始设立森林法院或者林业审判庭，审理涉及林业和野生动物资源保护的刑事、民事和行政案件，开始了对运用司法手段保护生物多样性的初步探索。2014年，中国最高人民法院设立了环境资源审判庭，负责全国环境资源案件的审判和指导工作，并出台指导意见把生物多样性保护案件纳入专门化研究和审理范围。截至2017年4月，中国各级法院已成立环境资源专门审判机构956个，专门化的环境司法体系初步形成，为加强对包括生物多样性在内的环境资源司法保护奠定了坚实的基础。中国最高人民法院指导全国各级法院探索按照流域或生态功能区跨行政区划集中管辖环境资源案件，统一各类环境资源案件的裁判标准，统筹适用刑事、民事、行政三种责任方式，加强环境司法与行政执法的有效衔接，构建完善环境资源多元纠纷解决机制，充分发挥环境司法的评价指引和政策形成功能。最高人民法院还成立了环境司法研究中心以及理论和实践基地，推出了一批研究成果，为环境司法提供了有力智力支持。2016年，最高人民法院审理的腾格里沙漠环境污染系列公益诉讼案在裁判文书中直接援引了《公约》的规定，明确对于生物多样性的保护是环境保护的重要组成部分，这是中国首份直接援引国际公约的环境资源案件指导性案例，彰显了中国环境司法开放包容、兼收并蓄的国际视野。

来宾们，朋友们！

孔子说："仁者乐山，智者乐水"。此时此刻，我们身处在这山水相连、风光秀丽的紫金山下，见仁见智，畅所欲言，为生物多样性的司法保护事业建言献策。相信这次国际研讨会的召开，必将汇集各位同行和专家、学者的智慧，促进国内和国外、理论和实务之间的深层交流和精诚合作，共同推动生物多样性司法保护事业的不断发展，为维护全球生态安全，建设生态良好的美丽地球家园作出更大贡献！

最后，预祝本次会议圆满成功，谢谢大家！

【法律法规、司法解释、规范性文件】

中华人民共和国水污染防治法

（1984年5月11日第六届全国人民代表大会常务委员会第五次会议通过根据 1996年5月15日第八届全国人民代表大会常务委员会第十九次会议《关于修改〈中华人民共和国水污染防治法〉的决定》第一次修正 2008年2月28日第十届全国人民代表大会常务委员会第三十二次会议修订 根据2017年6月27日第十二届全国人民代表大会常务委员会第二十八次会议《关于修改〈中华人民共和国水污染防治法〉的决定》第二次修正）

目 录

第一章 总 则
第二章 水污染防治的标准和规划
第三章 水污染防治的监督管理
第四章 水污染防治措施
 第一节 一般规定
 第二节 工业水污染防治
 第三节 城镇水污染防治
 第四节 农业和农村水污染防治
 第五节 船舶水污染防治
第五章 饮用水水源和其他特殊水体保护
第六章 水污染事故处置
第七章 法律责任
第八章 附 则

第一章 总 则

第一条 为了保护和改善环境,防治水污染,保护水生态,保障饮用水安全,维护公众健康,推进生态文明建设,促进经济社会可持续发展,制定本法。

第二条 本法适用于中华人民共和国领域内的江河、湖泊、运河、渠道、水库等地表水体以及地下水体的污染防治。

海洋污染防治适用《中华人民共和国海洋环境保护法》。

第三条 水污染防治应当坚持预防为主、防治结合、综合治理的原则,优先保护饮用水水源,严格控制工业污染、城镇生活污染,防治农业面源污染,积极推进生态治理工程建设,预防、控制和减少水环境污染和生态破坏。

第四条 县级以上人民政府应当将水环境保护工作纳入国民经济和社会发展规划。

地方各级人民政府对本行政区域的水环境质量负责,应当及时采取措施防治水污染。

第五条 省、市、县、乡建立河长制,分级分段组织领导本行政区域内江河、湖泊的水资源保护、水域岸线管理、水污染防治、水环境治理等工作。

第六条 国家实行水环境保护目标责任制和考核评价制度,将水环境保护目标完成情况作为对地方人民政府及其负责人考核评价的内容。

第七条 国家鼓励、支持水污染防治的科学技术研究和先进适用技术的推广应用,加强水环境保护的宣传教育。

第八条 国家通过财政转移支付等方式,建立健全对位于饮用水水源保护区区域和江河、湖泊、水库上游地区的水环境生态保护补偿机制。

第九条 县级以上人民政府环境保护主管部门对水污染防治实施统一监督管理。

交通主管部门的海事管理机构对船舶污染水域的防治实施监督管理。

县级以上人民政府水行政、国土资源、卫生、建设、农业、渔业等部门以及重要江河、湖泊的流域水资源保护机构,在各自的职责范围内,对有关水污染防治实施监督管理。

第十条 排放水污染物,不得超过国家或者地方规定的水污染物排放标准和重点水污染物排放总量控制指标。

第十一条 任何单位和个人都有义务保护水环境,并有权对污染损害水环境的行为进行检举。

县级以上人民政府及其有关主管部门对在水污染防治工作中做出显著成绩的单位和个人给予表彰和奖励。

第二章 水污染防治的标准和规划

第十二条 国务院环境保护主管部门制定国家水环境质量标准。

省、自治区、直辖市人民政府可以对国家水环境质量标准中未作规定的项目,制定地方标准,并报国务院环境保护主管部门备案。

第十三条 国务院环境保护主管部门会同国务院水行政主管部门和有关省、自治区、直辖市人民政府,可以根据国家确定的重要江河、湖泊流域水体的使用功能以及有关地区的经济、技术条件,确定该重要江河、湖泊流域的省界水体适用的水环境质量标准,报国务院批准后施行。

第十四条 国务院环境保护主管部门根据国家水环境质量标准和国家经济、技术条件,制定国家水污染物排放标准。

省、自治区、直辖市人民政府对国家水污染物排放标准中未作规定的项目,可以制定地方水污染物排放标准;对国家水污染物排放标准中已作规定的项目,可以制定严于国家水污染物排放标准的地方水污染物排放标准。地方水污染物排放标准须报国务院环境保护主管部门备案。

向已有地方水污染物排放标准的水体排放污染物的,应当执行地方水污染物排放标准。

第十五条 国务院环境保护主管部门和省、自治区、直辖市人民政府,应当根据水污染防治的要求和国家或者地方的经济、技术条件,适时修订水环境质量标准和水污染物排放标准。

第十六条 防治水污染应当按流域或者按区域进行统一规划。国家确定的重要江河、湖泊的流域水污染防治规划,由国务院环境保护主管部门会同国务院经济综合宏观调控、水行政等部门和有关省、自治区、直辖市人民政府编制,报国务院批准。

前款规定外的其他跨省、自治区、直辖市江河、湖泊的流域水污染防治规划,根据国家确定的重要江河、湖泊的流域水污染防治规划和本地实际情况,由有关省、自治区、直辖市人民政府环境保护主管部门会同同级水行政等部门和有关市、县人民政府编制,经有关省、自治区、直辖市人民政府审核,报国务院批准。

省、自治区、直辖市内跨县江河、湖泊的流域水污染防治规划,根据国家确定的重要江河、湖泊的流域水污染防治规划和本地实际情况,由省、自治区、直辖市人民政府环境保护主管部门会同同级水行政等部门编制,报省、自治区、直辖市人民政府批准,并报国务院备案。

经批准的水污染防治规划是防治水污染的基本依据,规划的修订须经原批准机关批准。

县级以上地方人民政府应当根据依法批准的江河、湖泊的流域水污染防治规划,组织制定本行政区域的水污染防治规划。

第十七条 有关市、县级人民政府应当按照水污染防治规划确定的水环境质量改善目标的要求,制定限期达标规划,采取措施按期达标。

有关市、县级人民政府应当将限期达标规划报上一级人民政府备案,并向社会公开。

第十八条 市、县级人民政府每年在向本级人民代表大会或者其常务委员会报告环境状况和环境保护目标完成情况时,应当报告水环境质量限期达标规划执行情况,并向社会公开。

第三章 水污染防治的监督管理

第十九条 新建、改建、扩建直接或者间接向水体排放污染物的建设项目和其他水上设施,应当依法进行环境影响评价。

建设单位在江河、湖泊新建、改建、扩建排污口的,应当取得水行政主管部门或者流域管理机构同意;涉及通航、渔业水域的,环境保护主管部门在审批环境影响评价文件时,应当征求交通、渔业主管部门的意见。

建设项目的水污染防治设施,应当与主体工程同时设计、同时施工、同时投入使用。水污染防治设施应当符合经批准或者备案的环境影响评价文件的要求。

第二十条 国家对重点水污染物排放实施总量控制制度。

重点水污染物排放总量控制指标,由国务院环境保护主管部门在征求国务院有关部门和各省、自治区、直辖市人民政府意见后,会同国务院经济综合宏观调控部门报国务院批准并下达实施。

省、自治区、直辖市人民政府应当按照国务院的规定削减和控制本行政区域的重点水污染物排放总量。具体办法由国务院环境保护主管部门会同国务院有关部门规定。

省、自治区、直辖市人民政府可以根据本行政区域水环境质量状况和水污染防治工作的需要，对国家重点水污染物之外的其他水污染物排放实行总量控制。

对超过重点水污染物排放总量控制指标或者未完成水环境质量改善目标的地区，省级以上人民政府环境保护主管部门应当会同有关部门约谈该地区人民政府的主要负责人，并暂停审批新增重点水污染物排放总量的建设项目的环境影响评价文件。约谈情况应当向社会公开。

第二十一条 直接或者间接向水体排放工业废水和医疗污水以及其他按照规定应当取得排污许可证方可排放的废水、污水的企业事业单位和其他生产经营者，应当取得排污许可证；城镇污水集中处理设施的运营单位，也应当取得排污许可证。排污许可证应当明确排放水污染物的种类、浓度、总量和排放去向等要求。排污许可的具体办法由国务院规定。

禁止企业事业单位和其他生产经营者无排污许可证或者违反排污许可证的规定向水体排放前款规定的废水、污水。

第二十二条 向水体排放污染物的企业事业单位和其他生产经营者，应当按照法律、行政法规和国务院环境保护主管部门的规定设置排污口；在江河、湖泊设置排污口的，还应当遵守国务院水行政主管部门的规定。

第二十三条 实行排污许可管理的企业事业单位和其他生产经营者应当按照国家有关规定和监测规范，对所排放的水污染物自行监测，并保存原始监测记录。重点排污单位还应当安装水污染物排放自动监测设备，与环境保护主管部门的监控设备联网，并保证监测设备正常运行。具体办法由国务院环境保护主管部门规定。

应当安装水污染物排放自动监测设备的重点排污单位名录，由设区的市级以上地方人民政府环境保护主管部门根据本行政区域的环境容量、重点水污染物排放总量控制指标的要求以及排污单位排放水污染物的种类、数量和浓度等因素，商同级有关部门确定。

第二十四条 实行排污许可管理的企业事业单位和其他生产经营者应当对监测数据的真实性和准确性负责。

环境保护主管部门发现重点排污单位的水污染物排放自动监测设备传输数据异常，应当及时进行调查。

第二十五条 国家建立水环境质量监测和水污染物排放监测制度。国务院环境保护主管部门负责制定水环境监测规范，统一发布国家水环境状况信息，会同国务院水行政等部门组织监测网络，统一规划国家水环境质量监测站（点）的设置，建立监测数据共享机制，加强对水环境监测的管理。

第二十六条 国家确定的重要江河、湖泊流域的水资源保护工作机构负责监测其所在流域的省界水体的水环境质量状况，并将监测结果及时报国务院环境保护主管部门和国务院水行政主管部门；有经国务院批准成立的流域水资源保护领导机构的，应当将监测结果及时报告流域水资源保护领导机构。

第二十七条 国务院有关部门和县级以上地方人民政府开发、利用和调节、调度水资源时，应当统筹兼顾，维持江河的合理流量和湖泊、水库以及地下水体的合理水位，保障基本生态用水，维护水体的生态功能。

第二十八条 国务院环境保护主管部门应当会同国务院水行政等部门和有关省、自治区、直辖市人民政府，建立重要江河、湖泊的流域水环境保护联合协调机制，实行统一规划、统一标准、统一监测、统一的防治措施。

第二十九条 国务院环境保护主管部门和省、自治区、直辖市人民政府环境保护主管部门应当会同同级有关部门根据流域生态环境功能需要，明确流域生态环境保护要求，组织开展流域环境资源承载能力监测、评价，实施流域环境资源承载能力预警。

县级以上地方人民政府应当根据流域生态环境功能需要，组织开展江河、湖泊、湿地保护与修复，因地制宜建设人工湿地、水源涵养林、沿河沿湖植被缓冲带和隔离带等生态环境治理与保护工程，整治黑臭水体，提高流域环境资源承载能力。

从事开发建设活动，应当采取有效措施，维护流域生态环境功能，严守生态保护红线。

第三十条 环境保护主管部门和其他依照本法规定行使监督管理权的部门，有权对管辖范围内的排污单位进行现场检查，被检查的单位应当如实反映情况，提供必要的资料。检查机关有义务为被检查的单位保守在检查中获取的商业秘密。

第三十一条 跨行政区域的水污染纠纷，由有关地方人民政府协商解决，或者由其共同的上级人民政府协调解决。

第四章　水污染防治措施

第一节　一般规定

第三十二条　国务院环境保护主管部门应当会同国务院卫生主管部门，根据对公众健康和生态环境的危害和影响程度，公布有毒有害水污染物名录，实行风险管理。

排放前款规定名录中所列有毒有害水污染物的企业事业单位和其他生产经营者，应当对排污口和周边环境进行监测，评估环境风险，排查环境安全隐患，并公开有毒有害水污染物信息，采取有效措施防范环境风险。

第三十三条　禁止向水体排放油类、酸液、碱液或者剧毒废液。

禁止在水体清洗装贮过油类或者有毒污染物的车辆和容器。

第三十四条　禁止向水体排放、倾倒放射性固体废物或者含有高放射性和中放射性物质的废水。

向水体排放含低放射性物质的废水，应当符合国家有关放射性污染防治的规定和标准。

第三十五条　向水体排放含热废水，应当采取措施，保证水体的水温符合水环境质量标准。

第三十六条　含病原体的污水应当经过消毒处理；符合国家有关标准后，方可排放。

第三十七条　禁止向水体排放、倾倒工业废渣、城镇垃圾和其他废弃物。

禁止将含有汞、镉、砷、铬、铅、氰化物、黄磷等的可溶性剧毒废渣向水体排放、倾倒或者直接埋入地下。

存放可溶性剧毒废渣的场所，应当采取防水、防渗漏、防流失的措施。

第三十八条　禁止在江河、湖泊、运河、渠道、水库最高水位线以下的滩地和岸坡堆放、存贮固体废弃物和其他污染物。

第三十九条　禁止利用渗井、渗坑、裂隙、溶洞，私设暗管，篡改、伪造监测数据，或者不正常运行水污染防治设施等逃避监管的方式排放水污染物。

第四十条 化学品生产企业以及工业集聚区、矿山开采区、尾矿库、危险废物处置场、垃圾填埋场等的运营、管理单位，应当采取防渗漏等措施，并建设地下水水质监测井进行监测，防止地下水污染。

加油站等的地下油罐应当使用双层罐或者采取建造防渗池等其他有效措施，并进行防渗漏监测，防止地下水污染。

禁止利用无防渗漏措施的沟渠、坑塘等输送或者存贮含有毒污染物的废水、含病原体的污水和其他废弃物。

第四十一条 多层地下水的含水层水质差异大的，应当分层开采；对已受污染的潜水和承压水，不得混合开采。

第四十二条 兴建地下工程设施或者进行地下勘探、采矿等活动，应当采取防护性措施，防止地下水污染。

报废矿井、钻井或者取水井等，应当实施封井或者回填。

第四十三条 人工回灌补给地下水，不得恶化地下水质。

第二节 工业水污染防治

第四十四条 国务院有关部门和县级以上地方人民政府应当合理规划工业布局，要求造成水污染的企业进行技术改造，采取综合防治措施，提高水的重复利用率，减少废水和污染物排放量。

第四十五条 排放工业废水的企业应当采取有效措施，收集和处理产生的全部废水，防止污染环境。含有毒有害水污染物的工业废水应当分类收集和处理，不得稀释排放。

工业集聚区应当配套建设相应的污水集中处理设施，安装自动监测设备，与环境保护主管部门的监控设备联网，并保证监测设备正常运行。

向污水集中处理设施排放工业废水的，应当按照国家有关规定进行预处理，达到集中处理设施处理工艺要求后方可排放。

第四十六条 国家对严重污染水环境的落后工艺和设备实行淘汰制度。

国务院经济综合宏观调控部门会同国务院有关部门，公布限期禁止采用的严重污染水环境的工艺名录和限期禁止生产、销售、进口、使用的严重污染水环境的设备名录。

生产者、销售者、进口者或者使用者应当在规定的期限内停止生产、销售、进口或者使用列入前款规定的设备名录中的设备。工艺的采用者应当在规定的期限内停止采用列入前款规定的工艺名录中的工艺。

依照本条第二款、第三款规定被淘汰的设备,不得转让给他人使用。

第四十七条 国家禁止新建不符合国家产业政策的小型造纸、制革、印染、染料、炼焦、炼硫、炼砷、炼汞、炼油、电镀、农药、石棉、水泥、玻璃、钢铁、火电以及其他严重污染水环境的生产项目。

第四十八条 企业应当采用原材料利用效率高、污染物排放量少的清洁工艺,并加强管理,减少水污染物的产生。

第三节 城镇水污染防治

第四十九条 城镇污水应当集中处理。

县级以上地方人民政府应当通过财政预算和其他渠道筹集资金,统筹安排建设城镇污水集中处理设施及配套管网,提高本行政区域城镇污水的收集率和处理率。

国务院建设主管部门应当会同国务院经济综合宏观调控、环境保护主管部门,根据城乡规划和水污染防治规划,组织编制全国城镇污水处理设施建设规划。县级以上地方人民政府组织建设、经济综合宏观调控、环境保护、水行政等部门编制本行政区域的城镇污水处理设施建设规划。县级以上地方人民政府建设主管部门应当按照城镇污水处理设施建设规划,组织建设城镇污水集中处理设施及配套管网,并加强对城镇污水集中处理设施运营的监督管理。

城镇污水集中处理设施的运营单位按照国家规定向排污者提供污水处理的有偿服务,收取污水处理费用,保证污水集中处理设施的正常运行。收取的污水处理费用应当用于城镇污水集中处理设施的建设运行和污泥处理处置,不得挪作他用。

城镇污水集中处理设施的污水处理收费、管理以及使用的具体办法,由国务院规定。

第五十条 向城镇污水集中处理设施排放水污染物,应当符合国家或者地方规定的水污染物排放标准。

城镇污水集中处理设施的运营单位,应当对城镇污水集中处理设施的出水水质负责。

环境保护主管部门应当对城镇污水集中处理设施的出水水质和水量进行监督检查。

第五十一条 城镇污水集中处理设施的运营单位或者污泥处理处置单位应当安全处理处置污泥,保证处理处置后的污泥符合国家标准,并对污泥的去向等进行记录。

第四节 农业和农村水污染防治

第五十二条 国家支持农村污水、垃圾处理设施的建设,推进农村污水、垃圾集中处理。

地方各级人民政府应当统筹规划建设农村污水、垃圾处理设施,并保障其正常运行。

第五十三条 制定化肥、农药等产品的质量标准和使用标准,应当适应水环境保护要求。

第五十四条 使用农药,应当符合国家有关农药安全使用的规定和标准。

运输、存贮农药和处置过期失效农药,应当加强管理,防止造成水污染。

第五十五条 县级以上地方人民政府农业主管部门和其他有关部门,应当采取措施,指导农业生产者科学、合理地施用化肥和农药,推广测土配方施肥技术和高效低毒低残留农药,控制化肥和农药的过量使用,防止造成水污染。

第五十六条 国家支持畜禽养殖场、养殖小区建设畜禽粪便、废水的综合利用或者无害化处理设施。

畜禽养殖场、养殖小区应当保证其畜禽粪便、废水的综合利用或者无害化处理设施正常运转,保证污水达标排放,防止污染水环境。

畜禽散养密集区所在地县、乡级人民政府应当组织对畜禽粪便污水进行分户收集、集中处理利用。

第五十七条 从事水产养殖应当保护水域生态环境,科学确定养殖密度,合理投饵和使用药物,防止污染水环境。

第五十八条 农田灌溉用水应当符合相应的水质标准,防止污染土壤、地下水和农产品。

禁止向农田灌溉渠道排放工业废水或者医疗污水。向农田灌溉渠道排放城镇污水以及未综合利用的畜禽养殖废水、农产品加工废水的,应当保证其下游最近的灌溉取水点的水质符合农田灌溉水质标准。

第五节　船舶水污染防治

第五十九条　船舶排放含油污水、生活污水，应当符合船舶污染物排放标准。从事海洋航运的船舶进入内河和港口的，应当遵守内河的船舶污染物排放标准。

船舶的残油、废油应当回收，禁止排入水体。

禁止向水体倾倒船舶垃圾。

船舶装载运输油类或者有毒货物，应当采取防止溢流和渗漏的措施，防止货物落水造成水污染。

进入中华人民共和国内河的国际航线船舶排放压载水的，应当采用压载水处理装置或者采取其他等效措施，对压载水进行灭活等处理。禁止排放不符合规定的船舶压载水。

第六十条　船舶应当按照国家有关规定配置相应的防污设备和器材，并持有合法有效的防止水域环境污染的证书与文书。

船舶进行涉及污染物排放的作业，应当严格遵守操作规程，并在相应的记录簿上如实记载。

第六十一条　港口、码头、装卸站和船舶修造厂所在地市、县级人民政府应当统筹规划建设船舶污染物、废弃物的接收、转运及处理处置设施。

港口、码头、装卸站和船舶修造厂应当备有足够的船舶污染物、废弃物的接收设施。从事船舶污染物、废弃物接收作业，或者从事装载油类、污染危害性货物船舱清洗作业的单位，应当具备与其运营规模相适应的接收处理能力。

第六十二条　船舶及有关作业单位从事有污染风险的作业活动，应当按照有关法律法规和标准，采取有效措施，防止造成水污染。海事管理机构、渔业主管部门应当加强对船舶及有关作业活动的监督管理。

船舶进行散装液体污染危害性货物的过驳作业，应当编制作业方案，采取有效的安全和污染防治措施，并报作业地海事管理机构批准。

禁止采取冲滩方式进行船舶拆解作业。

第五章　饮用水水源和其他特殊水体保护

第六十三条　国家建立饮用水水源保护区制度。饮用水水源保护区分为一级保护区和二级保护区；必要时，可以在饮用水水源保护区外围划定一定的区域作为准保护区。

饮用水水源保护区的划定，由有关市、县人民政府提出划定方案，报省、自治区、直辖市人民政府批准；跨市、县饮用水水源保护区的划定，由有关市、县人民政府协商提出划定方案，报省、自治区、直辖市人民政府批准；协商不成的，由省、自治区、直辖市人民政府环境保护主管部门会同同级水行政、国土资源、卫生、建设等部门提出划定方案，征求同级有关部门的意见后，报省、自治区、直辖市人民政府批准。

跨省、自治区、直辖市的饮用水水源保护区，由有关省、自治区、直辖市人民政府商有关流域管理机构划定；协商不成的，由国务院环境保护主管部门会同同级水行政、国土资源、卫生、建设等部门提出划定方案，征求国务院有关部门的意见后，报国务院批准。

国务院和省、自治区、直辖市人民政府可以根据保护饮用水水源的实际需要，调整饮用水水源保护区的范围，确保饮用水安全。有关地方人民政府应当在饮用水水源保护区的边界设立明确的地理界标和明显的警示标志。

第六十四条 在饮用水水源保护区内，禁止设置排污口。

第六十五条 禁止在饮用水水源一级保护区内新建、改建、扩建与供水设施和保护水源无关的建设项目；已建成的与供水设施和保护水源无关的建设项目，由县级以上人民政府责令拆除或者关闭。

禁止在饮用水水源一级保护区内从事网箱养殖、旅游、游泳、垂钓或者其他可能污染饮用水水体的活动。

第六十六条 禁止在饮用水水源二级保护区内新建、改建、扩建排放污染物的建设项目；已建成的排放污染物的建设项目，由县级以上人民政府责令拆除或者关闭。

在饮用水水源二级保护区内从事网箱养殖、旅游等活动的，应当按照规定采取措施，防止污染饮用水水体。

第六十七条 禁止在饮用水水源准保护区内新建、扩建对水体污染严重的建设项目；改建建设项目，不得增加排污量。

第六十八条 县级以上地方人民政府应当根据保护饮用水水源的实际需要，在准保护区内采取工程措施或者建造湿地、水源涵养林等生态保护措施，防止水污染物直接排入饮用水水体，确保饮用水安全。

第六十九条 县级以上地方人民政府应当组织环境保护等部门,对饮用水水源保护区、地下水型饮用水源的补给区及供水单位周边区域的环境状况和污染风险进行调查评估,筛查可能存在的污染风险因素,并采取相应的风险防范措施。

饮用水水源受到污染可能威胁供水安全的,环境保护主管部门应当责令有关企业事业单位和其他生产经营者采取停止排放水污染物等措施,并通报饮用水供水单位和供水、卫生、水行政等部门;跨行政区域的,还应当通报相关地方人民政府。

第七十条 单一水源供水城市的人民政府应当建设应急水源或者备用水源,有条件的地区可以开展区域联网供水。

县级以上地方人民政府应当合理安排、布局农村饮用水水源,有条件的地区可以采取城镇供水管网延伸或者建设跨村、跨乡镇联片集中供水工程等方式,发展规模集中供水。

第七十一条 饮用水供水单位应当做好取水口和出水口的水质检测工作。发现取水口水质不符合饮用水水源水质标准或者出水口水质不符合饮用水卫生标准的,应当及时采取相应措施,并向所在地市、县级人民政府供水主管部门报告。供水主管部门接到报告后,应当通报环境保护、卫生、水行政等部门。

饮用水供水单位应当对供水水质负责,确保供水设施安全可靠运行,保证供水水质符合国家有关标准。

第七十二条 县级以上地方人民政府应当组织有关部门监测、评估本行政区域内饮用水水源、供水单位供水和用户水龙头出水的水质等饮用水安全状况。

县级以上地方人民政府有关部门应当至少每季度向社会公开一次饮用水安全状况信息。

第七十三条 国务院和省、自治区、直辖市人民政府根据水环境保护的需要,可以规定在饮用水水源保护区内,采取禁止或者限制使用含磷洗涤剂、化肥、农药以及限制种植养殖等措施。

第七十四条 县级以上人民政府可以对风景名胜区水体、重要渔业水体和其他具有特殊经济文化价值的水体划定保护区,并采取措施,保证保护区的水质符合规定用途的水环境质量标准。

第七十五条 在风景名胜区水体、重要渔业水体和其他具有特殊经济文化价值的水体的保护区内,不得新建排污口。在保护区附近新建排污口,应当保证保护区水体不受污染。

第六章 水污染事故处置

第七十六条 各级人民政府及其有关部门、可能发生水污染事故的企业事业单位,应当依照《中华人民共和国突发事件应对法》的规定,做好突发水污染事故的应急准备、应急处置和事后恢复等工作。

第七十七条 可能发生水污染事故的企业事业单位,应当制定有关水污染事故的应急方案,做好应急准备,并定期进行演练。

生产、储存危险化学品的企业事业单位,应当采取措施,防止在处理安全生产事故过程中产生的可能严重污染水体的消防废水、废液直接排入水体。

第七十八条 企业事业单位发生事故或者其他突发性事件,造成或者可能造成水污染事故的,应当立即启动本单位的应急方案,采取隔离等应急措施,防止水污染物进入水体,并向事故发生地的县级以上地方人民政府或者环境保护主管部门报告。环境保护主管部门接到报告后,应当及时向本级人民政府报告,并抄送有关部门。

造成渔业污染事故或者渔业船舶造成水污染事故的,应当向事故发生地的渔业主管部门报告,接受调查处理。其他船舶造成水污染事故的,应当向事故发生地的海事管理机构报告,接受调查处理;给渔业造成损害的,海事管理机构应当通知渔业主管部门参与调查处理。

第七十九条 市、县级人民政府应当组织编制饮用水安全突发事件应急预案。

饮用水供水单位应当根据所在地饮用水安全突发事件应急预案,制定相应的突发事件应急方案,报所在地市、县级人民政府备案,并定期进行演练。

饮用水水源发生水污染事故,或者发生其他可能影响饮用水安全的突发性事件,饮用水供水单位应当采取应急处理措施,向所在地市、县级人民政府报告,并向社会公开。有关人民政府应当根据情况及时启动应急预案,采取有效措施,保障供水安全。

第七章 法律责任

第八十条 环境保护主管部门或者其他依照本法规定行使监督管理权

的部门，不依法作出行政许可或者办理批准文件的，发现违法行为或者接到对违法行为的举报后不予查处的，或者有其他未依照本法规定履行职责的行为的，对直接负责的主管人员和其他直接责任人员依法给予处分。

第八十一条　以拖延、围堵、滞留执法人员等方式拒绝、阻挠环境保护主管部门或者其他依照本法规定行使监督管理权的部门的监督检查，或者在接受监督检查时弄虚作假的，由县级以上人民政府环境保护主管部门或者其他依照本法规定行使监督管理权的部门责令改正，处二万元以上二十万元以下的罚款。

第八十二条　违反本法规定，有下列行为之一的，由县级以上人民政府环境保护主管部门责令限期改正，处二万元以上二十万元以下的罚款；逾期不改正的，责令停产整治：

（一）未按照规定对所排放的水污染物自行监测，或者未保存原始监测记录的；

（二）未按照规定安装水污染物排放自动监测设备，未按照规定与环境保护主管部门的监控设备联网，或者未保证监测设备正常运行的；

（三）未按照规定对有毒有害水污染物的排污口和周边环境进行监测，或者未公开有毒有害水污染物信息的。

第八十三条　违反本法规定，有下列行为之一的，由县级以上人民政府环境保护主管部门责令改正或者责令限制生产、停产整治，并处十万元以上一百万元以下的罚款；情节严重的，报经有批准权的人民政府批准，责令停业、关闭：

（一）未依法取得排污许可证排放水污染物的；

（二）超过水污染物排放标准或者超过重点水污染物排放总量控制指标排放水污染物的；

（三）利用渗井、渗坑、裂隙、溶洞，私设暗管，篡改、伪造监测数据，或者不正常运行水污染防治设施等逃避监管的方式排放水污染物的；

（四）未按照规定进行预处理，向污水集中处理设施排放不符合处理工艺要求的工业废水的。

第八十四条　在饮用水水源保护区内设置排污口的，由县级以上地方人民政府责令限期拆除，处十万元以上五十万元以下的罚款；逾期不拆除的，强制拆除，所需费用由违法者承担，处五十万元以上一百万元以下的罚款，并可以责令停产整治。

除前款规定外，违反法律、行政法规和国务院环境保护主管部门的规定设置排污口的，由县级以上地方人民政府环境保护主管部门责令限期拆除，处二万元以上十万元以下的罚款；逾期不拆除的，强制拆除，所需费用由违法者承担，处十万元以上五十万元以下的罚款；情节严重的，可以责令停产整治。

未经水行政主管部门或者流域管理机构同意，在江河、湖泊新建、改建、扩建排污口的，由县级以上人民政府水行政主管部门或者流域管理机构依据职权，依照前款规定采取措施、给予处罚。

第八十五条 有下列行为之一的，由县级以上地方人民政府环境保护主管部门责令停止违法行为，限期采取治理措施，消除污染，处以罚款；逾期不采取治理措施的，环境保护主管部门可以指定有治理能力的单位代为治理，所需费用由违法者承担：

（一）向水体排放油类、酸液、碱液的；

（二）向水体排放剧毒废液，或者将含有汞、镉、砷、铬、铅、氰化物、黄磷等的可溶性剧毒废渣向水体排放、倾倒或者直接埋入地下的；

（三）在水体清洗装贮过油类、有毒污染物的车辆或者容器的；

（四）向水体排放、倾倒工业废渣、城镇垃圾或者其他废弃物，或者在江河、湖泊、运河、渠道、水库最高水位线以下的滩地、岸坡堆放、存贮固体废弃物或者其他污染物的；

（五）向水体排放、倾倒放射性固体废物或者含有高放射性、中放射性物质的废水的；

（六）违反国家有关规定或者标准，向水体排放含低放射性物质的废水、热废水或者含病原体的污水的；

（七）未采取防渗漏等措施，或者未建设地下水水质监测井进行监测的；

（八）加油站等的地下油罐未使用双层罐或者采取建造防渗池等其他有效措施，或者未进行防渗漏监测的；

（九）未按照规定采取防护性措施，或者利用无防渗漏措施的沟渠、坑塘等输送或者存贮含有毒污染物的废水、含病原体的污水或者其他废弃物的。

有前款第三项、第四项、第六项、第七项、第八项行为之一的，处二万元以上二十万元以下的罚款。有前款第一项、第二项、第五项、第九项行为之一的，处十万元以上一百万元以下的罚款；情节严重的，报经有批准权的人民政府批准，责令停业、关闭。

第八十六条　违反本法规定，生产、销售、进口或者使用列入禁止生产、销售、进口、使用的严重污染水环境的设备名录中的设备，或者采用列入禁止采用的严重污染水环境的工艺名录中的工艺的，由县级以上人民政府经济综合宏观调控部门责令改正，处五万元以上二十万元以下的罚款；情节严重的，由县级以上人民政府经济综合宏观调控部门提出意见，报请本级人民政府责令停业、关闭。

第八十七条　违反本法规定，建设不符合国家产业政策的小型造纸、制革、印染、染料、炼焦、炼硫、炼砷、炼汞、炼油、电镀、农药、石棉、水泥、玻璃、钢铁、火电以及其他严重污染水环境的生产项目的，由所在地的市、县人民政府责令关闭。

第八十八条　城镇污水集中处理设施的运营单位或者污泥处理处置单位，处理处置后的污泥不符合国家标准，或者对污泥去向等未进行记录的，由城镇排水主管部门责令限期采取治理措施，给予警告；造成严重后果的，处十万元以上二十万元以下的罚款；逾期不采取治理措施的，城镇排水主管部门可以指定有治理能力的单位代为治理，所需费用由违法者承担。

第八十九条　船舶未配置相应的防污染设备和器材，或者未持有合法有效的防止水域环境污染的证书与文书的，由海事管理机构、渔业主管部门按照职责分工责令限期改正，处二千元以上二万元以下的罚款；逾期不改正的，责令船舶临时停航。

船舶进行涉及污染物排放的作业，未遵守操作规程或者未在相应的记录簿上如实记载的，由海事管理机构、渔业主管部门按照职责分工责令改正，处二千元以上二万元以下的罚款。

第九十条　违反本法规定，有下列行为之一的，由海事管理机构、渔业主管部门按照职责分工责令停止违法行为，处一万元以上十万元以下的罚款；造成水污染的，责令限期采取治理措施，消除污染，处二万元以上二十万元以下的罚款；逾期不采取治理措施的，海事管理机构、渔业主管部门按照职责分工可以指定有治理能力的单位代为治理，所需费用由船舶承担：

（一）向水体倾倒船舶垃圾或者排放船舶的残油、废油的；

（二）未经作业地海事管理机构批准，船舶进行散装液体污染危害性货物的过驳作业的；

（三）船舶及有关作业单位从事有污染风险的作业活动，未按照规定采取污染防治措施的；

（四）以冲滩方式进行船舶拆解的；

（五）进入中华人民共和国内河的国际航线船舶，排放不符合规定的船舶压载水的。

第九十一条 有下列行为之一的，由县级以上地方人民政府环境保护主管部门责令停止违法行为，处十万元以上五十万元以下的罚款；并报经有批准权的人民政府批准，责令拆除或者关闭：

（一）在饮用水水源一级保护区内新建、改建、扩建与供水设施和保护水源无关的建设项目的；

（二）在饮用水水源二级保护区内新建、改建、扩建排放污染物的建设项目的；

（三）在饮用水水源准保护区内新建、扩建对水体污染严重的建设项目，或者改建建设项目增加排污量的。

在饮用水水源一级保护区内从事网箱养殖或者组织进行旅游、垂钓或者其他可能污染饮用水水体的活动的，由县级以上地方人民政府环境保护主管部门责令停止违法行为，处二万元以上十万元以下的罚款。个人在饮用水水源一级保护区内游泳、垂钓或者从事其他可能污染饮用水水体的活动的，由县级以上地方人民政府环境保护主管部门责令停止违法行为，可以处五百元以下的罚款。

第九十二条 饮用水供水单位供水水质不符合国家规定标准的，由所在地市、县级人民政府供水主管部门责令改正，处二万元以上二十万元以下的罚款；情节严重的，报经有批准权的人民政府批准，可以责令停业整顿；对直接负责的主管人员和其他直接责任人员依法给予处分。

第九十三条 企业事业单位有下列行为之一的，由县级以上人民政府环境保护主管部门责令改正；情节严重的，处二万元以上十万元以下的罚款：

（一）不按照规定制定水污染事故的应急方案的；

（二）水污染事故发生后，未及时启动水污染事故的应急方案，采取有关应急措施的。

第九十四条　企业事业单位违反本法规定，造成水污染事故的，除依法承担赔偿责任外，由县级以上人民政府环境保护主管部门依照本条第二款的规定处以罚款，责令限期采取治理措施，消除污染；未按照要求采取治理措施或者不具备治理能力的，由环境保护主管部门指定有治理能力的单位代为治理，所需费用由违法者承担；对造成重大或者特大水污染事故的，还可以报经有批准权的人民政府批准，责令关闭；对直接负责的主管人员和其他直接责任人员可以处上一年度从本单位取得的收入百分之五十以下的罚款；有《中华人民共和国环境保护法》第六十三条规定的违法排放水污染物等行为之一，尚不构成犯罪的，由公安机关对直接负责的主管人员和其他直接责任人员处十日以上十五日以下的拘留；情节较轻的，处五日以上十日以下的拘留。

对造成一般或者较大水污染事故的，按照水污染事故造成的直接损失的百分之二十计算罚款；对造成重大或者特大水污染事故的，按照水污染事故造成的直接损失的百分之三十计算罚款。

造成渔业污染事故或者渔业船舶造成水污染事故的，由渔业主管部门进行处罚；其他船舶造成水污染事故的，由海事管理机构进行处罚。

第九十五条　企业事业单位和其他生产经营者违法排放水污染物，受到罚款处罚，被责令改正的，依法作出处罚决定的行政机关应当组织复查，发现其继续违法排放水污染物或者拒绝、阻挠复查的，依照《中华人民共和国环境保护法》的规定按日连续处罚。

第九十六条　因水污染受到损害的当事人，有权要求排污方排除危害和赔偿损失。

由于不可抗力造成水污染损害的，排污方不承担赔偿责任；法律另有规定的除外。

水污染损害是由受害人故意造成的，排污方不承担赔偿责任。水污染损害是由受害人重大过失造成的，可以减轻排污方的赔偿责任。

水污染损害是由第三人造成的，排污方承担赔偿责任后，有权向第三人追偿。

第九十七条　因水污染引起的损害赔偿责任和赔偿金额的纠纷，可以根据当事人的请求，由环境保护主管部门或者海事管理机构、渔业主管部门按照职责分工调解处理；调解不成的，当事人可以向人民法院提起诉讼。当事人也可以直接向人民法院提起诉讼。

第九十八条 因水污染引起的损害赔偿诉讼,由排污方就法律规定的免责事由及其行为与损害结果之间不存在因果关系承担举证责任。

第九十九条 因水污染受到损害的当事人人数众多的,可以依法由当事人推选代表人进行共同诉讼。

环境保护主管部门和有关社会团体可以依法支持因水污染受到损害的当事人向人民法院提起诉讼。

国家鼓励法律服务机构和律师为水污染损害诉讼中的受害人提供法律援助。

第一百条 因水污染引起的损害赔偿责任和赔偿金额的纠纷,当事人可以委托环境监测机构提供监测数据。环境监测机构应当接受委托,如实提供有关监测数据。

第一百零一条 违反本法规定,构成犯罪的,依法追究刑事责任。

第八章 附 则

第一百零二条 本法中下列用语的含义:

(一) 水污染,是指水体因某种物质的介入,而导致其化学、物理、生物或者放射性等方面特性的改变,从而影响水的有效利用,危害人体健康或者破坏生态环境,造成水质恶化的现象。

(二) 水污染物,是指直接或者间接向水体排放的,能导致水体污染的物质。

(三) 有毒污染物,是指那些直接或者间接被生物摄入体内后,可能导致该生物或其后代发病、行为反常、遗传异变、生理机能失常、机体变形或者死亡的污染物。

(四) 污泥,是指污水处理过程中产生的半固态或者固态物质。

(五) 渔业水体,是指划定的鱼虾类的产卵场、索饵场、越冬场、洄游通道和鱼虾贝藻类的养殖场的水体。

第一百零三条 本法自 2008 年 6 月 1 日起施行。

全国人民代表大会常务委员会
关于修改《中华人民共和国民事诉讼法》和《中华人民共和国行政诉讼法》的决定

（2017年6月27日第十二届全国人民代表大会常务委员会第二十八次会议通过）

第十二届全国人民代表大会常务委员会第二十八次会议决定：

一、对《中华人民共和国民事诉讼法》作出修改

第五十五条增加一款，作为第二款："人民检察院在履行职责中发现破坏生态环境和资源保护、食品药品安全领域侵害众多消费者合法权益等损害社会公共利益的行为，在没有前款规定的机关和组织或者前款规定的机关和组织不提起诉讼的情况下，可以向人民法院提起诉讼。前款规定的机关或者组织提起诉讼的，人民检察院可以支持起诉。"

二、对《中华人民共和国行政诉讼法》作出修改

第二十五条增加一款，作为第四款："人民检察院在履行职责中发现生态环境和资源保护、食品药品安全、国有财产保护、国有土地使用权出让等领域负有监督管理职责的行政机关违法行使职权或者不作为，致使国家利益或者社会公共利益受到侵害的，应当向行政机关提出检察建议，督促其依法履行职责。行政机关不依法履行职责的，人民检察院依法向人民法院提起诉讼。"

本决定自2017年7月1日起施行。

《中华人民共和国民事诉讼法》和《中华人民共和国行政诉讼法》根据本决定作相应修改，重新公布。

最高人民法院　最高人民检察院
关于办理非法采矿、破坏性采矿刑事案件适用法律若干问题的解释

法释〔2016〕25号

（2016年9月26日最高人民法院审判委员会第1694次会议、2016年11月4日最高人民检察院第十二届检察委员会第57次会议通过　自2016年12月1日起施行）

为依法惩处非法采矿、破坏性采矿犯罪活动，根据《中华人民共和国刑法》《中华人民共和国刑事诉讼法》的有关规定，现就办理此类刑事案件适用法律的若干问题解释如下：

第一条　违反《中华人民共和国矿产资源法》《中华人民共和国水法》等法律、行政法规有关矿产资源开发、利用、保护和管理的规定的，应当认定为刑法第三百四十三条规定的"违反矿产资源法的规定"。

第二条　具有下列情形之一的，应当认定为刑法第三百四十三条第一款规定的"未取得采矿许可证"：

（一）无许可证的；

（二）许可证被注销、吊销、撤销的；

（三）超越许可证规定的矿区范围或者开采范围的；

（四）超出许可证规定的矿种的（共生、伴生矿种除外）；

（五）其他未取得许可证的情形。

第三条　实施非法采矿行为，具有下列情形之一的，应当认定为刑法第三百四十三条第一款规定的"情节严重"：

（一）开采的矿产品价值或者造成矿产资源破坏的价值在十万元至三十万元以上的；

（二）在国家规划矿区、对国民经济具有重要价值的矿区采矿，开采国家规定实行保护性开采的特定矿种，或者在禁采区、禁采期内采矿，开采的矿产品价值或者造成矿产资源破坏的价值在五万元至十五万元以上的；

（三）二年内曾因非法采矿受过两次以上行政处罚，又实施非法采矿行为的；

（四）造成生态环境严重损害的；

（五）其他情节严重的情形。

实施非法采矿行为，具有下列情形之一的，应当认定为刑法第三百四十三条第一款规定的"情节特别严重"：

（一）数额达到前款第一项、第二项规定标准五倍以上的；

（二）造成生态环境特别严重损害的；

（三）其他情节特别严重的情形。

第四条　在河道管理范围内采砂，具有下列情形之一，符合刑法第三百四十三条第一款和本解释第二条、第三条规定的，以非法采矿罪定罪处罚：

（一）依据相关规定应当办理河道采砂许可证，未取得河道采砂许可证的；

（二）依据相关规定应当办理河道采砂许可证和采矿许可证，既未取得河道采砂许可证，又未取得采矿许可证的。

实施前款规定行为，虽不具有本解释第三条第一款规定的情形，但严重影响河势稳定，危害防洪安全的，应当认定为刑法第三百四十三条第一款规定的"情节严重"。

第五条　未取得海砂开采海域使用权证，且未取得采矿许可证，采挖海砂，符合刑法第三百四十三条第一款和本解释第二条、第三条规定的，以非法采矿罪定罪处罚。

实施前款规定行为，虽不具有本解释第三条第一款规定的情形，但造成海岸线严重破坏的，应当认定为刑法第三百四十三条第一款规定的"情节严重"。

第六条　造成矿产资源破坏的价值在五十万元至一百万元以上，或者造成国家规划矿区、对国民经济具有重要价值的矿区和国家规定实行保护性开采的特定矿种资源破坏的价值在二十五万元至五十万元以上的，应当认定为刑法第三百四十三条第二款规定的"造成矿产资源严重破坏"。

第七条 明知是犯罪所得的矿产品及其产生的收益，而予以窝藏、转移、收购、代为销售或者以其他方法掩饰、隐瞒的，依照刑法第三百一十二条的规定，以掩饰、隐瞒犯罪所得、犯罪所得收益罪定罪处罚。

实施前款规定的犯罪行为，事前通谋的，以共同犯罪论处。

第八条 多次非法采矿、破坏性采矿构成犯罪，依法应当追诉的，或者二年内多次非法采矿、破坏性采矿未经处理的，价值数额累计计算。

第九条 单位犯刑法第三百四十三条规定之罪的，依照本解释规定的相应自然人犯罪的定罪量刑标准，对直接负责的主管人员和其他直接责任人员定罪处罚，并对单位判处罚金。

第十条 实施非法采矿犯罪，不属于"情节特别严重"，或者实施破坏性采矿犯罪，行为人系初犯，全部退赃退赔，积极修复环境，并确有悔改表现的，可以认定为犯罪情节轻微，不起诉或者免予刑事处罚。

第十一条 对受雇佣为非法采矿、破坏性采矿犯罪提供劳务的人员，除参与利润分成或者领取高额固定工资的以外，一般不以犯罪论处，但曾因非法采矿、破坏性采矿受过处罚的除外。

第十二条 对非法采矿、破坏性采矿犯罪的违法所得及其收益，应当依法追缴或者责令退赔。

对用于非法采矿、破坏性采矿犯罪的专门工具和供犯罪所用的本人财物，应当依法没收。

第十三条 非法开采的矿产品价值，根据销赃数额认定；无销赃数额，销赃数额难以查证，或者根据销赃数额认定明显不合理的，根据矿产品价格和数量认定。

矿产品价值难以确定的，依据下列机构出具的报告，结合其他证据作出认定：

（一）价格认证机构出具的报告；

（二）省级以上人民政府国土资源、水行政、海洋等主管部门出具的报告；

（三）国务院水行政主管部门在国家确定的重要江河、湖泊设立的流域管理机构出具的报告。

第十四条 对案件所涉的有关专门性问题难以确定的，依据下列机构出具的鉴定意见或者报告，结合其他证据作出认定：

（一）司法鉴定机构就生态环境损害出具的鉴定意见；

（二）省级以上人民政府国土资源主管部门就造成矿产资源破坏的价值、是否属于破坏性开采方法出具的报告；

（三）省级以上人民政府水行政主管部门或者国务院水行政主管部门在国家确定的重要江河、湖泊设立的流域管理机构就是否危害防洪安全出具的报告；

（四）省级以上人民政府海洋主管部门就是否造成海岸线严重破坏出具的报告。

第十五条 各省、自治区、直辖市高级人民法院、人民检察院，可以根据本地区实际情况，在本解释第三条、第六条规定的数额幅度内，确定本地区执行的具体数额标准，报最高人民法院、最高人民检察院备案。

第十六条 本解释自2016年12月1日起施行。本解释施行后，《最高人民法院关于审理非法采矿、破坏性采矿刑事案件具体应用法律若干问题的解释》（法释〔2003〕9号）同时废止。

最高人民法院　最高人民检察院
关于办理环境污染刑事案件适用法律若干问题的解释

法释〔2016〕29号

(2016年11月7日最高人民法院审判委员会第1698次会议、2016年12月8日最高人民检察院第十二届检察委员会第58次会议通过　自2017年1月1日起施行)

为依法惩治有关环境污染犯罪,根据《中华人民共和国刑法》《中华人民共和国刑事诉讼法》的有关规定,现就办理此类刑事案件适用法律的若干问题解释如下:

第一条　实施刑法第三百三十八条规定的行为,具有下列情形之一的,应当认定为"严重污染环境":

(一) 在饮用水水源一级保护区、自然保护区核心区排放、倾倒、处置有放射性的废物、含传染病病原体的废物、有毒物质的;

(二) 非法排放、倾倒、处置危险废物三吨以上的;

(三) 排放、倾倒、处置含铅、汞、镉、铬、砷、铊、锑的污染物,超过国家或者地方污染物排放标准三倍以上的;

(四) 排放、倾倒、处置含镍、铜、锌、银、钒、锰、钴的污染物,超过国家或者地方污染物排放标准十倍以上的;

(五) 通过暗管、渗井、渗坑、裂隙、溶洞、灌注等逃避监管的方式排放、倾倒、处置有放射性的废物、含传染病病原体的废物、有毒物质的;

(六) 二年内曾因违反国家规定,排放、倾倒、处置有放射性的废物、含传染病病原体的废物、有毒物质受过两次以上行政处罚,又实施前列行为的；

（七）重点排污单位篡改、伪造自动监测数据或者干扰自动监测设施，排放化学需氧量、氨氮、二氧化硫、氮氧化物等污染物的；

（八）违法减少防治污染设施运行支出一百万元以上的；

（九）违法所得或者致使公私财产损失三十万元以上的；

（十）造成生态环境严重损害的；

（十一）致使乡镇以上集中式饮用水水源取水中断十二小时以上的；

（十二）致使基本农田、防护林地、特种用途林地五亩以上，其他农用地十亩以上，其他土地二十亩以上基本功能丧失或者遭受永久性破坏的；

（十三）致使森林或者其他林木死亡五十立方米以上，或者幼树死亡二千五百株以上的；

（十四）致使疏散、转移群众五千人以上的；

（十五）致使三十人以上中毒的；

（十六）致使三人以上轻伤、轻度残疾或者器官组织损伤导致一般功能障碍的；

（十七）致使一人以上重伤、中度残疾或者器官组织损伤导致严重功能障碍的；

（十八）其他严重污染环境的情形。

第二条 实施刑法第三百三十九条、第四百零八条规定的行为，致使公私财产损失三十万元以上，或者具有本解释第一条第十项至第十七项规定情形之一的，应当认定为"致使公私财产遭受重大损失或者严重危害人体健康"或者"致使公私财产遭受重大损失或者造成人身伤亡的严重后果"。

第三条 实施刑法第三百三十八条、第三百三十九条规定的行为，具有下列情形之一的，应当认定为"后果特别严重"：

（一）致使县级以上城区集中式饮用水水源取水中断十二小时以上的；

（二）非法排放、倾倒、处置危险废物一百吨以上的；

（三）致使基本农田、防护林地、特种用途林地十五亩以上，其他农用地三十亩以上，其他土地六十亩以上基本功能丧失或者遭受永久性破坏的；

（四）致使森林或者其他林木死亡一百五十立方米以上，或者幼树死亡七千五百株以上的；

（五）致使公私财产损失一百万元以上的；

（六）造成生态环境特别严重损害的；

（七）致使疏散、转移群众一万五千人以上的；

（八）致使一百人以上中毒的；

（九）致使十人以上轻伤、轻度残疾或者器官组织损伤导致一般功能障碍的；

（十）致使三人以上重伤、中度残疾或者器官组织损伤导致严重功能障碍的；

（十一）致使一人以上重伤、中度残疾或者器官组织损伤导致严重功能障碍，并致使五人以上轻伤、轻度残疾或者器官组织损伤导致一般功能障碍的；

（十二）致使一人以上死亡或者重度残疾的；

（十三）其他后果特别严重的情形。

第四条 实施刑法第三百三十八条、第三百三十九条规定的犯罪行为，具有下列情形之一的，应当从重处罚：

（一）阻挠环境监督检查或者突发环境事件调查，尚不构成妨害公务等犯罪的；

（二）在医院、学校、居民区等人口集中地区及其附近，违反国家规定排放、倾倒、处置有放射性的废物、含传染病病原体的废物、有毒物质或者其他有害物质的；

（三）在重污染天气预警期间、突发环境事件处置期间或者被责令限期整改期间，违反国家规定排放、倾倒、处置有放射性的废物、含传染病病原体的废物、有毒物质或者其他有害物质的；

（四）具有危险废物经营许可证的企业违反国家规定排放、倾倒、处置有放射性的废物、含传染病病原体的废物、有毒物质或者其他有害物质的。

第五条 实施刑法第三百三十八条、第三百三十九条规定的行为，刚达到应当追究刑事责任的标准，但行为人及时采取措施，防止损失扩大、消除污染，全部赔偿损失，积极修复生态环境，且系初犯，确有悔罪表现的，可以认定为情节轻微，不起诉或者免予刑事处罚；确有必要判处刑罚的，应当从宽处罚。

第六条 无危险废物经营许可证从事收集、贮存、利用、处置危险废物经营活动，严重污染环境的，按照污染环境罪定罪处罚；同时构成非法经营罪的，依照处罚较重的规定定罪处罚。

实施前款规定的行为，不具有超标排放污染物、非法倾倒污染物或者其他违法造成环境污染的情形的，可以认定为非法经营情节显著轻微危害不大，不认为是犯罪；构成生产、销售伪劣产品等其他犯罪的，以其他犯罪论处。

第七条 明知他人无危险废物经营许可证，向其提供或者委托其收集、贮存、利用、处置危险废物，严重污染环境的，以共同犯罪论处。

第八条 违反国家规定，排放、倾倒、处置含有毒害性、放射性、传染病病原体等物质的污染物，同时构成污染环境罪、非法处置进口的固体废物罪、投放危险物质罪等犯罪的，依照处罚较重的规定定罪处罚。

第九条 环境影响评价机构或其人员，故意提供虚假环境影响评价文件，情节严重的，或者严重不负责任，出具的环境影响评价文件存在重大失实，造成严重后果的，应当依照刑法第二百二十九条、第二百三十一条的规定，以提供虚假证明文件罪或者出具证明文件重大失实罪定罪处罚。

第十条 违反国家规定，针对环境质量监测系统实施下列行为，或者强令、指使、授意他人实施下列行为的，应当依照刑法第二百八十六条的规定，以破坏计算机信息系统罪论处：

（一）修改参数或者监测数据的；

（二）干扰采样，致使监测数据严重失真的；

（三）其他破坏环境质量监测系统的行为。

重点排污单位篡改、伪造自动监测数据或者干扰自动监测设施，排放化学需氧量、氨氮、二氧化硫、氮氧化物等污染物，同时构成污染环境罪和破坏计算机信息系统罪的，依照处罚较重的规定定罪处罚。

从事环境监测设施维护、运营的人员实施或者参与实施篡改、伪造自动监测数据、干扰自动监测设施、破坏环境质量监测系统等行为的，应当从重处罚。

第十一条 单位实施本解释规定的犯罪的，依照本解释规定的定罪量刑标准，对直接负责的主管人员和其他直接责任人员定罪处罚，并对单位判处罚金。

第十二条 环境保护主管部门及其所属监测机构在行政执法过程中收

集的监测数据，在刑事诉讼中可以作为证据使用。

公安机关单独或者会同环境保护主管部门，提取污染物样品进行检测获取的数据，在刑事诉讼中可以作为证据使用。

第十三条 对国家危险废物名录所列的废物，可以依据涉案物质的来源、产生过程、被告人供述、证人证言以及经批准或者备案的环境影响评价文件等证据，结合环境保护主管部门、公安机关等出具的书面意见作出认定。

对于危险废物的数量，可以综合被告人供述，涉案企业的生产工艺、物耗、能耗情况，以及经批准或者备案的环境影响评价文件等证据作出认定。

第十四条 对案件所涉的环境污染专门性问题难以确定的，依据司法鉴定机构出具的鉴定意见，或者国务院环境保护主管部门、公安部门指定的机构出具的报告，结合其他证据作出认定。

第十五条 下列物质应当认定为刑法第三百三十八条规定的"有毒物质"：

（一）危险废物，是指列入国家危险废物名录，或者根据国家规定的危险废物鉴别标准和鉴别方法认定的，具有危险特性的废物；

（二）《关于持久性有机污染物的斯德哥尔摩公约》附件所列物质；

（三）含重金属的污染物；

（四）其他具有毒性，可能污染环境的物质。

第十六条 无危险废物经营许可证，以营利为目的，从危险废物中提取物质作为原材料或者燃料，并具有超标排放污染物、非法倾倒污染物或者其他违法造成环境污染的情形的行为，应当认定为"非法处置危险废物"。

第十七条 本解释所称"二年内"，以第一次违法行为受到行政处罚的生效之日与又实施相应行为之日的时间间隔计算确定。

本解释所称"重点排污单位"，是指设区的市级以上人民政府环境保护主管部门依法确定的应当安装、使用污染物排放自动监测设备的重点监控企业及其他单位。

本解释所称"违法所得"，是指实施刑法第三百三十八条、第三百三十九条规定的行为所得和可得的全部违法收入。

本解释所称"公私财产损失"，包括实施刑法第三百三十八条、第三百三十九条规定的行为直接造成财产损毁、减少的实际价值,为防止污染扩大、消除污染而采取必要合理措施所产生的费用,以及处置突发环境事件的应急监测费用。

本解释所称"生态环境损害",包括生态环境修复费用,生态环境修复期间服务功能的损失和生态环境功能永久性损害造成的损失,以及其他必要合理费用。

本解释所称"无危险废物经营许可证",是指未取得危险废物经营许可证,或者超出危险废物经营许可证的经营范围。

第十八条 本解释自 2017 年 1 月 1 日起施行。本解释施行后,《最高人民法院、最高人民检察院关于办理环境污染刑事案件适用法律若干问题的解释》(法释〔2013〕15 号)同时废止;之前发布的司法解释与本解释不一致的,以本解释为准。

最高人民法院
关于审理矿业权纠纷案件适用法律若干问题的解释

2017年6月24日　　　　　　　　　　　　　法释〔2017〕12号

为正确审理矿业权纠纷案件,依法保护当事人的合法权益,根据《中华人民共和国物权法》《中华人民共和国合同法》《中华人民共和国矿产资源法》《中华人民共和国环境保护法》等法律法规的规定,结合审判实践,制定本解释。

第一条 人民法院审理探矿权、采矿权等矿业权纠纷案件,应当依法保护矿业权流转,维护市场秩序和交易安全,保障矿产资源合理开发利用,促进资源节约与环境保护。

第二条 县级以上人民政府国土资源主管部门作为出让人与受让人签订的矿业权出让合同,除法律、行政法规另有规定的情形外,当事人请求确认自依法成立之日起生效的,人民法院应予支持。

第三条 受让人请求自矿产资源勘查许可证、采矿许可证载明的有效期起始日确认其探矿权、采矿权的,人民法院应予支持。

矿业权出让合同生效后、矿产资源勘查许可证或者采矿许可证颁发前,第三人越界或者以其他方式非法勘查开采,经出让人同意已实际占有勘查作业区或者矿区的受让人,请求第三人承担停止侵害、排除妨碍、赔偿损失等侵权责任的,人民法院应予支持。

第四条 出让人未按照出让合同的约定移交勘查作业区或者矿区、颁发矿产资源勘查许可证或者采矿许可证,受让人请求解除出让合同的,人民法院应予支持。

受让人勘查开采矿产资源未达到国土资源主管部门批准的矿山地质环

境保护与治理恢复方案要求，在国土资源主管部门规定的期限内拒不改正，或者因违反法律法规被吊销矿产资源勘查许可证、采矿许可证，或者未按照出让合同的约定支付矿业权出让价款，出让人请求解除出让合同的，人民法院应予支持。

第五条 未取得矿产资源勘查许可证、采矿许可证，签订合同将矿产资源交由他人勘查开采的，人民法院应依法认定合同无效。

第六条 矿业权转让合同自依法成立之日起具有法律约束力。矿业权转让申请未经国土资源主管部门批准，受让人请求转让人办理矿业权变更登记手续的，人民法院不予支持。

当事人仅以矿业权转让申请未经国土资源主管部门批准为由请求确认转让合同无效的，人民法院不予支持。

第七条 矿业权转让合同依法成立后，在不具有法定无效情形下，受让人请求转让人履行报批义务或者转让人请求受让人履行协助报批义务的，人民法院应予支持，但法律上或者事实上不具备履行条件的除外。

人民法院可以依据案件事实和受让人的请求，判决受让人代为办理报批手续，转让人应当履行协助义务，并承担由此产生的费用。

第八条 矿业权转让合同依法成立后，转让人无正当理由拒不履行报批义务，受让人请求解除合同、返还已付转让款及利息，并由转让人承担违约责任的，人民法院应予支持。

第九条 矿业权转让合同约定受让人支付全部或者部分转让款后办理报批手续，转让人在办理报批手续前请求受让人先履行付款义务的，人民法院应予支持，但受让人有确切证据证明存在转让人将同一矿业权转让给第三人、矿业权人将被兼并重组等符合合同法第六十八条规定情形的除外。

第十条 国土资源主管部门不予批准矿业权转让申请致使矿业权转让合同被解除，受让人请求返还已付转让款及利息，采矿权人请求受让人返还获得的矿产品及收益，或者探矿权人请求受让人返还勘查资料和勘查中回收的矿产品及收益的，人民法院应予支持，但受让人可请求扣除相关的成本费用。

当事人一方对矿业权转让申请未获批准有过错的，应赔偿对方因此受到的损失；双方均有过错的，应当各自承担相应的责任。

第十一条 矿业权转让合同依法成立后、国土资源主管部门批准前，矿业权人又将矿业权转让给第三人并经国土资源主管部门批准、登记，受让人请求解除转让合同、返还已付转让款及利息，并由矿业权人承担违约责任的，人民法院应予支持。

第十二条 当事人请求确认矿业权租赁、承包合同自依法成立之日起生效的，人民法院应予支持。

矿业权租赁、承包合同约定矿业权人仅收取租金、承包费，放弃矿山管理，不履行安全生产、生态环境修复等法定义务，不承担相应法律责任的，人民法院应依法认定合同无效。

第十三条 矿业权人与他人合作进行矿产资源勘查开采所签订的合同，当事人请求确认自依法成立之日起生效的，人民法院应予支持。

合同中有关矿业权转让的条款适用本解释关于矿业权转让合同的规定。

第十四条 矿业权人为担保自己或者他人债务的履行，将矿业权抵押给债权人的，抵押合同自依法成立之日起生效，但法律、行政法规规定不得抵押的除外。

当事人仅以未经主管部门批准或者登记、备案为由请求确认抵押合同无效的，人民法院不予支持。

第十五条 当事人请求确认矿业权之抵押权自依法登记时设立的，人民法院应予支持。

颁发矿产资源勘查许可证或者采矿许可证的国土资源主管部门根据相关规定办理的矿业权抵押备案手续，视为前款规定的登记。

第十六条 债务人不履行到期债务或者发生当事人约定的实现抵押权的情形，抵押权人依据民事诉讼法第一百九十六条、第一百九十七条规定申请实现抵押权的，人民法院可以拍卖、变卖矿业权或者裁定以矿业权抵债，但矿业权竞买人、受让人应具备相应的资质条件。

第十七条 矿业权抵押期间因抵押人被兼并重组或者矿床被压覆等原因导致矿业权全部或者部分灭失，抵押权人请求就抵押人因此获得的保险金、赔偿金或者补偿金等款项优先受偿或者将该款项予以提存的，人民法院应予支持。

第十八条 当事人约定在自然保护区、风景名胜区、重点生态功能区、生态环境敏感区和脆弱区等区域内勘查开采矿产资源，违反法律、行政法规的强制性规定或者损害环境公共利益的，人民法院应依法认定合同无效。

第十九条 因越界勘查开采矿产资源引发的侵权责任纠纷，涉及国土资源主管部门批准的勘查开采范围重复或者界限不清的，人民法院应告知当事人先向国土资源主管部门申请解决。

第二十条 因他人越界勘查开采矿产资源，矿业权人请求侵权人承担停止侵害、排除妨碍、返还财产、赔偿损失等侵权责任的，人民法院应予支持，但探矿权人请求侵权人返还越界开采的矿产品及收益的除外。

第二十一条 勘查开采矿产资源造成环境污染，或者导致地质灾害、植被毁损等生态破坏，法律规定的机关和有关组织提起环境公益诉讼的，人民法院应依法予以受理。

法律规定的机关和有关组织提起环境公益诉讼的，不影响因同一勘查开采行为受到人身、财产损害的自然人、法人和其他组织依据民事诉讼法第一百一十九条的规定提起诉讼。

第二十二条 人民法院在审理案件中，发现无证勘查开采，勘查资质、地质资料造假，或者勘查开采未履行生态环境修复义务等违法情形的，可以向有关行政主管部门提出司法建议，由其依法处理；涉嫌犯罪的，依法移送侦查机关处理。

第二十三条 本解释施行后，人民法院尚未审结的一审、二审案件适用本解释规定。本解释施行前已经作出生效裁判的案件，本解释施行后依法再审的，不适用本解释。

最高人民法院
关于审理环境公益诉讼案件的工作规范（试行）

（2017年4月1日）

第一章 总 则

【制定依据】 为正确审理环境公益诉讼案件，根据《中华人民共和国环境保护法》《中华人民共和国民事诉讼法》《中华人民共和国行政诉讼法》《全国人民代表大会常务委员会关于授权最高人民检察院在部分地区开展公益诉讼试点工作的决定》《最高人民法院关于审理环境民事公益诉讼案件适用法律若干问题的解释》等法律、决定和司法解释的规定，结合审判实践，制定本规范。

第一条【适用范围】 法律规定的机关和社会组织提起的环境民事公益诉讼以及试点地区检察机关提起的环境民事或者行政公益诉讼，适用本规范。

第二条【审判原则】 坚持注重预防的原则。依法及时采取行为保全、先予执行等措施，预防环境损害的发生和扩大。充分发挥行政公益诉讼的作用，监督行政机关依法行政。

坚持平等对待当事人的原则。坚持正当程序的基本规则，依法保障环境公益诉讼当事人享有平等的诉讼权利，不得歧视、偏袒任何一方当事人。

坚持适度发挥职权作用的原则。在诉讼平等、中立裁判的基础上，依法行使释明权和法律、司法解释赋予的其他职权，重视证据的保全和调查收集，最大限度地维护环境公共利益。

坚持保护优先的原则。依法严厉制裁环境违法侵权行为，保障人民群众在健康、舒适和优美的环境中生存与发展的权利。积极创新审判执行措施，依法妥善处理保护环境与发展经济的关系，衡平好维护人身财产利益、企业经营利益与环境公共利益，区域利益与整体利益以及当代人利益与后代人利益的关系。

坚持修复为主的原则。落实以生态环境修复为中心的损害救济制度，合理运用原地修复、替代性修复以及限期履行、第三方治理等生态修复责任承担方式。

坚持公众参与的原则。严格落实立案登记制，依法保障诉权，完善司法便民和司法救助措施。全面推行人民陪审员参与案件审理，加大司法公开和宣传力度，保障公众依法享有知情权、参与权和监督权。

第二章　社会组织提起环境民事公益诉讼

第一节　起诉和受理

第三条【对起诉材料的审查】　人民法院应依照《最高人民法院关于审理环境民事公益诉讼案件适用法律若干问题的解释》第八条审查社会组织是否已提交相应的起诉材料。

社会组织提交的起诉材料不符合要求的，人民法院立案登记部门应一次性书面告知其在指定期限内补正。在指定期限内未予补正的，退回起诉状并记录在册。社会组织提交的起诉材料经补正仍不符合要求的，可以裁定不予受理。

第四条【立案部门和审判部门的职能分工】　人民法院立案部门经审查认为符合起诉条件的，应在收到起诉状之日起七日内予以登记立案；经审查认为不符合起诉条件的，在裁定不予受理前应征求负责环境资源审判的相关业务部门意见。

第五条【社会组织是否专门从事环境保护公益活动的审查标准】　审查社会组织是否属于环境保护法第五十八条规定的"专门从事环境保护公益活动"，应从章程规定的宗旨和业务范围是否包含维护环境公共利益，是否实际从事环境保护公益活动，以及提起环境公益诉讼所维护的环境公共利益是否与其宗旨和业务范围具有关联性等三个方面进行认定。

社会组织章程虽未明确规定维护环境公共利益，但工作内容包含大气、水、海洋、土地、矿藏、森林、草原、湿地、野生生物、自然遗迹、人文遗迹、自然保护区、风景名胜区等环境要素及其生态系统多样性的保护，可以认定该社会组织的宗旨和业务范围是维护环境公共利益。

社会组织从事植树造林、濒危物种保护、节能减排、环境修复等直接改善生态环境的行为，或者从事与环境保护有关的宣传教育、研究培训、学术交流、法律援助、公益诉讼等活动，可以认定为实际从事环境保护公益活动。

社会组织起诉事项与其宗旨和业务范围不具有对应关系，但与其所保护的环境要素或者生态系统具有一定的联系，可以认定为社会组织提起的诉讼与其宗旨和业务范围具有关联性。

第六条【具有损害社会公共利益重大风险的初步证明材料】 对于尚未发生实际损害后果的污染环境、破坏生态行为，社会组织提交被告具有环境保护法第六十三条规定情形以及其他具有现实和紧迫的重大风险的初步证明材料，可以认定为已经提交"被告的行为具有损害社会公共利益重大风险的初步证明材料"。

第七条【原告未提出明确诉请金额的情形】 社会组织在起诉状中没有提出明确的修复金额或者损失数额，但请求被告承担修复生态环境、赔偿生态环境服务功能损失责任的，可以认定为民事诉讼法第一百一十九条第三项规定的"有具体的诉讼请求"。

第八条【不属于人民法院受理环境民事公益诉讼的范围】 社会组织针对行政机关或者法律、法规、规章授权的组织实施的行政行为提起的诉讼，或者虽然没有直接针对行政行为提起诉讼，但其提出的诉讼请求，需要以人民法院审查行政行为是否合法为前提的，不属于人民法院受理环境民事公益诉讼的范围。

第九条【审判组织】 人民法院审理第一审环境民事公益诉讼案件，应当依法组成合议庭。合议庭原则上由审判员、陪审员共同组成。陪审员可以按案涉专业领域选定。

第十条【巡回审判】 实行跨行政区划集中管辖的人民法院，可以根据案件情况以及便利当事人参加诉讼的需要实行巡回审判。

第二节 审理前的准备和开庭审理

第十一条【受理公告】 人民法院受理环境民事公益诉讼后,应在立案之日起五日内将起诉状副本送达被告,并同时在法院公告栏、受诉人民法院官网或者其它媒体公告案件受理情况。公告期间为三十日。

公告内容一般应包括:

(一)当事人基本信息、起诉和受理时间、诉讼请求内容、诉讼请求所依据的基本事实和理由等案件基本情况。

(二)在公告期间届满前,有权提起诉讼的其他机关和社会组织可以申请参加诉讼。逾期申请的,不予准许。

(三)公告期间届满前,机关、社会团体、企业事业单位可以通过支持起诉的方式申请参加诉讼。

(四)公众参与环境民事公益诉讼的权利。主要包括提供相关线索、对当事人调解协议内容提出意见、对调解书或者裁判结果执行情况进行监督等。

(五)其他需要公告的内容。

第十二条【函告行政机关】 人民法院受理环境公益诉讼后,应在立案后十日内将案件受理情况告知污染环境、破坏生态行为地、结果地以及采取预防措施所在地等对被告行为负有环境保护监督管理职责的部门。

第十三条【公告、函告反馈的处理】 公告期届满,人民法院可以根据以下不同情况分别处理:

(一)有权提起诉讼的其他机关和社会组织在公告期届满前申请参加诉讼,经审查符合法定条件的,人民法院应通知其作为共同原告参加本案诉讼,并于公告期届满后三日内通知原、被告;逾期申请的,不予准许。

(二)检察机关、负有环境保护监督管理职责的部门及其他机关、社会组织、企业事业单位在公告期间届满前,向人民法院提出支持起诉意见书的,人民法院可以书面通知其以支持起诉人的身份参加诉讼,并于公告期届满后三日内向原、被告送达支持起诉意见书副本;逾期申请的,不予准许。

第十四条【庭前合议】 合议庭组成后应及时组织庭前合议,评议确定下列事项:

（一）是否需要原告补充证据。对于原告能够提交的，向原告释明及时补充；对于原告不掌握且无法收集的证据，可以依据其申请或者依职权主动决定调取、保全。

（二）人民法院保全或者调取证据的实施方案。包括实施时间、人员和地点，需要保全或者调取的证据种类、范围和实施方法，以及实施过程中可能遇到突发事件的处置方案。

（三）根据现有证据，对于当事人提出的行为保全申请是否予以准许。

（四）是否需要合并审理以及释明变更、追加诉讼请求。

（五）是否需要委托鉴定。

（六）是否需要听取技术专家的意见以及是否需要向当事人释明可以申请有专门知识的人出庭。

（七）对于社会关注高的重大案件，就可能出现的各类突发情况以及可能对依法处理产生重大影响的法律风险问题等进行评估和确定预案。

（八）其他需要评议确定的事项。

第十五条【诉讼请求不足以保护社会公共利益的释明】 人民法院认为原告提出的诉讼请求不足以保护社会公共利益的，可以向其释明变更或者增加停止侵害、排除妨碍、消除危险、修复生态环境、赔偿生态环境服务功能损失等诉讼请求，或者释明增加修复生态环境、赔偿服务功能损失的金额。

原告坚持不变更或者增加诉讼请求的，人民法院应当在裁判文书中载明释明情况。

第十六条【行政机关已采取应急处置措施的情形】 因相关政府部门采取突发事件应对措施、使诉讼活动不能正常进行的，人民法院可以依照《中华人民共和国突发事件应对法》第十三条的规定，裁定中止诉讼。

第十七条【诉的合并】 不同原告就同一污染环境、破坏生态行为对于同一被告分别提起环境民事公益诉讼的，人民法院应当合并审理。

数个原告提出的诉讼请求不一致，包括请求被告承担的民事责任类型、具体承担责任的方式及金额不一致等情形，由当事人协商确定诉讼请求。

第十八条【释明追加共同被告】 原告未起诉污染者，而是仅针对环境影响评价机构等环境服务中介机构提起诉讼的，人民法院可以向其释明追加污染者为共同被告。原告经释明后仍不追加的，人民法院可依职权追加。

第十九条【支持起诉人参加诉讼的方式】 支持起诉人可以采取提供法律和技术咨询、提交书面意见、协助调查取证以及出庭支持起诉等方式支持起诉。

支持起诉人支持起诉的范围不能超出原告的诉讼请求，支持起诉人所实施的诉讼行为不得与原告的表示或者行为相抵触。

支持起诉人请求出庭支持起诉的，人民法院可以书面通知其到庭。支持起诉人可以在原告发表意见之后向法庭陈述意见。裁判文书应在原告之后列明支持起诉人。

第二十条【证据保全、调取的方式】 采取证据保全、调取措施的，人民法院可以邀请负有环境保护监督管理职责的部门、技术专家等共同参与。实施过程应制作笔录，必要时进行拍照、录像。

第二十一条【向行政机关调取证据】 人民法院根据当事人申请或者认为必要的，可以向负有环境保护监督管理职责的部门调取与案件相关的环境影响评价许可、排污许可证等许可文件，行政执法过程中出具的事件调查报告、调查笔录、检验报告、检测报告、评估报告、监测数据以及行政处罚决定和处罚依据等材料。

第二十二条【符合环境保护法第六十三条规定情形的行为保全】 社会组织申请保全，人民法院经审查发现被申请人的行为属于环境保护法第六十三条规定情形之一的，可以依申请或者依职权裁定责令被申请人立即停止排污、停止建设、停止生产经营，或者停止生产、使用国家明令禁止生产、使用的农药等侵害行为，也可以一并责令被申请人采取污染防治措施。

第二十三条【其他情形的行为保全】 社会组织申请保全，人民法院经审查发现被申请人实施的行为不属于环境保护法第六十三条规定的情形的，应综合考虑以下情形，裁定是否采取行为保全：

（一）不采取行为保全，是否对环境公共利益造成难以弥补的损害。

（二）被申请人是否属于超标排放或者是否已经取得了相应的行政许可。

（三）行为保全给被申请人造成的损失。

（四）采取行为保全是否会损害其他社会公共利益。

（五）申请诉前行为保全的，还应考虑被申请人实施的污染环境、破坏生态行为对于环境公共利益是否具有现实而紧迫的重大风险。

根据案件情况不宜裁定责令被申请人立即停止排污、建设以及生产经营等行为，人民法院可以裁定责令被申请人采取减少排污量至排放标准之下、增建和改善污染防治设施以及限定排污设施的运行时间等措施。

第二十四条【行为保全裁定的解除】 保全裁定作出后，被告采取有效措施确保损害不再继续扩大或者消除环境公共利益遭受损害的重大风险，申请解除行为保全的，人民法院可予以准许。必要时人民法院可以责令被告提供担保。

第二十五条【鉴定事项和鉴定机构】 对于损害结果、因果关系、生态环境修复方案和费用、生态环境服务功能损失等专门性问题，可由具备相应资质的司法鉴定机构出具鉴定意见；没有司法鉴定机构的，可由国务院环境保护主管部门推荐的机构或者其他依法成立的科研机构出具意见。

第二十六条【人民法院聘请的技术专家】 人民法院认为有必要的，可以听取技术专家的意见。技术专家可以参加庭审，对鉴定意见或者案件涉及的专门性问题提出意见，可以在人民法院的组织下参与证据的保全和调取以及调解、执行等程序。

第二十七条【庭前会议】 答辩期届满后，根据案件具体情况，人民法院可以组织当事人进行证据交换，也可以召集庭前会议。

根据案件具体情况，庭前会议可以包括下列内容：

（一）明确原告的诉讼请求和被告的答辩意见；

（二）审查处理当事人增加、变更诉讼请求的申请，或者向原告释明增加、变更诉讼请求。对于其他主体申请参加诉讼的，明确合并后的诉讼请求；

（三）明确双方应承担的举证责任。对于需要当事人补充提交的证据，向当事人释明及时提交；

（四）根据当事人的申请或者依职权调查收集证据，委托鉴定，进行勘验，进行证据保全、诉讼保全；

（五）根据当事人申请通知有专门知识的人出庭或者依职权聘请技术专家；

（六）组织证据交换；

（七）归纳争议焦点；

（八）确定当事人无争议的事实；

（九）组织当事人、鉴定人、技术专家等进行调解。

第二十八条【调解公告的内容】 当事人达成调解协议或者自行达成和解协议的，人民法院应将协议内容同时在法院公告栏、受诉人民法院官网或者其它相应媒体公告，并通知负有环境保护监督管理职责的部门。公告期间不少于三十日。

调解协议或者和解协议一般应包括以下内容：

（一）确认被告实施了环境污染、破坏生态的行为以及停止实施环境污染、破坏生态行为的具体方案；

（二）对于已经受到损害的生态环境，明确被告应承担的环境修复责任；

（三）确定环境修复方案、环境修复的实施和监督主体，以及环境修复费用的具体金额、支付对象等；

（四）对于已经造成生态环境服务功能损失的，明确被告应承担的赔偿金额；

（五）原告请求赔礼道歉的，应明确在有相当影响的媒体上进行书面道歉；

（六）确定被告承担的检验、鉴定费用，原告合理的律师费以及为诉讼支出的其他合理费用。

第二十九条【调解公告的异议】 调解书公告期间届满前，自然人、法人和社会组织认为调解协议或者和解协议不足以保护社会公共利益的，可以向人民法院提出书面异议。经人民法院审查，异议成立的，不予出具调解书；当事人不能重新达成调解协议的，人民法院应对案件继续审理并依法作出裁判。

第三十条【庭审公开的方式】 除法律另有规定外，环境民事公益诉讼案件应当公开开庭审理，可以通过电视、互联网或者其他公共媒体公开庭审过程。人民法院可以邀请人大代表、政协委员、社会公众等旁听庭审。

第三节 裁判和执行

第三十一条【裁判原则】 人民法院应确保裁判内容具有可执行性，便于监督。裁判不仅要确定被告应承担的责任类型，还要确定其履行责任的方式、程序、标准和时限等。

第三十二条【停止侵害】 经审理认为被告行为属于环境保护法第六十三条规定情形之一的，人民法院可以判决被告停止排污、停止生产经营、停止建设或者停止使用国家明令禁止生产、使用的农药等侵害行为。

被告实施环境保护法第六十三条规定以外污染环境、破坏生态行为的，人民法院可以判决被告采取限期治理、减少排污量至排放标准之下、增建和改善污染防治设施以及限定排污设施的运行时间等措施。

第三十三条【替代性修复】 对于因污染大气、水等具有自净功能的环境介质导致生态环境损害，原地修复已无可能或者没有必要的，人民法院可以判决被告支付生态环境修复费用，采取区域环境治理、劳务代偿、从事环境宣传教育等替代性修复方式。

第三十四条【生态环境修复方案】 人民法院判令被告修复生态环境的，可以在裁判主文中明确生态环境修复方案或者将生态环境修复方案作为裁判文书的附件。

人民法院在确定生态环境修复方案前，可以咨询负有环境保护监督管理职责的部门、技术专家的意见。生态环境修复方案一般应包含以下内容：生态环境修复目标、技术方案、时限和步骤、投入预算、验收目标和监督方案。

第三十五条【分期给付】 人民法院判决被告承担生态环境修复费用以及生态环境服务功能损失的，可以根据被告的生产经营等情况判令分期给付，并确定分期给付的期限、次数和每次给付的金额。

第三十六条【生态环境修复费用和服务功能损失赔偿款的受领主体】 人民法院判令被告支付的生态环境修复费用以及生态环境服务功能损失赔偿金等款项，可以由环境公益诉讼专项基金或者专项资金账户等受领。

第三十七条【执行和解】 环境民事公益诉讼原则上不能进行执行和解。确有必要达成执行和解协议的，和解协议内容不得损害社会公共利益。人民法院应将和解协议内容公告。

第三十八条 【第三方代执行】 被执行人在生效裁判指定期间，没有能力履行、拒绝履行或者怠于履行生态环境修复义务的，人民法院可以委托第三方进行生态环境修复，由被执行人支付生态环境修复的相关费用。

第三十九条 【执行监督】 负责执行的人民法院可以请申请执行人或者负有环境保护监督管理职责的部门、其他社会组织等第三方对被执行人履行生态环境修复义务的情况进行监督，监督费用由被执行人负担。

第三章 检察机关提起的环境公益诉讼

第一节 一般规定

第四十条 【审理依据】 人民法院应严格依照全国人民代表大会常务委员会决定和民事诉讼法、行政诉讼法及其司法解释的规定受理和审理检察机关提起的环境民事或者行政公益诉讼案件。

第四十一条 【检察机关应提交的起诉材料】 检察机关提起环境民事或者行政公益诉讼，已提交以下材料的，应当予以立案登记：

（一）符合民事诉讼法、行政诉讼法规定的起诉状，并按照被告人数提出副本；

（二）被告的行为已经损害国家利益、社会公共利益或者具有损害社会公共利益重大风险的初步证明材料；

（三）检察机关已履行诉前程序的证明材料；

（四）委派工作人员办理登记立案手续的介绍信以及相关工作人员的工作证、身份证等身份证明材料。

检察机关提交的材料不符合前款规定的，人民法院应当释明要求补正。

人民法院登记立案时，可以不要求检察机关提交组织机构代码证、法定代表人身份证明和指派检察人员参加诉讼活动的授权文书。

检察机关提交的起诉状名称与民事诉讼法、行政诉讼法规定不一致的，不影响案件受理，但人民法院出具的文书应按照相关法律规定执行。

第四十二条 【不符合起诉条件的释明】 检察机关的起诉不符合法定起诉条件的，人民法院应进行必要的释明。检察机关完善起诉条件符合法律规定的，应予以立案登记。经补充仍不符合法定起诉条件的，裁定不予受理；已经受理的，裁定驳回起诉。

第四十三条【检察机关出庭人员】 人民法院应当在开庭前通知检察机关到庭。检察机关负责人出庭的，可以另行委托一至二名委托诉讼代理人出庭。

检察机关指派检察人员参加诉讼活动，需要另行出具载明检察人员姓名、法律职务以及参加本案审前程序、庭审等诉讼活动授权范围的文书。

检察人员能否实施承认、放弃、变更诉讼请求，进行和解，提起上诉等诉讼行为，应当在上述文书中载明；没有载明的，被指派检察人员参加诉讼活动的权限应认定为一般授权。

第四十四条【席位的摆放】 检察机关和被告席位、桌签等的摆放应遵循民事诉讼法、行政诉讼法规定，体现平等原则。

第四十五条【诉讼请求不成立的释明】 人民法院经审理认为检察机关提起的诉讼请求部分或者全部不成立的，可以向检察机关释明。检察机关在法庭辩论终结前申请变更诉讼请求或者撤诉的，应予准许；不申请变更或者撤回诉讼请求的，判决驳回部分或者全部诉讼请求。

第四十六条【诉讼费】 人民法院审理人民检察院提起的环境民事或者行政公益诉讼案件，人民检察院免交《诉讼费用交纳办法》第六条规定的诉讼费用。被告败诉的，应按照《诉讼费用交纳办法》的规定缴纳相关诉讼费用。

第四十七条【上诉和申请再审】 提起诉讼的检察机关不服一审判决、裁定的，可以在法定期间内提起上诉；不服已经发生法律效力的判决、裁定，认为确有错误的，可以依法申请再审。人民法院应按照民事诉讼法、行政诉讼法及其司法解释的规定确定双方当事人的诉讼地位。

第四十八条【适用社会组织提起环境民事公益诉讼规定】 对于检察机关提起的环境民事或者行政公益诉讼，本章没有规定的，适用本规范第一章社会组织提起环境民事公益诉讼的规定。

第二节 检察机关提起的环境民事公益诉讼

第四十九条【检察机关履行督促、支持起诉义务的审查标准】 检察机关已经依法督促、支持其住所地所在的地级市或者相当于地级市行政辖区范围内法律规定的机关或者社会组织提起环境民事公益诉讼的，应认定为其已经履行诉前程序。

第五十条 【法律规定的机关、社会组织申请参加诉讼】 法律规定的机关或者社会组织在公告届满之日前申请参加诉讼，经审查符合法定条件的，人民法院应通知其作为共同原告参加诉讼；逾期申请的，不予准许。

社会组织参加诉讼后，检察机关申请撤回起诉并作为支持起诉人参加诉讼的，应予准许。

第五十一条 【环境刑事案件和环境民事公益诉讼案件合并审理】 检察机关对同一污染环境、破坏生态行为分别向有管辖权的基层人民法院、中级人民法院提起刑事诉讼和环境民事公益诉讼的，可以依照刑事诉讼法第二十三条、第九十九条以及《最高人民法院关于审理环境民事公益诉讼案件适用法律若干问题的解释》第六条的规定，由同一审判组织合并审理。

环境民事公益诉讼案件中被告修复生态环境等情况可以作为刑事案件的量刑情节。

第五十二条 【检察机关诉前委托的鉴定意见】 检察机关在起诉前委托作出的鉴定意见，被告有证据足以反驳并申请重新鉴定的，人民法院应予准许。

第三节 检察机关提起的环境行政公益诉讼

第五十三条 【行政机关是否履行法定职责的审查标准】 行政机关在诉前程序中作出的行政行为不足以保护社会公共利益，或者行政机关虽已作出足以保护社会公共利益的行政行为，但社会公共利益仍处于受侵害状态，检察机关提起环境行政公益诉讼的，应予受理。

第五十四条 【针对行政机关的释明】 人民法院在向环境行政公益诉讼被告送达应诉通知书等起诉材料时，可以就相关法律规定以及不履行人民法院生效裁判的后果等对被告进行释明，促使被告主动纠正违法行为、依法履行法定职责。

第五十五条 【通知行政相对人参加诉讼】 公民、法人和其他组织与环境行政公益诉讼的被诉行政行为有利害关系但没有提起诉讼，或者同案件处理结果有利害关系的，可以作为第三人申请参加诉讼，或者由人民法院通知参加诉讼。

第五十六条 【一并审理民事公益诉讼案件】 人民法院在审理检察机关提起行政公益诉讼案件中,可以一并审理检察机关或者社会组织就同一污染环境、破坏生态行为提起的民事公益诉讼。相关案件应按照《最高人民法院关于适用〈中华人民共和国行政诉讼法〉若干问题的解释》第十八条规定进行立案登记并确定审判组织。

第五十七条 【环境行政公益诉讼中的和解】 污染者作为环境行政公益诉讼案件第三人参加诉讼的,检察机关可以就修复费用、履行方式等与被告、第三人和解,和解协议内容不得损害社会公共利益。人民法院应将和解协议内容公告。

第五十八条 【检察机关提出新的诉请的准许】 在起诉状副本送达被告后,检察机关提出新的诉讼请求的,人民法院不予准许,但有正当理由的除外。

第五十九条 【诉讼请求全部实现的情形】 人民法院对行政案件宣告裁判结果前,被告改变其所作的行政行为,检察机关的诉讼请求全部实现,申请撤诉的,人民法院一般应当裁定准许;检察机关不撤诉的,人民法院依法作出裁判。

附 则

第六十条 【施行日期】 本规范自公布之日起施行。

【环境资源部门规章】

环境保护部 公安部 最高人民检察院关于印发《环境保护行政执法与刑事司法衔接工作办法》的通知

2017年1月25日　　　　　　　　　　　环环监〔2017〕17号

各省、自治区、直辖市环境保护厅（局）、公安厅（局）、人民检察院，新疆生产建设兵团环境保护局、公安局、人民检察院：

　　为进一步健全环境保护行政执法与刑事司法衔接工作机制，依法惩治环境犯罪行为，切实保障公众健康，推进生态文明建设，环境保护部、公安部和最高人民检察院联合研究制定了《环境保护行政执法与刑事司法衔接工作办法》，现予以印发，请遵照执行。

附件

环境保护行政执法与刑事司法衔接工作办法

第一章　总　则

　　第一条　为进一步健全环境保护行政执法与刑事司法衔接工作机制，依法惩治环境犯罪行为，切实保障公众健康，推进生态文明建设，依据《刑法》《刑事诉讼法》《环境保护法》《行政执法机关移送涉嫌犯罪案件的规定》（国务院令第310号）等法律、法规及有关规定，制定本办法。

　　第二条　本办法适用于各级环境保护主管部门（以下简称环保部门）、公安机关和人民检察院办理的涉嫌环境犯罪案件。

第三条 各级环保部门、公安机关和人民检察院应当加强协作,统一法律适用,不断完善线索通报、案件移送、资源共享和信息发布等工作机制。

第四条 人民检察院对环保部门移送涉嫌环境犯罪案件活动和公安机关对移送案件的立案活动,依法实施法律监督。

第二章 案件移送与法律监督

第五条 环保部门在查办环境违法案件过程中,发现涉嫌环境犯罪案件,应当核实情况并作出移送涉嫌环境犯罪案件的书面报告。本机关负责人应当自接到报告之日起 3 日内作出批准移送或者不批准移送的决定。向公安机关移送的涉嫌环境犯罪案件,应当符合下列条件:

(一)实施行政执法的主体与程序合法。

(二)有合法证据证明有涉嫌环境犯罪的事实发生。

第六条 环保部门移送涉嫌环境犯罪案件,应当自作出移送决定后 24 小时内向同级公安机关移交案件材料,并将案件移送书抄送同级人民检察院。

环保部门向公安机关移送涉嫌环境犯罪案件时,应当附下列材料:

(一)案件移送书,载明移送机关名称、涉嫌犯罪罪名及主要依据、案件主办人及联系方式等。案件移送书应当附移送材料清单,并加盖移送机关公章。

(二)案件调查报告,载明案件来源、查获情况、犯罪嫌疑人基本情况、涉嫌犯罪的事实、证据和法律依据、处理建议和法律依据等。

(三)现场检查(勘察)笔录、调查询问笔录、现场勘验图、采样记录单等。

(四)涉案物品清单,载明已查封、扣押等采取行政强制措施的涉案物品名称、数量、特征、存放地等事项,并附采取行政强制措施、现场笔录等表明涉案物品来源的相关材料。

(五)现场照片或者录音录像资料及清单,载明需证明的事实对象、拍摄人、拍摄时间、拍摄地点等。

(六)监测、检验报告、突发环境事件调查报告、认定意见。

(七)其他有关涉嫌犯罪的材料。

对环境违法行为已经作出行政处罚决定的,还应当附行政处罚决定书。

第七条 对环保部门移送的涉嫌环境犯罪案件,公安机关应当依法接受,并立即出具接受案件回执或者在涉嫌环境犯罪案件移送书的回执上签字。

第八条 公安机关审查发现移送的涉嫌环境犯罪案件材料不全的,应当在接受案件的24小时内书面告知移送的环保部门在3日内补正。但不得以材料不全为由,不接受移送案件。

公安机关审查发现移送的涉嫌环境犯罪案件证据不充分的,可以就证明有犯罪事实的相关证据等提出补充调查意见,由移送案件的环保部门补充调查。环保部门应当按照要求补充调查,并及时将调查结果反馈公安机关。因客观条件所限,无法补正的,环保部门应当向公安机关作出书面说明。

第九条 公安机关对环保部门移送的涉嫌环境犯罪案件,应当自接受案件之日起3日内作出立案或者不予立案的决定;涉嫌环境犯罪线索需要查证的,应当自接受案件之日起7日内作出决定;重大疑难复杂案件,经县级以上公安机关负责人批准,可以自受案之日起30日内作出决定。接受案件后对属于公安机关管辖但不属于本公安机关管辖的案件,应当在24小时内移送有管辖权的公安机关,并书面通知移送案件的环保部门,抄送同级人民检察院。对不属于公安机关管辖的,应当在24小时内退回移送案件的环保部门。

公安机关作出立案、不予立案、撤销案件决定的,应当自作出决定之日起3日内书面通知环保部门,并抄送同级人民检察院。公安机关作出不予立案或者撤销案件决定的,应当书面说明理由,并将案卷材料退回环保部门。

第十条 环保部门应当自接到公安机关立案通知书之日起3日内将涉案物品以及与案件有关的其他材料移交公安机关,并办理交接手续。

涉及查封、扣押物品的,环保部门和公安机关应当密切配合,加强协作,防止涉案物品转移、隐匿、损毁、灭失等情况发生。对具有危险性或者环境危害性的涉案物品,环保部门应当组织临时处理处置,公安机关应当积极协助;对无明确责任人、责任人不具备履行责任能力或者超出部门处置能力的,应当呈报涉案物品所在地政府组织处置。上述处置费用清单随附处置合同、缴费凭证等作为犯罪获利的证据,及时补充移送公安机关。

第十一条 环保部门认为公安机关不予立案决定不当的,可以自接到不予立案通知书之日起3个工作日内向作出决定的公安机关申请复议,公安机关应当自收到复议申请之日起3个工作日内作出立案或者不予立案的复议决定,并书面通知环保部门。

第十二条 环保部门对公安机关逾期未作出是否立案决定、以及对不予立案决定、复议决定、立案后撤销案件决定有异议的,应当建议人民检察院进行立案监督。人民检察院应当受理并进行审查。

第十三条 环保部门建议人民检察院进行立案监督的案件，应当提供立案监督建议书、相关案件材料，并附公安机关不予立案、立案后撤销案件决定及说明理由材料，复议维持不予立案决定材料或者公安机关逾期未作出是否立案决定的材料。

第十四条 人民检察院发现环保部门不移送涉嫌环境犯罪案件的，可以派员查询、调阅有关案件材料，认为涉嫌环境犯罪应当移送的，应当提出建议移送的检察意见。环保部门应当自收到检察意见后3日内将案件移送公安机关，并将执行情况通知人民检察院。

第十五条 人民检察院发现公安机关可能存在应当立案而不立案或者逾期未作出是否立案决定的，应当启动立案监督程序。

第十六条 环保部门向公安机关移送涉嫌环境犯罪案件，已作出的警告、责令停产停业、暂扣或者吊销许可证的行政处罚决定，不停止执行。未作出行政处罚决定的，原则上应当在公安机关决定不予立案或者撤销案件、人民检察院作出不起诉决定、人民法院作出无罪判决或者免予刑事处罚后，再决定是否给予行政处罚。涉嫌犯罪案件的移送办理期间，不计入行政处罚期限。

对尚未作出生效裁判的案件，环保部门依法应当给予或者提请人民政府给予暂扣或者吊销许可证、责令停产停业等行政处罚，需要配合的，公安机关、人民检察院应当给予配合。

第十七条 公安机关对涉嫌环境犯罪案件，经审查没有犯罪事实，或者立案侦查后认为犯罪事实显著轻微、不需要追究刑事责任，但经审查依法应当予以行政处罚的，应当及时将案件移交环保部门，并抄送同级人民检察院。

第十八条 人民检察院对符合逮捕、起诉条件的环境犯罪嫌疑人，应当及时批准逮捕、提起公诉。人民检察院对决定不起诉的案件，应当自作出决定之日起3日内，书面告知移送案件的环保部门，认为应当给予行政处罚的，可以提出予以行政处罚的检察意见。

第十九条 人民检察院对公安机关提请批准逮捕的犯罪嫌疑人作出不批准逮捕决定，并通知公安机关补充侦查的，或者人民检察院对公安机关移送审查起诉的案件审查后，认为犯罪事实不清、证据不足，将案件退回补充侦查的，应当制作补充侦查提纲，写明补充侦查的方向和要求。

对退回补充侦查的案件，公安机关应当按照补充侦查提纲的要求，在一个月内补充侦查完毕。公安机关补充侦查和人民检察院自行侦查需要环保部门协助的，环保部门应当予以协助。

第三章　证据的收集与使用

第二十条　环保部门在行政执法和查办案件过程中依法收集制作的物证、书证、视听资料、电子数据、监测报告、检验报告、认定意见、鉴定意见、勘验笔录、检查笔录等证据材料，在刑事诉讼中可以作为证据使用。

第二十一条　环保部门、公安机关、人民检察院收集的证据材料，经法庭查证属实，且收集程序符合有关法律、行政法规规定的，可以作为定案的根据。

第二十二条　环保部门或者公安机关依据《国家危险废物名录》或者组织专家研判等得出认定意见的，应当载明涉案单位名称、案由、涉案物品识别认定的理由，按照"经认定，……属于\不属于……危险废物，废物代码……"的格式出具结论，加盖公章。

第四章　协作机制

第二十三条　环保部门、公安机关和人民检察院应当建立健全环境行政执法与刑事司法衔接的长效工作机制。确定牵头部门及联络人，定期召开联席会议，通报衔接工作情况，研究存在的问题，提出加强部门衔接的对策，协调解决环境执法问题，开展部门联合培训。联席会议应明确议定事项。

第二十四条　环保部门、公安机关、人民检察院应当建立双向案件咨询制度。环保部门对重大疑难复杂案件，可以就刑事案件立案追诉标准、证据的固定和保全等问题咨询公安机关、人民检察院；公安机关、人民检察院可以就案件办理中的专业性问题咨询环保部门。受咨询的机关应当认真研究，及时答复；书面咨询的，应当在7日内书面答复。

第二十五条　公安机关、人民检察院办理涉嫌环境污染犯罪案件，需要环保部门提供环境监测或者技术支持的，环保部门应当按照上述部门刑事案件办理的法定时限要求积极协助，及时提供现场勘验、环境监测及认定意见。所需经费，应当列入本机关的行政经费预算，由同级财政予以保障。

第二十六条　环保部门在执法检查时，发现违法行为明显涉嫌犯罪的，应当及时向公安机关通报。公安机关认为有必要的可以依法开展初查，对符合立案条件的，应当及时依法立案侦查。在公安机关立案侦查前，环保部门应当继续对违法行为进行调查。

第二十七条 环保部门、公安机关应当相互依托"12369"环保举报热线和"110"报警服务平台，建立完善接处警的快速响应和联合调查机制，强化对打击涉嫌环境犯罪的联勤联动。在办案过程中，环保部门、公安机关应当依法及时启动相应的调查程序，分工协作，防止证据灭失。

第二十八条 在联合调查中，环保部门应当重点查明排污者严重污染环境的事实，污染物的排放方式，及时收集、提取、监测、固定污染物种类、浓度、数量、排放去向等。公安机关应当注意控制现场，重点查明相关责任人身份、岗位信息，视情节轻重对直接负责的主管人员和其他责任人员依法采取相应强制措施。两部门均应规范制作笔录，并留存现场摄像或照片。

第二十九条 对案情重大或者复杂疑难案件，公安机关可以听取人民检察院的意见。人民检察院应当及时提出意见和建议。

第三十条 涉及移送的案件在庭审中，需要出庭说明情况的，相关执法或者技术人员有义务出庭说明情况，接受庭审质证。

第三十一条 环保部门、公安机关和人民检察院应当加强对重大案件的联合督办工作，适时对重大案件进行联合挂牌督办，督促案件办理。同时，要逐步建立专家库，吸纳污染防治、重点行业以及环境案件侦办等方面的专家和技术骨干，为查处打击环境污染犯罪案件提供专业支持。

第三十二条 环保部门和公安机关在查办环境污染违法犯罪案件过程中发现包庇纵容、徇私舞弊、贪污受贿、失职渎职等涉嫌职务犯罪行为的，应当及时将线索移送人民检察院。

第五章 信息共享

第三十三条 各级环保部门、公安机关、人民检察院应当积极建设、规范使用行政执法与刑事司法衔接信息共享平台，逐步实现涉嫌环境犯罪案件的网上移送、网上受理和网上监督。

第三十四条 已经接入信息共享平台的环保部门、公安机关、人民检察院，应当自作出相关决定之日起7日内分别录入下列信息：

（一）适用一般程序的环境违法事实、案件行政处罚、案件移送、提请复议和建议人民检察院进行立案监督的信息；

（二）移送涉嫌犯罪案件的立案、不予立案、立案后撤销案件、复议、人民检察院监督立案后的处理情况，以及提请批准逮捕、移送审查起诉的信息；

（三）监督移送、监督立案以及批准逮捕、提起公诉、裁判结果的信息。

尚未建成信息共享平台的环保部门、公安机关、人民检察院，应当自作出相关决定后及时向其他部门通报前款规定的信息。

第三十五条 各级环保部门、公安机关、人民检察院应当对信息共享平台录入的案件信息及时汇总、分析、综合研判，定期总结通报平台运行情况。

第六章 附 则

第三十六条 各省、自治区、直辖市的环保部门、公安机关、人民检察院可以根据本办法制定本行政区域的实施细则。

第三十七条 环境行政执法中部分专有名词的含义。

（一）"现场勘验图"，是指描绘主要生产及排污设备布置等案发现场情况、现场周边环境、各采样点位、污染物排放途径的平面示意图。

（二）"外环境"，是指污染物排入的自然环境。满足下列条件之一的，视同为外环境。

1. 排污单位停产或没有排污，但有依法取得的证据证明其有持续或间歇排污，而且无可处理相应污染因子的措施的，经核实生产工艺后，其产污环节之后的废水收集池（槽、罐、沟）内。

2. 发现暗管，虽无当场排污，但在外环境有确认由该单位排放污染物的痕迹，此暗管连通的废水收集池（槽、罐、沟）内。

3. 排污单位连通外环境的雨水沟（井、渠）中任何一处。

4. 对排放含第一类污染物的废水，其产生车间或车间处理设施的排放口。无法在车间或者车间处理设施排放口对含第一类污染物的废水采样的，废水总排放口或查实由该企业排入其他外环境处。

第三十八条 本办法所涉期间除明确为工作日以外，其余均以自然日计算。期间开始之日不算在期间以内。期间的最后一日为节假日的，以节假日后的第一日为期满日期。

第三十九条 本办法自发布之日起施行。原国家环保总局、公安部和最高人民检察院《关于环境保护主管部门移送涉嫌环境犯罪案件的若干规定》（环发〔2007〕78号）同时废止。

农用地土壤环境管理办法（试行）

（2017年11月1日）

根据《中华人民共和国环境保护法》等有关法律、行政法规和《土壤污染防治行动计划》，制定《农用地土壤环境管理办法（试行）》。现予公布，自2017年11月1日起施行。

第一章 总 则

第一条 为了加强农用地土壤环境保护监督管理，保护农用地土壤环境，管控农用地土壤环境风险，保障农产品质量安全，根据《中华人民共和国环境保护法》《中华人民共和国农产品质量安全法》等法律法规和《土壤污染防治行动计划》，制定本办法。

第二条 农用地土壤污染防治相关活动及其监督管理适用本办法。

前款所指的农用地土壤污染防治相关活动，是指对农用地开展的土壤污染预防、土壤污染状况调查、环境监测、环境质量类别划分、分类管理等活动。

本办法所称的农用地土壤环境质量类别划分和分类管理，主要适用于耕地。园地、草地、林地可参照本办法。

第三条 环境保护部对全国农用地土壤环境保护工作实施统一监督管理；县级以上地方环境保护主管部门对本行政区域内农用地土壤污染防治相关活动实施统一监督管理。

农业部对全国农用地土壤安全利用、严格管控、治理与修复等工作实施监督管理；县级以上地方农业主管部门负责本行政区域内农用地土壤安全利用、严格管控、治理与修复等工作的组织实施。

农用地土壤污染预防、土壤污染状况调查、环境监测、环境质量类别划分、农用地土壤优先保护、监督管理等工作，由县级以上环境保护和农业主管部门按照本办法有关规定组织实施。

第四条 环境保护部会同农业部制定农用地土壤污染状况调查、环境监测、环境质量类别划分等技术规范。

农业部会同环境保护部制定农用地土壤安全利用、严格管控、治理与修复、治理与修复效果评估等技术规范。

第五条 县级以上地方环境保护和农业主管部门在编制本行政区域的环境保护规划和农业发展规划时，应当包含农用地土壤污染防治工作的内容。

第六条 环境保护部会同农业部等部门组织建立全国农用地土壤环境管理信息系统（以下简称农用地环境信息系统），实行信息共享。

县级以上地方环境保护主管部门、农业主管部门应当按照国家有关规定，在本行政区域内组织建设和应用农用地环境信息系统，并加强农用地土壤环境信息统计工作，健全农用地土壤环境信息档案，定期上传农用地环境信息系统，实行信息共享。

第七条 受委托从事农用地土壤污染防治相关活动的专业机构，以及受委托从事治理与修复效果评估的第三方机构，应当遵守有关环境保护标准和技术规范，并对其出具的技术文件的真实性、准确性、完整性负责。

受委托从事治理与修复的专业机构，应当遵守国家有关环境保护标准和技术规范，在合同约定范围内开展工作，对治理与修复活动及其效果负责。

受委托从事治理与修复的专业机构在治理与修复活动中弄虚作假，对造成的环境污染和生态破坏负有责任的，除依照有关法律法规接受处罚外，还应当依法与造成环境污染和生态破坏的其他责任者承担连带责任。

第二章 土壤污染预防

第八条 排放污染物的企业事业单位和其他生产经营者应当采取有效措施，确保废水、废气排放和固体废物处理、处置符合国家有关规定要求，防止对周边农用地土壤造成污染。

从事固体废物和化学品储存、运输、处置的企业，应当采取措施防止固体废物和化学品的泄露、渗漏、遗撒、扬散污染农用地。

第九条 县级以上地方环境保护主管部门应当加强对企业事业单位和其他生产经营者排污行为的监管，将土壤污染防治作为环境执法的重要内容。

设区的市级以上地方环境保护主管部门应当根据本行政区域内工矿企业分布和污染排放情况，确定土壤环境重点监管企业名单，上传农用地环境信息系统，实行动态更新，并向社会公布。

第十条 从事规模化畜禽养殖和农产品加工的单位和个人，应当按照相关规范要求，确定废物无害化处理方式和消纳场地。

县级以上地方环境保护主管部门、农业主管部门应当依据法定职责加强畜禽养殖污染防治工作，指导畜禽养殖废弃物综合利用，防止畜禽养殖活动对农用地土壤环境造成污染。

第十一条 县级以上地方农业主管部门应当加强农用地土壤污染防治知识宣传，提高农业生产者的农用地土壤环境保护意识，引导农业生产者合理使用肥料、农药、兽药、农用薄膜等农业投入品，根据科学的测土配方进行合理施肥，鼓励采取种养结合、轮作等良好农业生产措施。

第十二条 禁止在农用地排放、倾倒、使用污泥、清淤底泥、尾矿（渣）等可能对土壤造成污染的固体废物。

农田灌溉用水应当符合相应的水质标准，防止污染土壤、地下水和农产品。禁止向农田灌溉渠道排放工业废水或者医疗污水。向农田灌溉渠道排放城镇污水以及未综合利用的畜禽养殖废水、农产品加工废水的，应当保证其下游最近的灌溉取水点的水质符合农田灌溉水质标准。

第三章 调查与监测

第十三条 环境保护部会同农业部等部门建立农用地土壤污染状况定期调查制度，制定调查工作方案，每十年开展一次。

第十四条 环境保护部会同农业部等部门建立全国土壤环境质量监测网络，统一规划农用地土壤环境质量国控监测点位，规定监测要求，并组织实施全国农用地土壤环境监测工作。

农用地土壤环境质量国控监测点位应当重点布设在粮食生产功能区、重要农产品生产保护区、特色农产品优势区以及污染风险较大的区域等。

县级以上地方环境保护主管部门会同农业等有关部门，可以根据工作需要，布设地方农用地土壤环境质量监测点位，增加特征污染物监测项目，提高监测频次，有关监测结果应当及时上传农用地环境信息系统。

第十五条 县级以上农业主管部门应当根据不同区域的农产品质量安

全情况，组织实施耕地土壤与农产品协同监测，开展风险评估，根据监测评估结果，优化调整安全利用措施，并将监测结果及时上传农用地环境信息系统。

第四章 分类管理

第十六条 省级农业主管部门会同环境保护主管部门，按照国家有关技术规范，根据土壤污染程度、农产品质量情况，组织开展耕地土壤环境质量类别划分工作，将耕地划分为优先保护类、安全利用类和严格管控类，划分结果报省级人民政府审定，并根据土地利用变更和土壤环境质量变化情况，定期对各类别农用地面积、分布等信息进行更新，数据上传至农用地环境信息系统。

第十七条 县级以上地方农业主管部门应当根据永久基本农田划定工作要求，积极配合相关部门将符合条件的优先保护类耕地划为永久基本农田，纳入粮食生产功能区和重要农产品生产保护区建设，实行严格保护，确保其面积不减少，耕地污染程度不上升。在优先保护类耕地集中的地区，优先开展高标准农田建设。

第十八条 严格控制在优先保护类耕地集中区域新建有色金属冶炼、石油加工、化工、焦化、电镀、制革等行业企业，有关环境保护主管部门依法不予审批可能造成耕地土壤污染的建设项目环境影响报告书或者报告表。优先保护类耕地集中区域现有可能造成土壤污染的相关行业企业应当按照有关规定采取措施，防止对耕地造成污染。

第十九条 对安全利用类耕地，应当优先采取农艺调控、替代种植、轮作、间作等措施，阻断或者减少污染物和其他有毒有害物质进入农作物可食部分，降低农产品超标风险。

对严格管控类耕地，主要采取种植结构调整或者按照国家计划经批准后进行退耕还林还草等风险管控措施。

对需要采取治理与修复工程措施的安全利用类或者严格管控类耕地，应当优先采取不影响农业生产、不降低土壤生产功能的生物修复措施，或辅助采取物理、化学治理与修复措施。

第二十条 县级以上地方农业主管部门应当根据农用地土壤安全利用相关技术规范要求，结合当地实际情况，组织制定农用地安全利用方案，报所在地人民政府批准后实施，并上传农用地环境信息系统。

农用地安全利用方案应当包括以下风险管控措施：

（一）针对主要农作物种类、品种和农作制度等具体情况，推广低积累品种替代、水肥调控、土壤调理等农艺调控措施，降低农产品有害物质超标风险；

（二）定期开展农产品质量安全监测和调查评估，实施跟踪监测，根据监测和评估结果及时优化调整农艺调控措施。

第二十一条 对需要采取治理与修复工程措施的受污染耕地，县级以上地方农业主管部门应当组织制定土壤污染治理与修复方案，报所在地人民政府批准后实施，并上传农用地环境信息系统。

第二十二条 从事农用地土壤污染治理与修复活动的单位和个人应当采取必要措施防止产生二次污染，并防止对被修复土壤和周边环境造成新的污染。治理与修复过程中产生的废水、废气和固体废物，应当按照国家有关规定进行处理或者处置，并达到国家或者地方规定的环境保护标准和要求。

第二十三条 县级以上地方环境保护主管部门应当对农用地土壤污染治理与修复的环境保护措施落实情况进行监督检查。

治理与修复活动结束后，县级以上地方农业主管部门应当委托第三方机构对治理与修复效果进行评估，评估结果上传农用地环境信息系统。

第二十四条 县级以上地方农业主管部门应当对严格管控类耕地采取以下风险管控措施：

（一）依法提出划定特定农产品禁止生产区域的建议；

（二）会同有关部门按照国家退耕还林还草计划，组织制定种植结构调整或者退耕还林还草计划，报所在地人民政府批准后组织实施，并上传农用地环境信息系统。

第二十五条 对威胁地下水、饮用水水源安全的严格管控类耕地，县级环境保护主管部门应当会同农业等主管部门制定环境风险管控方案，报同级人民政府批准后组织实施，并上传农用地环境信息系统。

第五章 监督管理

第二十六条 设区的市级以上地方环境保护主管部门应当定期对土壤环境重点监管企业周边农用地开展监测，监测结果作为环境执法和风险预警的重要依据，并上传农用地环境信息系统。

设区的市级以上地方环境保护主管部门应当督促土壤环境重点监管企业自行或者委托专业机构开展土壤环境监测,监测结果向社会公开,并上传农用地环境信息系统。

第二十七条 县级以上环境保护主管部门和县级以上农业主管部门,有权对本行政区域内的农用地土壤污染防治相关活动进行现场检查。被检查单位应当予以配合,如实反映情况,提供必要的资料。实施现场检查的部门、机构及其工作人员应当为被检查单位保守商业秘密。

第二十八条 突发环境事件可能造成农用地土壤污染的,县级以上地方环境保护主管部门应当及时会同农业主管部门对可能受到污染的农用地土壤进行监测,并根据监测结果及时向当地人民政府提出应急处置建议。

第二十九条 违反本办法规定,受委托的专业机构在从事农用地土壤污染防治相关活动中,不负责任或者弄虚作假的,由县级以上地方环境保护主管部门、农业主管部门将该机构失信情况记入其环境信用记录,并通过企业信用信息系统向社会公开。

第六章 附 则

第三十条 本办法自 2017 年 11 月 1 日起施行。

【理解与适用】

《关于办理非法采矿、破坏性采矿刑事案件适用法律若干问题的解释》的理解与适用

喻海松*

日前,最高人民法院、最高人民检察院发布《关于办理非法采矿、破坏性采矿刑事案件适用法律若干问题的解释》(法释〔2016〕25号,以下简称《解释》),自2016年12月1日起施行。这是1997年刑法施行以来最高司法机关就矿产资源犯罪再次发布专门司法解释,体现了对矿产资源司法保护的高度重视,对于依法惩治矿产资源犯罪,进一步加大对矿产资源的司法保护必将发挥重要作用。为便于司法实践中正确理解和适用,现就《解释》的制定背景、起草中的主要考虑和主要内容介绍如下。

一、《解释》的制定背景与经过

1997年刑法规定了非法采矿罪和破坏性采矿罪。第三百四十三条规定:"违反矿产资源法的规定,未取得采矿许可证擅自采矿的,擅自进入国家规划矿区、对国民经济具有重要价值的矿区和他人矿区范围采矿的,擅自开采国家规定实行保护性开采的特定矿种,经责令停止开采后拒不停止开采,造成矿产资源破坏的,处三年以下有期徒刑、拘役或者管制,并处或者单处罚金;造成矿产资源严重破坏的,处三年以上七年以下有期徒刑,并处罚金。""违反矿产资源法的规定,采取破坏性的开采方法开采矿产资源,造成矿产资源严重破坏的,处五年以下有期徒刑或者拘役,并处罚金。"2003年5月16日,最高人民法院审判委员会第1270次会议审议通

---

* 作者单位:最高人民法院。

过《关于审理非法采矿、破坏性采矿刑事案件具体应用法律若干问题的解释》(法释〔2003〕9号，以下简称《2003年解释》)，主要对非法采矿和破坏性采矿行为的认定、造成矿产资源破坏的认定和鉴定等问题作了明确规定，进一步加大了对矿产资源的刑事司法保护力度。

为了加大对非法采矿犯罪活动的惩治力度，刑法修正案（八）进一步完善了非法采矿罪的规定，将"经责令停止开采后拒不停止开采，造成矿产资源破坏"的要件修改为"情节严重"，降低了入罪门槛；将升档处罚情节由"造成矿产资源严重破坏"修改为"情节特别严重"。据此，构成非法采矿罪不再要求"经责令停止开采后拒不停止开采"，而只要求实施非法采矿行为，达到情节严重的程度。刑法修正案（八）施行后，司法实践对于"情节严重""情节特别严重"的具体情形认识不一，影响了相关案件的办理。

根据国土资源部的建议，最高人民法院会同最高人民检察院，依据法律修改情况，以《2003年解释》为基础，结合当前实践，启动了新的司法解释起草工作。起草过程中，水利部及有关部门也反映了非法采砂违法犯罪的有关问题，建议通过《解释》规定对非法采砂行为适用非法采矿罪，并明确定罪量刑标准和相关法律适用问题。在深入调研的基础上，经反复研究讨论形成了征求意见稿，分别征求了最高人民检察院、公安部、国土资源部、水利部、国家海洋局等中央有关单位的意见，并征求了最高人民法院有关审判庭和各高级人民法院的意见。2016年3月，最高人民法院研究室会同有关部门召开专家论证会，分别邀请刑法专家和矿产资源、水利专家对解释稿进行论证研讨。此后，根据专家论证会作了修改完善，形成新的征求意见稿，征求了全国人大常委会法工委意见，并根据法工委意见进一步征求了国务院法制办的意见。2016年9月26日最高人民法院审判委员会第1694次会议、2016年11月4日最高人民检察院第十二届检察委员会第57次会议审议通过了《解释》。

二、《解释》起草中的主要考虑

为确保《解释》的内容科学合理，能够适应形势发展、满足实践需要，在起草过程中，着重注意把握了以下几点：

一是从严惩治矿产资源犯罪。矿产资源属于不可再生资源，处于持续递减的消耗之中。非法采矿、破坏性采矿行为对矿产资源的破坏具有不可逆性，故而，对矿产资源犯罪刑事政策的基本取向应当是从严惩治。基于此，《解释》未因经济社会发展水平提高而大幅提升矿产资源犯罪的定罪量刑标准，以确保刑事惩治力度不减。当然，这并非意味着对矿产资源犯罪一律从重，仍然应当区分情况，突出惩治重点，体现宽严相济，充分发挥刑法的威慑和教育功能，以更为有效地保护矿产资源和生态环境。

二是注重对生态环境的保护。中共中央、国务院《生态文明体制改革总体方案》提出："严格实行生态环境损害赔偿制度。强化生产者环境保护法律责任，大幅度提高违法成本。""对造成生态环境损害的，以损害程度等因素依法确定赔偿额度；对造成严重后果的，依法追究刑事责任。"根据这一要求，《解释》将生态环境损害因素纳入考量范围，针对非法采矿罪根据造成生态环境损害的程度设置了定罪量刑标准。

三是明确非法采砂犯罪的法律适用。实践中非法采砂对环境的危害日益严重，在刑法未针对非法采砂规定专门罪名的前提下，适用非法采矿罪对非法采砂行为进行规制，成为当下的选择。基于此，《解释》明确对非法采砂行为适用非法采矿罪，加大了对水资源的刑事司法保护力度。

三、《解释》的主要内容

《解释》根据法律规定和立法精神，结合近年来办理矿产资源犯罪案件的实际问题，对矿产资源犯罪的定罪量刑标准及有关法律适用问题作了全面、系统的规定。《解释》共十六个条文，大致可以归纳为如下八个方面的问题：

（一）"违反矿产资源法的规定"的涵义

根据刑法第三百四十三条的规定，非法采矿罪、破坏性采矿罪的前提是"违反矿产资源法的规定"。经研究认为，为避免法律适用漏洞，对于"违反矿产资源法的规定"，不宜限缩为违反矿产资源法的规定，而应当包括违反水法等其他法律、法规中关于矿产资源开发、利用、保护和管理的规定的情形。基于此，《解释》第1条明确规定："违反《中华人民共和国矿产资源法》《中华人民共和国水法》等法律、行政法规有关矿产资源开发、利用、保护和管理的规定的，应当认定为刑法第三百四十三条规定的'违反矿产资源法的规定'。"

（二）"未取得采矿许可证"的认定

对于刑法第三百四十三条第一款关于非法采矿罪客观行为方式的表述，从语言逻辑角度加以细究，"未取得采矿许可证"之后跟着三个"擅自……"的表述。而无论是"擅自采矿"，还是"擅自进入国家规划矿区、对国民经济具有重要价值的矿区和他人矿区范围采矿"，抑或"擅自开采国家规定实行保护性开采的特定矿种"，均应以"未取得采矿许可证"为前提。基于此，《解释》第2条在《2003年解释》第2条规定的基础上，对"未取得采矿许可证"的具体情形作了明确，即"具有下列情形之一的，应当认定为刑法第三百四十三条第一款规定的'未取得采矿许可证'：（一）无许可证的；（二）许可证被注销、吊销、撤销的；（三）超越许可证规定的矿区范围或者开采范围的；（四）超出许可证规定的矿种的（共生、伴生矿种除外）；（五）其他未取得许可证的情形。"其中，第二项"许可证被注销、吊销、撤销的"规定，系根据矿产资源法第四十七条"违法颁发的勘查许可证、采矿许可证、采矿许可证，上级人民政府地质矿产主管部门有权予以撤销"的规定，增加了"撤销"的情形；第三项"超越采矿许可证规定的矿区范围或者开采范围开采矿产资源的"规定，系根据非法采砂犯罪的情形增加了"开采范围"的表述。

实践中，一些矿山企业在被责令停产停业期间仍然擅自采矿的情况较为普遍，且往往是引发矿难的重大隐患。最高人民法院、最高人民检察院《关于办理危害矿山生产安全刑事案件具体应用法律若干问题的解释》第8条第一款规定："在采矿许可证被依法暂扣期间擅自开采的，视为刑法第三百四十三条第一款规定的'未取得采矿许可证擅自采矿'。"《解释》起草过程中，拟将上述规定吸收为认定"未取得采矿许可证"的情形，并考虑到可能因程序性瑕疵而被暂扣许可证，故限定为"因存在重大安全隐患而被暂扣许可证期间开采矿产资源的"情形。专家论证过程中，有意见提出，上述规定虽然具有实践合理性，但从法理层面而言不妥。主要表现为：（1）采矿许可证被暂扣的情形，不同于行为人自始未取得采矿许可证的情形，行为人实际上属于采矿权人，将此种情形下开采矿产资源的行为认定为"未取得采矿许可证"，恐有不妥。（2）从规范的保护目的而言，因存在重大安全隐患而暂扣许可证，所保护的是安全生产，而非法采矿罪保护的矿产资源。因此，对于违反因存在重大安全隐患而被暂扣许可证期间不得开采矿产资源的规定,擅自开采矿产资源的,适用非法采矿罪的规定,不符合规范的保护目的。(3)因存在重大安全隐患而被暂扣采矿许可证期间开采矿产资源的,否定适用非法采矿罪,但构成其他犯罪的,可以按照其他犯罪处理,并不存在法律适用的漏洞。经研究认为,上述意见确有道理,予以采纳。

《解释》起草过程中,对于采矿许可证到期后继续开采矿产资源的情形,宜否认定为"未取得采矿许可证",存在不同认识。经研究认为,实践中采矿许可证到期后继续开采矿产资源的情形十分复杂,一律认定为"未取得采矿许可证"恐有不妥。而且,对于其中情节严重的,可以吊销许可证,对于此后采矿的可以认定为《解释》第2条第二项规定的情形。因此,未将此种情形明确列为"未取得采矿许可证"的情形。此外,对于非法转让采矿权的,可以根据矿资源法的相关规定吊销采矿许可证,进而将此后采砂的行为认定为《解释》第2条第二项规定的情形。

(三)非法采矿罪的定罪量刑标准

刑法修正案(八)对非法采矿罪作了重大完善,将入罪门槛由"造成矿产资源破坏"修改为"情节严重",从而将非法采矿罪由结果犯调整为情节犯。根据法律修改的精神,不宜再将"情节严重"限制在造成实害后果的情形。基于此,在《2003年解释》规定的基础上,《解释》第3条明确了"情节严重"的具体情形。

1. 开采的矿产品价值或者造成矿产资源破坏的价值在十万元至三十万元以上的。开采的矿产品价值是衡量非法采矿行为社会危害性的基础因素,也是认定非法采矿"情节严重"的基本标准。据统计,从2003年至2015年,我国煤、铁、金、银、铜、铅、锌、铝、锡等主要矿产品的市场价格平均上涨将近1倍。因此,经综合考虑矿产品价格上涨因素,将非法采矿罪的入罪标准设定为"开采的矿产品价值在十万元至三十万元以上"。

2. 在国家规划矿区、对国民经济具有很重要价值的矿区采矿,开采国家规定实行保护性开采的特定矿种,矿产品价值或者造成矿产资源破坏的价值在五万元至十五万元以上的。该项标准体现了对"两矿区一矿种"的特殊保护。矿产资源保护法第十五条规定:"国家对国家规划矿区、对国民经济具有重要价值的矿区和国家规定实行保护性开采的特定矿种,实行有计划的开采;未经国务院有关主管部门批准,任何单位和个人不得开采。"根据矿产资源法实施细则第六条的规定,对"两矿区一矿种"的范围应作如下把握:(1)国家规划矿区,是指国家根据建设规划和矿产资源规划,为建设大、中型矿山划定的矿产资源分布区域。(2)对国民经济具有重要价值的矿区,是指国家根据国民经济发展需要划定的,尚未列入国家建设规划的,储量大、质量好、具有开发前景的矿产资源保护区域。(3)国家规定实行保护性开采的特定矿种,是指国务院根据国民经济建设和高科技发展的需要,以及资源稀缺、贵重程度确定的,由国务院有关主管部门按照国家计划批准开采的矿种。根据有关规定,具体包括黄金、钨、锡、锑、离子型稀土。

3. 二年内曾因非法采矿受过两次以上行政处罚,又实施非法采矿行为的。一方面,实践中出现"蚂蚁搬家"式的非法采矿行为,在被查获后行为人往往否认在被抓前存在开采行为,而被查获的矿产品达不到入罪标准。而且,此种情形的矿产品交易往往采取现金交易的方式,收集交易单据等其他证据也十分困难。因此,对于此种行为,只能予以行政处罚,对屡罚屡犯者难以起到效果。另一方面,实践中一些犯罪分子是长期从事非法采矿的惯犯,特别是其中有一些在受过多次行政处罚甚至刑事处罚后还屡教不改,继续进行非法采矿,应加大对该类人员的打击力度,以起到震慑效果。因此,以因非法采矿受过的刑事处罚次数作为考量情节,将多次实施者认定为"情节严重",纳入刑事处罚范围。

需要注意的是,借鉴最高人民法院、最高人民检察院《关于办理走私刑事案件适用法律若干问题的解释》第十七条"刑法第一百五十三条第一款规定的'一年内曾因走私被给予二次行政处罚后又走私'中的'一年内',以因走私第一次受到行政处罚的生效之日与'又走私'行为实施之日的时间间隔计算确定"的规定,"二年内"宜以第一次违法行为受到行政处罚的生效之日与又实施相应行为之日的时间间隔计算确定。此外,"两次以上行政处罚",包括但不限于国土资源主管部门的行政处罚,只要是有关部门依法对非法采矿行为给予的行政处罚即可。

4. 造成生态环境严重损害的。《解释》第3条将"环境价值"明确纳入判断"情节严重"的考量因素。实践中应根据造成生态环境损害的程度判断是否达到"情节严重"的标准,对于达到严重损害程度的应当以非法采矿罪定罪处罚。

5. 其他情节严重的情形。《解释》第3条第一款第五项为兜底项,需要由司法实践根据具体情况裁量适用。司法适用中,既要敢于根据具体案情适用兜底项,同时也要持慎重态度,考虑与前述具体情形之间的相当性。

此外,《解释》第三条第二款明确了"情节特别严重"的认定标准。通常情况下,"情节特别严重"和"情节严重"之间为五倍的倍数关系。造成生态环境特别严重损害的,也可以认定为"情节特别严重"。

(四)破坏性采矿罪的定罪量刑

1. "采取破坏性的开采方法开采矿产资源"的认定。《2003年解释》第4条规定:"刑法第三百四十三条第二款规定的破坏性采矿罪中'采取破坏性的开采方法开采矿产资源',是指行为人违反地质矿产主管部门审查批准的矿产资源开发利用方案开采矿产资源,并造成矿产资源严重破坏的行为。"《2003年解释》以违反矿产资源开发利用方案作为认定破坏性的开采方法的依据,有其合理性。但是,从司法适用的情况来看,也存在不足之处:其一,现行法律并未规定"矿产资源开发利用方案",只有矿产资源开采登记管理办法第五条规定采矿权申请人申请办理采矿许可证中提及"矿产资源开发利用方案"。而矿产资源开采登记管理办法属于行政法规,效力位阶不如法律。其二,在开采过程中,受制于地质等因素影响,采矿权人可能违反矿产资源开发利用方案,但未必会造成矿产资源严重破坏,故以矿产资源开发利用方案作为认定破坏性的开采方法的依据,可能存在不妥。《解释》起草过程中,有意见提出,有关法律明确提及"矿山设计",如矿产资源法第十五条规定:"设立矿山企业,必须符合国家规定的资质条件,并依照法律和国家有关规定,由审批机关对其矿区范围、矿山设计或者开采方案、生产技术条件、安全措施和环境保护措施等进行审查;审查合格的,方予批准。"煤炭法第十八条规定,开办煤矿企业,应当有符合煤矿安全生产和环境保护要求的矿山设计。因此,建议以违反矿山设计作为认定破坏性的开采方法的依据。但是,对此也存在不同认识。而且,从技术层面而言,对于破坏性的开采方法的认定,可能会随着技术的发展而不断完善。经慎重研究,《解释》暂不对"采取破坏性的开采方法开采矿产资源"的认定标准作出明确。但是,考虑到其认定的专业性较强,为确保相关案件依法得到稳妥、正确处理,《解释》第14条仍对其认定程序作出明确,即对是否属于破坏性的开采方法难以确定的,依据省级以上人民政府国土资源主管部门出具的报告，结合其他证据作出认定。

2. 破坏性采矿罪的定罪量刑。根据刑法第三百四十三条第二款的规定，非法采矿罪只设有一个法定刑档次，即造成矿产资源严重破坏的，处五年以下有期徒刑或者拘役，并处罚金。在适当考虑矿产品价格上涨因素的基础上，《解释》对入罪标准作了适当提升，同时突出了对"两矿区一矿种"的特殊保护，在第 6 条规定："造成矿产资源破坏的价值在五十万元至一百万元以上，或者造成国家规划矿区、对国民经济具有重要价值的矿区和国家规定实行保护性开采的特定矿种资源破坏的价值在二十五万元至五十万元以上的，应当认定为刑法第三百四十三条第二款规定的'造成矿产资源严重破坏'。"

（五）非法采砂犯罪的法律适用

对于非法采砂行为的定性，司法实践中存在较大的认识分歧。而且，地方法院曾就非法采砂行为的定性问题请示最高人民法院。为统一法律适用，有必要通过司法解释对河道非法采砂和非法采挖海砂的定性作出明确。经反复征求意见和慎重研究，《解释》明确对非法采砂行为适用非法采矿罪，并对定罪量刑标准及有关法律适用问题作了规定。

1. 非法采矿罪行为的定性。矿产资源法实施条例第二条第一款规定："矿产资源是指由地质作用形成的，具有利用价值的，呈固态、液态、气态的自然资源。"砂属于矿产资源，可以成为非法采矿罪的对象。例如，河（江）砂属河流相沉积天然石英砂，主要化学成分为二氧化硅，经长期地质作用形成。矿产资源分类细目将河（江）砂归属到非金属矿产天然石英砂中。可见，砂受矿产资源法的调整，可以成为非法采矿罪的对象。而且，水法第三十九条第一款规定"国家实行采砂许可制度"。河道管理条例第二十五条规定，在河道管理范围内进行采砂活动，必须报经河道主管机关批准，涉及其他部门的，由河道管理机关会同有关部门批准。因此，对于未取得许可证非法采砂的行为，实质上是"未取得采矿许可证擅自采矿"，应当适用非法采矿罪。

2. "未取得采矿许可证"的认定。从实践来看，对非法采砂适用非法采矿罪，可能适用的客观行为方式主要为"未取得采矿许可证擅自采矿"。为避免法律适用的漏洞，《解释》第 4 条第一款、第 5 条第一款对刑法第三百四十三条第一款规定的"采矿许可证"作扩大解释,将开采河砂需要申请的采矿许可证、河道采砂许可证和开采海砂需要申请的采矿许可证、海砂开采海域使用权证均涵括在内。

水法第三十九条第一款规定:"国家实行河道采砂许可制度。河道采砂许可制度实施办法,由国务院规定。"目前,国务院尚未对河道采砂许可制度实施办法作出统一规定,仅通过长江河道采砂管理条例明确了长江宜宾以下干流河道内从事开采砂石的许可办法。长江河道采砂管理条例第九条第一款、第二款规定:"国家对长江采砂实行采砂许可制度。""河道采砂许可证由沿江省、直辖市人民政府水行政主管部门审批发放;属于省际边界重点河段的,经有关省、直辖市人民政府水行政主管部门签署意见后,由长江水利委员会审批发放;涉及航道的,审批发放前应当征求长江航务管理局和长江海事机构的意见。省际边界重点河段的范围由国务院水行政主管部门划定。"据此,长江干流河道采砂实行"一证",即长江河道采砂许可证由长江水利委员会和沿江省、直辖市人民政府水行政主管部门审批发放(省际边界重点河段由长江水利委员会发放)。

近年来,为扭转河道采砂秩序混乱、非法采砂活动猖獗的现象,在国务院对河道采砂许可制度实施办法作出具体规定前,各地理顺管理体制,加强河道采砂管理工作。经对地方省级地方性法规、政府规章及规范性文件梳理,河道采砂许可情况如下:(1)由水行政主管部门发放采砂许可证。对此有的通过省级地方性法规作出规定,有的通过省级政府规章作出规定,还有的通过规范性文件作出规定。(2)发放采砂许可证和采矿许可证。

采砂海砂需要取得海砂开采海域使用权证(由海洋主管部门发放)和采矿许可证(由国土资源主管部门发放)。海域使用管理法第三条第二款规定:"单位和个人使用海域,必须依法取得海域使用权。"矿产资源开采登记管理办法第三条第一款明确规定,开采领海及中国管辖的其他海域的矿产资源,由国务院地质矿产主管部门审批登记,颁发采矿许可证。因此,开采海砂的,除了申请海砂开采海域使用权证外,还应向国土资源部申请采矿许可证。

如前所述,《解释》将刑法第三百四十三条规定的"采矿许可证"扩大解释为除采矿许可证外,还涵括采砂许可证、海砂开采海域使用权证等开采河砂、海砂所应取得的许可证。由之带来的问题是,如何准确认定

"未取得采矿许可证擅自采矿"。对于实行一证管理的区域,这一问题并不存在。但是,对于实行"两证"管理的区域,由于两证之间没有先后之分,取得其中一个证并非申领另一个证的前置程序,且实践中经常会出现取得其中一个证但无法取得另一个证的情形。例如,行为人已经申领了海域开采使用权证,并缴纳了海域使用金;但是行为人继而向有关部门申领采矿许可证,未被批准。经研究认为,这一现象与现行的采砂管理体制不无关系,如果统一许可证发放或者明确两证之间的衔接关系完全可以避免上述现象。此种情况下对行为人开采海砂的行为以非法采矿罪追究刑事责任,并不合适。总之,不应由行为人承担由于现行采砂管理体制带来的不利后果,上述情形不宜认定为刑法第三百四十三条第一款规定的"未取得采矿许可证擅自采矿",不应以非法采矿罪论处。

基于上述考虑,《解释》第 4 条第一款规定:"在河道管理范围内采砂,具有下列情形之一,符合刑法第三百四十三条第一款和本解释第二条、第三条规定的,以非法采矿罪定罪处罚:(一)依据相关规定应当办理河道采砂许可证,未取得河道采砂许可证的;(二)依据相关规定应当办理河道采砂许可证和采矿许可证,既未取得河道采砂许可证,又未取得采矿许可证的。"第 5 条第一款规定:"未取得海砂开采海域使用权证,且未取得采矿许可证,采挖海砂,符合刑法第三百四十三条第一款和本解释第二条、第三条规定的,以非法采矿罪定罪处罚。"申言之,对于实行一证管理的区域,以是否取得该许可证为认定非法采矿的标准;对于实行两证管理的区域,只要取得一个许可证的,即不能认定为非法采矿,不宜以非法采矿罪论处。

需要注意的是,由于《解释》第 2 条对"未取得采矿许可证"作了明确,故第四条第一款、第五条第一款明确对于采砂领域"未取得采矿许可证擅自采矿"的认定要适用第二条的规定。对此司法实务要注意把握。例如,在实行一证管理的区域,虽然取得了河道采砂许可证,但是许可证被注销、吊销、撤销后继续采砂的,符合《解释》第 2 条第二项、第三项的规定,也应当认定为"未取得采矿许可证擅自采矿"。

3. 非法采砂犯罪的定罪量刑标准。非法采砂是非法采矿的类型之一,自然应当适用非法采矿罪的定罪量刑标准。故而,《解释》第 4 条第一款、第 5 条第一款明确规定,对非法采砂的定罪量刑适用第三条关于非法采矿罪的定罪量刑标准。

此外,非法采砂行为具有特殊性。对在河道管理范围内非法采砂行为予以刑事规制,除了其对砂资源的破坏外,更为重要的是非法采砂行为对河势稳定和防洪安全的危害。严格规范河砂开采的目的,不仅仅是维护其经济价值,更重要的是维护防洪安全和生态安全等公共利益。因此,不应单纯以矿产品价值作为非法采砂的入罪标准,还应当同时考虑非法采砂行为对防洪安全的危害。为了有效防范非法采砂对防洪安全的危害,应当实现刑法防线的适度前移,在非法采砂行为影响河势稳定,危害防洪安全,但尚未达到危害公共安全程度时加以规制。基于上述考虑,《解释》第4条第二款规定:"实施前款规定行为,虽不具有本解释第三条第一款规定的情形,但严重影响河势稳定,危害防洪安全的,应当认定为刑法第三百四十三条第一款规定的'情节严重'。"

同理,非法采挖海砂不仅破坏矿产资源,还可能严重破坏海岸线。特别是在入海口、滨海湿地、海岛、红树林、珊瑚礁、濒危海洋栖息地等典型、敏感海域开采海砂,极易造成海岸线改变。基于对海岸线和海洋生态环境的特殊保护,《解释》第5条第二款规定:"实施前款规定行为,虽不具有本解释第三条第一款规定的情形,但造成海岸线严重破坏的,应当认定为刑法第三百四十三条第一款规定的'情节严重'。"

(六)矿产资源犯罪所得之物与所用之物的处理

为了规范矿产资源犯罪所得之物、所用之物的处理,《解释》第12条规定:"对非法采矿、破坏性采矿犯罪的违法所得及其收益,应当依法追缴或者责令退赔。""对用于非法采矿、破坏性采矿犯罪的专门工具和供犯罪所用的本人财物,应当依法没收。"

(七)矿产资源犯罪专门性问题的认定

办理非法采矿刑事案件,通常涉及非法开采的矿产品价值计算等专门性问题。《解释》第13条、第14条通过总结司法经验,对相关专门性问题认定规则作了明确。具体而言:

1. 非法开采的矿产品价值的认定规则。根据《解释》第13条的规定,非法开采的矿产品价值,根据销赃数额认定;无销赃数额,销赃数额难以查证,或者根据销赃数额认定明显不合理的,根据矿产品价格和数量认定。矿产品价值难以确定的,依据下列机构出具的报告,结合其他证据作出认定：（1）价格认证机构出具的报告；（2）省级以上人民政府国土资源、水行政、海洋等主管部门出具的报告；（3）国务院水行政主管部门在国家确定的重要江河、湖泊设立的流域管理机构出具的报告。

2. 其他专门性问题的认定规则。根据《解释》第14条的规定，对案件所涉的有关专门性问题难以确定的，依据下列机构出具的鉴定意见或者报告，结合其他证据作出认定：（1）司法鉴定机构就生态环境损害出具的鉴定意见；（2）省级以上人民政府国土资源主管部门就造成矿产资源破坏的价值、是否属于破坏性开采方法出具的报告；（3）省级以上人民政府水行政主管部门或者国务院水行政主管部门在国家确定的重要江河、湖泊设立的流域管理机构就是否危害防洪安全出具的报告；（4）省级以上人民政府海洋主管部门就是否造成海岸线严重破坏出具的报告。

（八）矿产资源犯罪其他问题

根据司法实践的情况，《解释》还对矿产资源犯罪的其他问题作了明确：

1. 掩饰、隐瞒犯罪所得的矿产品及其收益的处理。从司法实践来看，矿产资源犯罪形成了利益链条，后续的窝藏、转移、收购、代为销售等环节成为了此类犯罪蔓延的重要原因。为有效惩治此类犯罪，保护国家矿产资源，《解释》第7条规定："明知是犯罪所得的矿产品及其产生的收益，而予以窝藏、转移、收购、代为销售或者以其他方法掩饰、隐瞒的，依照刑法第三百一十二条的规定，以掩饰、隐瞒犯罪所得、犯罪所得收益罪定罪处罚。""实施前款规定的犯罪行为，事前通谋的，以共同犯罪论处。"

司法适用中需要注意的是，《解释》对掩饰、隐瞒犯罪所得的矿产品及其产生的收益行为未单独规定定罪量刑标准，故应当适用最高人民法院《关于审理掩饰、隐瞒犯罪所得、犯罪所得收益刑事案件适用法律若干问题的解释》（法释〔2015〕11号，以下简称《掩饰、隐瞒犯罪所得、犯罪所得收益罪解释》）的规定。对此，有两个问题需要特别注意：（1）《掩饰、隐瞒犯罪所得、犯罪所得收益罪解释》第8条第一款规定："认定掩饰、隐瞒犯罪所得、犯罪所得收益罪，以上游犯罪事实成立为前提。"据此，对于掩饰、隐瞒犯罪所得的矿产品及其产生收益行为的入罪以非法采矿、破坏性采矿行为构成犯罪为前提。对于上游行为未达到入罪标准的，即使后续的掩饰、隐瞒行为达到入罪标准，也不能认定为犯罪。（2）对于掩饰、隐瞒犯罪所得的矿产品及其产生的收益行为的量刑，特别是升档量刑，应当注意与作为上游犯罪的非法采矿罪、破坏性采矿罪的量刑平衡。

2. 多次实施矿产资源违法犯罪的价值数额累计。《解释》第 8 条对矿产资源犯罪的价值数额累计规则作了明确，规定："多次非法采矿、破坏性采矿构成犯罪，依法应当追诉的，或者二年内多次非法采矿、破坏性采矿未经处理的，价值数额累计计算。"根据这一规定，对于矿产资源犯罪的价值数额累计应当区分情况处理：（1）二年内多次非法采矿或者破坏性采矿未经处理的，价值数额累计计算。对于实施非法采矿、破坏性采矿违法行为，每次均未达到定罪量刑标准，如果未经处理的，应当以二年为限进行累计计算，如果累计数额构成犯罪的，则应当依法定罪处罚。（2）多次非法采矿或者破坏性采矿构成犯罪，依法应当追诉的，价值数额累计计算。申言之，此种情形的数额累计不受二年的限制，而应当适用犯罪追诉期限的规定。

3. 单位实施矿产资源犯罪的处理。为了统一裁判尺度，《解释》第 9 条对单位矿产资源犯罪的定罪量刑标准作了明确。基于严厉矿产资源犯罪、切实保护矿产资源的考虑，《解释》规定对单位实施非法采矿罪、破坏性采矿罪，与自然人犯罪适用统一的定罪量刑标准。

4. 矿产资源犯罪惩治的宽严相济。根据宽严相济刑事政策的要求，《解释》根据矿产资源犯罪的具体情况，实行区别对待，突出惩治重点。其中，第 10 条规定："实施非法采矿犯罪，不属于'情节特别严重'，或者实施破坏性采矿犯罪，行为人系初犯，全部退赃退赔，积极修复环境，并确有悔改表现的，可以认定为犯罪情节轻微，不起诉或者免予刑事处罚。"第 11 条规定："对受雇佣为非法采矿、破坏性采矿犯罪提供劳务的人员，除参与利润分成或者领取高额固定工资的以外，一般不以犯罪论处，但曾因非法采矿、破坏性采矿受过处罚的除外。"该两条规定可谓办理矿产资源犯罪案件贯彻宽严相济刑事政策的直接体现，司法适用中应当注意妥善把握。

《关于办理环境污染刑事案件适用法律若干问题的解释》的理解与适用

周加海　喻海松[*]

日前，最高人民法院、最高人民检察院发布《关于办理环境污染刑事案件适用法律若干问题的解释》（法释〔2016〕29号，以下简称《解释》），自2017年1月1日起施行。这是1997年刑法施行以来最高司法机关就环境污染犯罪第三次出台专门司法解释，充分体现了最高司法机关对环境保护的高度重视，对于进一步提升依法惩治环境污染犯罪的成效，加大环境司法保护力度，有效保护生态环境，推进美丽中国建设，必将发挥重要作用。为便于司法实践中正确理解和适用，现就《解释》的制定背景、起草中的主要考虑和主要内容介绍如下。

一、《解释》的制定背景与经过

为依法惩治有关环境污染犯罪，2013年6月，最高人民法院会同最高人民检察院，联合发布了《关于办理环境污染刑事案件适用法律若干问题的解释》（法释〔2013〕15号，以下简称《2013年解释》），对环境污染犯罪的定罪量刑标准和有关法律适用问题作了明确。《2013年解释》施行以来，各级公检法机关和环保部门依法查处环境污染犯罪，加大惩治力度，取得了良好效果。2013年7月至2016年10月，全国法院新收污染环境、非法处置进口的固体废物、环境监管失职刑事案件4636件，审结4250件，生效判决人数6439人；年均收案1400余件，生效判决人数1900余人。相较于过去年均二三十件的案件量，污染环境刑事案件量增长十分

---

[*] 作者单位：最高人民法院。

明显。这对于强化环境司法保护，推进生态文明建设，发挥了十分重要的作用。

与此同时，近年来环境污染犯罪又出现了一些新的情况和问题，如危险废物犯罪呈现出产业化迹象，大气污染犯罪打击困难，篡改、伪造自动监测数据和破坏环境质量监测系统的刑事规制存在争议，等等。为有效解决实际问题，进一步加大对生态环境的司法保护力度，最高人民法院会同最高人民检察院，在公安部、环保部等有关部门大力支持下，经深入调查研究、广泛征求意见，起草了《解释》，对《2013年解释》作了全面修改和完善。2016年11月7日最高人民法院审判委员会第1698次会议、2016年12月8日最高人民检察院第十二届检察委员会第58次会议审议通过了《解释》。

二、《解释》的主要内容

《解释》结合当前环境污染犯罪的特点和司法实践反映的问题，依照刑法、刑事诉讼法的规定，对相关犯罪定罪量刑标准的具体把握等问题作了全面、系统的规定。《解释》共十八个条文，大致可以归纳为如下十个方面的问题：

（一）污染环境罪的定罪量刑标准

污染环境罪是环境污染犯罪的基本罪名，入罪要件为"严重污染环境"。《2013年解释》规定了认定"严重污染环境"的十四项具体情形。《解释》第1条予以吸收，并根据司法实践情况作出完善，形成了十八项标准。限于篇幅，在此仅对新增标准和司法适用中有争议的问题加以阐释：

1. 危险废物污染环境构成"严重污染环境"的情形。《解释》第1条第2项吸收《2013年解释》的规定，将"非法排放、倾倒、处置危险废物三吨以上"作为认定"严重污染环境"的情形之一。对于非法排放、倾倒危险废物的认定，实践中未见争议。但是，对于非法处置危险废物的认定，争议较大。非法处置危险废物以未取得经营许可证为前提，但是否以违法造成环境污染为要件，则存在不同认识。经研究认为，污染环境罪保护的是环境法益。如果未取得经营许可证处置危险废物，在处置过程中没有违法造成环境污染的，不应以污染环境罪论处。此外，对于无资质处置危险废物，没有违法造成环境污染，不构成污染环境罪的情形，是否可以非法经营罪论处，实践中亦存在不同认识。有些地方持肯定态度，但这会导致定罪量刑严重失衡：无资质处置危险废物，违法造成环境污染的，以污染环境罪最高只能处七年有期徒刑；未违法造成环境污染的，以非法经营罪最高可以处十五年有期徒刑。鉴此，为准确、统一适用法律，《解释》第6条专门规定："无危险废物经营许可证从事收集、贮存、利用、处置危险废物经营活动，严重污染环境的，按照污染环境罪定罪处罚；同时构成非法经营罪的，依照处罚较重的规定定罪处罚。""实施前款规定的行为，不具有超标排放污染物、非法倾倒污染物或者其他违法造成环境污染的情形的，可以认定为非法经营情节显著轻微危害不大，不认为是犯罪；构成生产、销售伪劣产品等其他犯罪的，以其他犯罪论处。"申言之，《解释》坚持环境法益的实质考量：一方面，确立无危险废物经营许可证从事收集、贮存、利用、处置危险废物经营活动的入罪以违法造成环境污染为实质要件，未违法造成环境污染的，可以认定为情节显著轻微危害不大，不认为是犯罪（当然，构成生产、销售伪劣产品等其他犯罪的，可以其他犯罪论处）；另一方面，针对当前危险废物污染环境犯罪的严峻形势，加大对此类行为的刑事惩处力度，允许适用非法经营罪，对同时符合污染环境罪和非法经营罪的情形"择一重罪处断"。

需要注意的是，对于"违法造成环境污染"要件的判断应当采取相对宽泛的标准，即不要求一定达到《解释》第1条其他项规定的"严重污染环境"的具体情形。例如，未按照规定安装特定污染防治设施，处置过程中超过标准排放污染物（虽然未达到超过特定标准三倍以上），或者将处置剩余的污染物违反规定倾倒的，可以认定为具备"违法造成环境污染"的要件，以污染环境罪论处；相反，如果在处置危险废物的过程中采取了特定的污染防治措施，未违法造成环境污染的，通常情况下应当认定为情节显著轻微危害不大，不认为是犯罪。

司法实践中，对于非法处置危险废物的认定，特别是处置危险废物与利用危险废物之间的关系，存在较大认识分歧。经研究认为，利用本身也是一种处置行为，但核心在于判断是否违法造成环境污染。为统一认识，《解释》第16条专门规定："无危险废物经营许可证，以营利为目的，从危险废物中提取物质作为原材料或者燃料，并具有超标排放污染物、非法倾倒污染物或者其他违法造成环境污染的情形的行为，应当认定为'非法处置危险废物'。"

对于行为人非法排放、倾倒、处置危险废物的数量，除了当场查获的外，还可以依据其他证据材料予以综合认定。为了加大对危险废物产生企业的规制力度，《解释》专门确立了对危险废物数量的认定规则，第13条第2款规定："对于危险废物的数量，可以综合被告人供述，涉案企业的生产工艺、物耗、能耗情况，以及经批准或者备案的环境影响评价文件等证据作出认定。"

2. 排放重金属污染物超标构成"严重污染环境"的情形。关于《2013年解释》第1条第3项规定，"非法排放含重金属、持久性有机污染物等严重危害环境、损害人体健康的污染物超过国家污染物排放标准或者省、自治区、直辖市人民政府根据法律授权制定的污染物排放标准三倍以上的"。适用中的主要问题是该项规定中重金属的范围具体如何把握。《解释》起草过程中，对这一问题作了反复论证。2011年2月，国务院正式批复《重金属污染综合防治"十二五"规划》，确定了"十二五"期间重点防控的重金属污染物是铅（PB）、汞（HG）、镉（CD）、铬（CR）和类金属砷（AS）等，兼顾镍（NI）、铜（CU）、锌（ZN）、银（AG）、钒（V）、锰（MN）、钴（CO）、铊（TL）、锑（SB）等其他重金属污染物。《重金属污染综合防治"十二五"规划》主要是根据我国重金属污染的严重程度确定了重点防控的重金属污染物范围，同时，其他重金属污染物对环境和人体也能造成严重伤害，故需要兼顾防控。因此，将兼顾防控的重金属均纳入刑事规制范围，是必然选择。但是，上述重金属在毒害性程度方面存在明显差异，特别是铜、锌、银的危害性明显低于其他重金属。如对重点防范的重金属和兼顾防范的重金属在污染物超标标准上不做区分，明显不妥。经广泛听取意见，鉴于各类重金属在毒害性程度方面存在现实差异，经从环境学和环境医学角度综合考量，《解释》第1条第3项、第4项明确，"排放、倾倒、处置含铅、汞、镉、铬、砷、铊、锑的污染物，超过国家或者地方污染物排放标准三倍以上"，或者"排放、倾倒、处置含镍、铜、锌、银、钒、锰、钴的污染物，超过国家或者地方污染物排放标准十倍以上的"，应当认定为"严重污染环境"。

关于超过污染物排放标准的具体倍数认定，有不同看法。以超标三倍为例，究竟是指污染物浓度为排放标准的三倍还是四倍以上，存在不同认识。经研究认为，超标三倍是指污染物排放标准×3以上的浓度，如标准为1的，超过3即为超标。但是，对于处于临界点的案件宜慎重处理。其中，对于情节显著轻微社会危害不大的，可以适用刑法第13条但书的规定出罪。

3. 隐蔽排污构成"严重污染环境"的情形。环境保护法第42条第4款规定："严禁通过暗管、渗井、渗坑、灌注或者篡改、伪造监测数据，或者不正常运行防治污染设施等逃避监管的方式违法排放污染物。"与此相衔接，《解释》第1条第5项吸收《2013年解释》的相关规定并作适当完善，将"通过暗管、渗井、渗坑、裂隙、溶洞、灌注等逃避监管的方式排放、倾倒、处置有放射性的废物、含传染病病原体的废物、有毒物质"规定为"严重污染环境"的情形之一。

4. 多次污染环境构成"严重污染环境"的情形。《解释》第1条第6项沿用《2013年解释》的相关规定，将"二年内曾因违反国家规定，排放、倾倒、处置有放射性的废物、含传染病病原体的废物、有毒物质受过两次以上行政处罚，又实施前列行为"作为认定"严重污染环境"的情形之一。《解释》第17条第1款进一步规定："本解释所称'二年内'，以第一次违法行为受到行政处罚的生效之日与又实施相应行为之日的时间间隔计算确定。"需要注意的是，"两次以上行政处罚"包括但不限于环境保护主管部门的行政处罚，如水行政主管部门依据水污染防治法作出的行政处罚，甚至是公安机关作出的行政处罚，均可涵括在内。

5. 篡改、伪造自动监测数据排污构成"严重污染环境"的情形。篡改、伪造自动监测数据或者干扰自动监测设施，通常是重点排污单位非法排污的常见手法。为有效防范规模以上企业的污染环境行为，实现行政处罚与刑事追究之间的有序衔接，《解释》第1条第7项规定，"重点排污单位篡改、伪造自动监测数据或者干扰自动监测设施，排放化学需氧量、氨氮、二氧化硫、氮氧化物等污染物的"，应当认定为"严重污染环境"。这一新增规定，对于有效防范和依法惩治大气污染犯罪这一社会各界高度关注的顽疾具有重要意义。需要注意的是，其一，当前自动监测设施主要监测化学需氧量、氨氮、二氧化硫、氮氧化物，而这些物质并不必然属于"有毒物质"，故该项并未要求排放有毒物质；其二，考虑到未来自动监测设施监测的污染物范围可能会拓展，故该项的表述为"化学需氧量、氨氮、二氧化硫、氮氧化物等污染物"，以为未来的发展留有适当空间；其三，该项只是要求"篡改、伪造自动监测数据或者干扰自动监测设施"的同时"排放化学需氧量、氨氮、二氧化硫、氮氧化物等污染物",即行为人篡改、伪造自动监测数据或者干扰自动监测设施的同时还在排放上述污染物即可,但并未要求超标排放。

此外,为便于司法适用,《解释》第17条第2款专门规定:"本解释所称'重点排污单位',是指设区的市级以上人民政府环境保护主管部门依法确定的应当安装、使用污染物排放自动监测设备的重点监控企业及其他单位。"可见,重点监控企业属于重点排污单位的主要组成部分,具体包括国家重点监控企业、省级重点监控企业和市级重点监控企业。

6. 减少支出、违法所得构成"严重污染环境"的情形。《解释》第1条将"违法减少防治污染设施运行支出一百万元以上""违法所得三十万元以上"增加规定为"严重污染环境"的情形。实施环境污染犯罪的单位和个人多是为了谋取不法利益,增设以上两项规定,让行为人得不偿失,可以更有针对性地惩治和预防犯罪。

为有效防范污染,环境保护法要求建设对环境有影响的一切建设项目须执行"三同时"制度,第41条规定:"建设项目中防治污染的设施,应当与主体工程同时设计、同时施工、同时投产使用。防治污染的设施应当符合经批准的环境影响评价文件的要求,不得擅自拆除或者闲置。"从实践来看,有些企业虽然建有污染防治设施,但为减少运行成本,闲置、拆除污染防治设施或者使污染防治设施不正常运行的情况时有发生。经研究认为,擅自拆除或者闲置防治污染设施,或者通过不正常运行防治污染设施等逃避监管的方式违法排放污染物,社会危害性严重,也反映出行为人的主观恶性较大,对于情节严重的确有刑事规制的必要。而从实践来看,此类行为虽然不能直接获取收入,但能减少相应支出,且在一些案件中相对可操作。基于此,与环境保护法的相关规定相衔接,《解释》第1条第8项将"违法减少防治污染设施运行支出一百万元以上"规定为"严重污染环境"的具体情形之一。司法适用中需要注意的是,此处特指"违法减少"的支出,如果排污单位提供技术革新等合法途径减少污染防治设施运行支出,符合清洁生产、循环经济的要求,应予鼓励。

为进一步增强司法适用可操作性,《解释》第1条第9项将"违法所得三十万元以上"增列为"严重污染环境"的情形之一。这主要是考虑到实践中实施污染环境行为,除了客观上造成公私财产损失外,行为人的主要目的是为了牟利,而这通常表现为违法所得,而且,违法所得的计算在某些案件中更具可操作性。此外,《解释》第17条第3款进一步规定:"本解释所称'违法所得',是指实施刑法第三百三十八条、第三百三十九条规定的行为所得和可得的全部违法收入。"

7. 造成生态环境损害构成"严重污染环境"的情形。中共中央、国务院《生态文明体制改革总体方案》提出:"严格实行生态环境损害赔偿制度。强化生产者环境保护法律责任,大幅度提高违法成本。""对造成生态环境损害的,以损害程度等因素依法确定赔偿额度;对造成严重后果的,依法追究刑事责任。"根据这一要求,《解释》明确将"造成生态环境严重损害"规定为"严重污染环境"的情形之一。《解释》第17条第5款进一步规定:"本解释所称'生态环境损害',包括生态环境修复费用,生态环境修复期间服务功能的损失和生态环境功能永久性损害造成的损失,以及其他必要合理费用。"因此,实践中可以根据上述界定,准确判断污染环境行为造成生态环境损害的程度,对于达到严重损害程度的应当认定为"严重污染环境"。

在此基础上,《解释》第3条还对污染环境罪的结果加重情节"后果特别严重"的认定标准作了相应完善,增加规定"非法排放、倾倒、处置危险废物一百吨以上""造成生态环境特别严重损害"的,应当认定为"后果特别严重",处三年以上七年以下有期徒刑,并处罚金。

(二)其他环境污染犯罪的定罪量刑标准

除污染环境罪外,环境污染犯罪还涉及非法处置进口的固体废物罪、擅自进口固体废物罪、环境监管失职罪等罪名。为统一法律适用,《解释》第2条、第3条对上述罪名所涉及的"致使公私财产遭受重大损失或者严重危害人体健康""致使公私财产遭受重大损失或者造成人身伤亡的严重后果""后果特别严重"等定罪量刑标准作了明确。与《2013年解释》相比,相关标准更加明确具体,操作性更强,体现了从严惩治环境污染犯罪的精神。

(三)环境污染犯罪惩治的宽严相济

根据宽严相济刑事政策的基本要求,《解释》在依法设定环境污染犯罪定罪量刑标准的同时,还根据宽严相济刑事政策的要求专门设置了从重处罚情节和从宽处罚情节,以最大限度地发挥刑法对于环境污染犯罪的惩罚、威慑、教育功能,有效减少和预防此类犯罪的发生,发挥刑法在推进生态文明建设方面的积极作用。

《解释》第4条规定,实施环境污染犯罪,具有下列情形之一的,应当从重处罚:(1)阻挠环境监督检查或者突发环境事件调查,尚不构成妨害公务等犯罪的。需要注意的是,对于环境保护工作负有监督管理职责的部门包括但不限于环境保护主管部门,其他行政管理部门也可能依法对特定领域的环境污染负有监督管理职责,如水污染的监督检查可以由水行政主管部门实施。(2)在医院、学校、居民区等人口集中地区及其附近,违反国家规定排放、倾倒、处置有放射性的废物、含传染病病原体的废物、有毒物质或者其他有害物质的。适用中需要注意的是,对于"在医院、学校、居民区等人口集中地区及其附近"的认定,宜根据具体情况把握,特别是对于人口集中地区附近的认定,应当根据人口集中地区的大小、人数以及距离等判断,以排放、倾倒、处置污染物能否直接影响人口集中地区作为标准。(3)在重污染天气预警期间、突发环境事件处置期间或者被责令限期整改期间,违反国家规定排放、倾倒、处置有放射性的废物、含传染病病原体的废物、有毒物质或者其他有害物质的。大气污染防治法第93条第1款规定"国家建立重污染天气监测预警体系",并进一步规定了重污染天气预警期间的应急措施。在重污染天气预警期间,违反国家规定排放、倾倒、处置有放射性的废物、含传染病病原体的废物、有毒物质或者其他有害物质的,社会危害性更大。基于此,《解释》专门明确对上述情形应当从重处罚。(4)具有危险废物经营许可证的企业违反国家规定排放、倾倒、处置有放射性的废物、含传染病病原体的废物、有毒物质或者其他有害物质的。从实践来看,危险废物处置企业污染环境犯罪案件显现。当前,个别具有危险废物处置资质的企业唯利是图,为赚取正规处置和非正规处置间的巨额利差,将本应自行处置的危险废物转包给无处理资质的单位和个人,造成巨大环境安全隐患。较之于无资质企业和个人非法处置危险废物的行为,此类行为的社会危害性更为突出,应当从重处罚。

为贯彻落实"完善刑事诉讼中认罪认罚从宽制度",考虑到司法实践中的复杂情况,《解释》第5条规定:"实施刑法第三百三十八条、第三百三十九条规定的行为,刚达到应当追究刑事责任的标准,但行为人及时采取措施,防止损失扩大、消除污染,全部赔偿损失,积极修复生态环境,且系初犯,确有悔罪表现的,可以认定为情节轻微,不起诉或者免予刑事处罚；确有必要判处刑罚的，应当从宽处罚。"应当指出的是，上述规定的目的在于促使行为人在实施环境污染犯罪后及时采取措施，减少、弥补损害，充分发挥刑法的威慑和教育功能。

（四）环境污染共同犯罪的处理规则

实践中，一些单位和个人非法排放、倾倒、处置危险废物，以降低生产成本、牟取不法利益。而且，行为人分工明确，相互配合，呈现出明显的产业化迹象，甚至形成了"一条龙"作业。对于此类犯罪，不仅要依法惩治直接污染环境的行为人，更要打源头、追幕后，依法追究危险废物提供者的刑事责任。为此，《解释》第7条重申了对环境污染犯罪的共同犯罪处理规则，规定："明知他人无危险废物经营许可证，向其提供或者委托其收集、贮存、利用、处置危险废物，严重污染环境的，以共同犯罪论处。"需要注意的是，考虑到此种情形可能构成非法经营罪的共同犯罪，故未再限制为"以污染环境罪的共同犯罪论处"。

（五）环境污染犯罪竞合的处理原则

环境污染犯罪行为可能同时触犯多个罪名，如违规排放、倾倒、处置含有毒害性、放射性、传染病病原体等物质的污染物，可能同时触犯污染环境罪与投放危险物质罪。为进一步加大对环境污染相关犯罪的惩治力度，《解释》第8条明确规定了"从一重罪处断原则"，即排放、倾倒、处置含有毒害性、放射性、传染病病原体等物质的污染物，同时触犯数个罪名的，择一重罪处断。

（六）环境污染关联犯罪的法律适用

除环境污染犯罪外，《解释》还对环境影响评价领域可能涉及的提供虚假证明文件罪、出具证明文件重大失实罪，破坏国家环境质量监测系统可能涉及的破坏计算机信息系统罪等关联犯罪的法律适用问题作了规定。

1. 环境影响评价领域所涉犯罪的适用。环境影响评价对于预防因规划和建设项目实施后对环境造成不良影响，促进经济、社会和环境的协调发展，具有关键作用。但是，实践中环评造假或者严重失实的现象时有发生。为从源头上有效预防环境污染犯罪，《解释》第9条规定："环境影响评价机构或其人员，故意提供虚假环境影响评价文件，情节严重的，或者严重不负责任，出具的环境影响评价文件存在重大失实，造成严重后果的，应当依照刑法第二百二十九条、第二百三十一条的规定，以提供虚假证明文件罪或者出具证明文件重大失实罪定罪处罚。"需要注意的是，由于目前环境影响登记表审批改为备案，只有环境影响报告书和报告表需要审批，故此处的"环境影响评价文件"通常是指环境影响报告书、报告表。

2. 破坏国家环境质量监测系统所涉犯罪的适用。环境监测数据是环境决策的重要基础。个别地方破坏环境质量监测系统，影响监测系统正常运行，欺骗公众，影响政府公信力，甚至误导环境决策，危害严重。根据《最高人民法院、最高人民检察院关于办理危害计算机信息系统安全刑事案件应用法律若干问题的解释》（以下简称《危害计算机信息系统安全犯罪解释》）第11条的规定，计算机信息系统是指具备自动处理数据功能的系统，包括计算机、网络设备、通信设备、自动化控制设备等。据此，国家环境质量监测系统亦属于计算机信息系统的范畴，对其进行破坏的行为可能构成破坏计算机信息系统罪。经研究认为，对于采用物理方式妨害自动监控系统采样、稀释采集的污染物样等行为，实际上是对计算机信息系统功能进行干扰，造成计算机不能正常运行，符合刑法第286条第1款的规定；而对于采用无形方式删除、修改、增加计算机信息系统中存储、处理或者传输的数据和应用程序的，符合刑法第286条第2款的规定。总之，对于上述两种行为，造成严重后果的，均可以破坏计算机信息系统罪论处。故而，《解释》第10条第1款规定："违反国家规定，针对环境质量监测系统实施下列行为，或者强令、指使、授意他人实施下列行为的，应当依照刑法第二百八十六条的规定，以破坏计算机信息系统罪论处：（一）修改参数或者监测数据的；（二）干扰采样，致使监测数据严重失真的；（三）其他破坏环境质量监测系统的行为。"需要注意的是，《解释》对破坏环境质量监测系统的定罪量刑作了专门规定，按照司法解释适用时间效力的规定，对于此类行为原则上应当适用《解释》，而非适用《危害计算机信息系统安全犯罪解释》。

重点排污单位篡改、伪造自动监测数据，排放污染物的行为，可能同时构成污染环境罪和破坏计算机信息系统罪。因此，《解释》第10条第2款明确："重点排污单位篡改、伪造自动监测数据或者干扰自动监测设施，排放化学需氧量、氨氮、二氧化硫、氮氧化物等污染物，同时构成污染环境罪和破坏计算机信息系统罪的,依照处罚较重的规定定罪处罚。"

此外,根据《解释》第 10 条第 3 款的规定,从事环境监测设施维护、运营的人员实施或者参与实施篡改、伪造自动监测数据、干扰自动监测设施、破坏环境质量监测系统等行为的,应当从重处罚。

(七) 单位实施环境污染相关犯罪的定罪量刑标准

单位实施环境污染相关犯罪,往往具有更大的社会危害性,应当从严惩治。《解释》第 11 条明确规定,对于单位实施环境污染相关犯罪的,适用与个人犯罪相同的定罪量刑标准。

(八) 环境污染犯罪相关术语的界定

环境污染刑事案件专业性较强,涉及专门术语多。为统一相关案件的办理,《解释》对相关术语作了明确界定。

1. 关于"有毒物质"的界定。《2013 年解释》第 10 条对"有毒物质"专门作了界定。考虑到有关规范性文件的调整,《解释》对"有毒物质"的规定作出修改,删去"剧毒化学品、列入重点环境管理危险化学品名录的化学品,以及含有上述化学品的物质"的表述,第 15 条规定:"下列物质应当认定为刑法第三百三十八条规定的'有毒物质':(一) 危险废物,是指列入国家危险废物名录,或者根据国家规定的危险废物鉴别标准和鉴别方法认定的,具有危险特性的废物;(二)《关于持久性有机污染物的斯德哥尔摩公约》附件所列物质;(三) 含重金属的污染物;(四) 其他具有毒性,可能污染环境的物质。"实际上,根据《国家危险废物名录(2016 版)》的规定,废弃危险化学品(包括剧毒化学品、重点环境管理危险化学品)均属于危险废物,可以直接根据《解释》第 15 条第 1 项认定为"有毒物质"。

2. 关于"公私财产损失"的计算。对于环境监测费用是否可以纳入"公私财产损失"的计算范围,存在较大争议。《2013 年解释》对此未作明确。而实践中已有对现场监测所产生的费用应否纳入"公私财产损失"计算范围存在争议的案件。《解释》起草过程中,经慎重研究认为,"公私财产损失"不包括日常环境监测费用,但因所涉行为导致的各类环境应急措施和应急处置费用(包括应急监测费用)可以列为"为防止污染扩大、消除污染而采取必要合理措施所产生的费用"。为消除司法实践中的争议,

《解释》第 17 条第 4 款明确"公私财产损失"包括处置突发环境事件的应急监测费用。

(九) 监测数据的证据资格

为确保相关监测数据的客观、准确,确保相关案件公正处理,《2013年解释》第 11 条第 2 款专门规定:"县级以上环境保护部门及其所属监测机构出具的监测数据,经省级以上环境保护部门认可的,可以作为证据使用。"这实际上是在"经省级以上环境保护部门认可"的前提下赋予县级以上环境保护主管部门及其所属监测机构出具的监测数据的刑事证据资格。应当指出的是,《2013 年解释》设定监测数据认可程序的现实情况是,当时办理环境污染刑事案件尚处于起步阶段,各地缺乏成熟经验。因此,"经省级以上环境保护部门认可"的程序设置,对于确保监测数据的准确,提升环境污染刑事案件的质量,确保此类案件办理的"不偏不倚",发挥了重要的作用。当然,随着环境污染刑事案件办理的逐渐增多,监测数据认可程序不能完全适应办案实际需求的现象也开始显现。实践中,省级环境保护主管部门的认可通常只能进行形式审查,还可能导致程序冗杂、效率低下,不利于环境污染刑事案件的及时办理。基于此,根据刑事诉讼法第 52 条第 2 款"行政机关在行政执法和查办案件过程中收集的物证、书证、视听资料、电子数据等证据材料,在刑事诉讼中可以作为证据使用"的规定,《解释》第 12 条第 1 款取消了环境监测数据的认可程序,明确规定:"环境保护主管部门及其所属监测机构在行政执法过程中收集的监测数据,在刑事诉讼中可以作为证据使用。"据此,环境保护主管部门及其所属监测机构在行政执法和查办案件过程中收集的监测数据具有刑事证据资格,不需要再经过省级以上环境保护主管部门的认可。实践中需要注意的是,第三方监测机构虽然不属于环境保护主管部门所属的监测机构,但只要是在环境保护主管部门或者所属监测机构的主持下从事相关监测活动或者提供技术支持,以环境保护主管部门或者所属监测机构名义作出的监测报告,也应当认为符合《解释》第 12 条第 1 款的规定,在刑事诉讼中可以作为证据使用。

《2013 年解释》施行期间,对于公安机关在刑事立案后或者初查过程中提取污染物样品进行检测获取的数据,是否需要经过省级以上环境保护主管部门认可,才能作为刑事证据使用,实践中争议较大。经研究认为,根据刑事诉讼法和相关规定，公安机关作为刑事侦查机关，享有当然的刑事证据收集权力，其收集的证据作为刑事证据使用无须经过行政认可等其他程序。而且，近年来，公安机关办理环境污染刑事案件的取证能力大幅提升，能够满足有关技术规范的要求。基于此，《解释》第12条第2款规定："公安机关单独或者会同环境保护主管部门，提取污染物样品进行检测获取的数据，在刑事诉讼中可以作为证据使用。"有必要强调的是，与环境保护主管部门获取监测数据适用行政执法的相关规定不同，无论是刑事立案后，还是初查过程中，公安机关获取检测数据都属于刑事侦查活动，应当适用刑事诉讼法的相关规范。当下较为适宜的方式是公安机关与环境保护主管部门执法联动，以充分利用公安机关控制现场的能力和环境保护主管部门的技术优势，确保相关证据的准确性。

（十）环境污染专门性问题的认定

鉴定难是困扰环境污染刑事案件办理的突出难题。《2013年解释》确立了鉴定与检验"两条腿走路"的原则，第11条第1款规定："对案件所涉的环境污染专门性问题难以确定的，由司法鉴定机构出具鉴定意见，或者由国务院环境保护部门指定的机构出具检验报告。"从《2013年解释》实施情况来看，鉴定机构和环境保护部指定的检验机构仍然偏少，难以满足实际办案所需。为此，《解释》第14条增加规定公安部亦可指定出具检验报告的机构，即规定："对案件所涉的环境污染专门性问题难以确定的，依据司法鉴定机构出具的鉴定意见，或者国务院环境保护主管部门、公安部门指定的机构出具的报告，结合其他证据作出认定。"

《最高人民法院关于审理矿业权纠纷案件适用法律若干问题的解释》的理解与适用

郑学林[*] 王旭光[**] 贾清林[***] 刘牧晗[****]

摘要 《最高人民法院关于审理矿业权纠纷案件适用法律若干问题的解释》2017年7月27日颁布施行。为加强对该司法解释的理解,本文对其中矿业权纠纷案件审判理念,矿业权出让、转让、租赁、承包、抵押等流转合同的效力、履行、法律后果,越界勘查开采的责任承担,特别区域内矿业权合同效力的司法审查以及涉矿环境公益诉讼的受理等具体问题逐一进行分析解答,以期对该解释在司法实践中的适用有所裨益。

关键词 矿产资源 矿业权 矿业权转让 矿业权纠纷

《最高人民法院关于审理矿业权纠纷案件适应法律若干问题的解释》(以下简称《解释》)于2017年2月20日由最高人民法院审判委员会第1710次会议讨论通过,自2017年7月27日起施行。该《解释》的实施对于依法保护矿业权流转、维护矿业权市场秩序和交易安全、促进资源节约和生态环境保护具有重要意义。笔者现对该《解释》制定的背景、理念及主要条文的理解进行全面解读。

---

[*] 最高人民法院环境资源审判庭庭长。
[**] 最高人民法院环境资源审判庭副庭长、第三巡回法庭副庭长。
[***] 最高人民法院环境资源审判庭审判长。
[****] 最高人民法院环境资源审判庭、第三巡回法庭法官助理。

一、《解释》的制定背景及应遵循的审判理念

（一）《解释》的制定背景

矿产资源作为一类重要的自然资源，是社会和经济发展的重要物质基础。随着我国改革开放的不断深入和市场经济体制的确立完善，矿产资源开发利用经历了由严格限制到逐步放松的过程，并逐步引入了比较成熟的市场机制。党的十八大后提出要使市场在资源配置中起决定性作用，创新政府配置资源方式，更好的处理市场与政府的关系。2015年后，《中共中央、国务院关于加快推进生态文明建设的意见》《生态文明体制改革总体方案》《中共中央、国务院关于完善产权保护制度 依法保护产权的意见》《矿业权出让制度改革方案》等关于生态文明建设的政策性文件，为进一步深化矿产资源有偿使用制度改革，更好发挥矿业权的财产属性，完善矿业权产权保护制度，规范矿业权出让、转让等市场交易，改革、完善行政监管方式确立了明确的方向和路径，但尚需细化为有操作性的具体规范。

就立法现状而言，现行涉矿法律、行政法规多制定在有计划商品经济或者从有计划商品经济向市场经济过渡阶段，行政管理色彩浓厚，市场交易规则匮乏，已不能完全适应矿业权流转日益市场化的发展趋势，与国家正在推进的"放管服"行政审批制度改革的发展方向亦不完全相符；现行矿产资源法尽管已列入修法规划多年，但因尚未就某些基础性问题形成共识，短期内较难取得实质进展。就司法实践而言，矿业权交易市场日趋活跃，纠纷随之大量涌现；但鉴于现行涉矿法律、法规内在的滞后性以及矿业权本身兼具民事物权和行政许可双重特性，导致全国各级各地法院对涉矿法律、法规的理解差异较大，裁判标准不一，严重影响了法律的统一实施和人民法院的权威；加之矿业权纠纷往往往标的巨大、利益纠葛多，统一裁判规则的需求非常迫切。同时，矿产资源开发利用中无证勘查开采、乱采滥挖、破坏性开采等违法违规现象严重，矿区安全生产、环境污染、生态破坏等问题逐渐凸显，严重损害社会公共利益和公众环境权益。

为促进国家生态文明建设，适应矿业权市场发展需求，准确把握矿产资源有偿使用改革方向，正确理解矿业权的法律属性，统一矿业权纠纷案件裁判规则，最高人民法院在认真总结各地法院审理矿业权纠纷案件实践

经验的基础上,经过反复调研论证和广泛征求意见,出台本《解释》。

(二) 矿业权纠纷案件应遵循的审判理念

审判理念是法官在审理案件时对案件判断的价值追求[1],是在法律思维的基础上再进行复合思维的产物;法官的法律思维,是建立在法律规则基础上,而法律规则的原则性、局限性、滞后性往往使法官在决断案件时具有一定程度的僵化和机械,使裁判的结果程度不同地偏离客观性、公正性,甚至与社会主流价值观不相契合,引发当事人和社会对司法公正的质疑。因此,法官决断案件还必须有相应的裁判思维做指导,才能实现审判的最佳价值[2]。在现行法律框架下,矿业权兼具民事物权和行政许可双重属性,受公法和私法的共同规范。相比较一般民事物权,矿业权在设立、流转、行使、消灭等方面均具有特殊性。矿业权的特殊法律属性,使得矿业权纠纷已成为人民法院审判工作面临的一类较为复杂的案件。而现行涉矿法律、法规多形成于上世纪八、九十年代,具有较明显的滞后性及行政管理色彩,已不能完全适应矿业权流转日益市场化的发展趋势。为此,在《解释》起草中,确定了矿业权纠纷案件应遵循的审判理念:

1. 依法保护矿业权流转

关于矿业权(探矿权、采矿权)的法律属性,有债权说、准物权说、自物权说、特许物权说、自然资源使用权说、用益物权说等多种观点。[3]物权法颁布后,在立法层面上正式将其界定为用益物权[4]。矿业权的物权属性得以确立后,应允许其作为一种商品在市场上自由流转,努力消除阻碍其流转的制度障碍,使矿业权在流动中增益价值,提高开发利用效率,并最终实现市场在矿产资源配置中的决定性作用。具体体现为:第一,承认矿业权多种流转方式的法律效力。无论一级市场上的出让,抑或二级市

---

[1] 赖彩明:《商事审判与民事审判理念之比较》,载《人民法院报》2015年11月11日。

[2] 李设球:《法官应当树立怎样的审判理念》,载 www.chinacourt.org/article/detail/2013/07/id/1021772.shtml。

[3] 江平:《中国矿业权法律制度研究》,中国政法大学出版社1991年版,第56-58页;崔建远:《准物权研究》,法律出版社2012年版,第20页;李显冬:《中国矿业立法研究》,中国人民公安大学出版社2006年版,第51页,等等。

[4] 《中华人民共和国物权法》第三编第十章"用益物权一般规定"第一百二十三条规定:"依法取得的探矿权、采矿权、取水权和使用水域、滩涂从事养殖、捕捞的权利受法律保护。"

场上的转让、租赁、承包、合作、抵押等，均应鼓励诚实守信、认真履约，尊重当事人基于意思自治做出的不同利益安排。第二，减少矿业权流转合同的无效情形。审慎认定涉及矿业权流转条件、主体、程序以及方式等强制性规范的性质，尽量发挥行政手段对非法流转行为处罚监管的作用，减少否定矿业权流转合同效力的做法。第三，适当分离矿业权的财产属性和行政许可属性，在支持行政主管部门依法行政的同时，适当弱化行政审批对矿业权流转合同效力的影响。

2. 维护市场秩序和交易安全

依法强化行政监管，注重运用公法手段保障"契约自由、意思自治"的市场交易秩序。具体体现为：第一，以矿产资源勘查许可证、采矿许可证作为矿业权人享有矿业权的法定依据，并以此为基础确立矿业权变动的公示公信原则，保护善意第三人利益和矿业权交易安全。第二，矿业权人以租赁、承包方式转让擅自矿业权，仅收取租金、承包费，放弃矿山管理，不履行法定义务、不承担相应法律责任，双方当事人逃避行政监管意图明显的，应依法认定合同无效，以发挥司法裁判支持依法行政的政策导向。第三，审慎审查矿业权转让的主体、条件、方式、程序，依法实现涉矿法律、法规关于运用行政审批、登记等方式监管矿业权转让的规范目的。

3. 保障矿产资源合理开发利用

矿产资源的稀缺性、耗竭性、不可再生性等特征，决定了矿产资源开发利用必须走可持续发展的道路。人民法院在审理矿业权纠纷案件中应适度能动司法，保障矿产资源合理开发利用。具体体现为：第一，无矿产资源勘查许可证、采矿许可证而将矿产资源出售、出租、发包或者与他人合作勘查开采的，因违反矿产资源勘查开采许可管理制度，严重侵犯国家矿产资源所有权，导致国家调控、监管矿业市场的目的落空，不同于一般的无权处分行为，须依法认定此类合同无效。第二，依法审理检察机关提起的涉矿行政公益诉讼，防止行政不作为和乱作为，确保矿产资源合理开发利用秩序的良性维持。第三，人民法院审理矿业权纠纷案件过程中，如发现无证勘查开采、勘查资质、地质资料造假，或者勘查开采未履行生态环境修复义务等违法情形的，应提请司法建议或者依法移送有关机关处理。

4. 促进资源节约与生态环境保护

矿产资源兼具商品属性和生态属性,勘查开采活动具有必然的环境负外部性,审判工作中要注意促进资源节约和生态环境保护。具体体现为:第一,重视政府管制的必要性和重要性,在解决当事人纠纷的同时兼顾生态环境保护,将之作为利益衡平的重要考量因素。第二,依法受理和审理涉矿环境民事公益诉讼,保护社会公益组织提起环境民事公益诉讼的积极性,发挥公益诉讼在资源节约和生态环境保护上的独特功能和效用。第三,对在自然保护区、风景名胜区、重点生态功能区、生态环境敏感区和脆弱区等特别区域勘查开采矿产资源,违反法律、行政法规强制性规定或者损害环境公共利益的,应依法认定合同无效。

二、矿业权出让合同与矿业权的设立

矿业权出让,是指"国土资源主管部门根据矿业权审批权限和矿产资源规划及矿业权设置方案,以招标、拍卖、挂牌、申请在先、协议等方式依法向探矿权申请人授予探矿权和以招标、拍卖、挂牌、探矿权转采矿权、协议等方式依法向采矿权申请人授予采矿权的行为"。[①] 或者简单地说,"矿业权出让是指登记管理机关以批准申请、招标、拍卖等方式向矿业权申请人授予矿业权的行为"。[②]

矿业权出让法律关系中,应着重厘清出让合同、审批、登记三者的关系。矿业权出让合同,本质上属于用益物权的设立行为。根据国土资源部《探矿权采矿权招标拍卖挂牌管理办法(试行)》《矿业权交易规则(试行)》[③] 关于出让程序的相关规定,采"招拍挂"等市场化出让方式的,受让人须与出让人签订矿业权出让合同,经公示无异议,履行相关手续后,持成交确认书、矿业权出让合同及其他所需材料,向有审批权限的国土资源主管部门申请办理矿业权登记手续,领取矿产资源勘查许可证或者

[①] 国土资源部《矿业权交易规则(试行)》(国土资发〔2011〕242号)第二条第二款;2017年9月6日国土资源部发布修订完善的《矿业权交易规则》(国土资规〔2017〕7号)对上述矿业权出让的界定进行了部分调整,但未作实质性修改,仅删除了原条文中"和矿产资源规划及矿业权设置方案"的内容。

[②] 国土资源部《矿业权出让转让管理暂行规定》(国土资发〔2000〕309号)第十五条。

[③] 2017年9月6日国土资源部发布修订完善的《矿业权交易规则》(国土资规〔2017〕7号)关于矿业权出让程序的规定更为完善,基本程序并无实质变更。

采矿许可证，方能取得矿业权。目前无法律、行政法规规定此种方式中的矿业权出让合同需经行政审批才能生效。采协议出让方式的，国土资源部曾规定需经由省级国土资源厅或国土资源部审批，但2015年5月10日国务院明确取消该项非行政许可审批。2017年9月新修订的《矿业权交易规则》明确规定以协议方式出让矿业权的，参照"招拍挂"方式签订出让合同。至于采"批准申请"方式的，若国土资源主管部门与受让人不签订出让合同，自不存在出让合同的效力如何认定的问题。基于上述规定，结合物权法第十五条关于债权合同效力和不动产物权变动相区分的规定，可以认定矿业权出让合同应自依法成立之日起生效。

矿业权自何时设立、受让人何时取得矿业权，系矿业权纠纷案件最亟需解决的事实认定问题。因矿业权出让中涉及出让合同的签订日期、招拍挂确认成交日期、矿业权登记日期、许可证签发日期、许可证载明的权利有效起止日期等多个时间节点，应以何者为准，存在争议。矿产资源法第六条第三款规定："勘查开采矿产资源，必须依法分别申请、经批准取得探矿权、采矿权，并办理登记。"《矿产资源法实施细则》第五条第一款规定："国家对矿产资源的勘查开采实行许可证制度。勘查矿产资源，必须依法申请登记，领取勘查许可证，取得探矿权；开采矿产资源，必须依法申请登记，领取采矿许可证，取得采矿权。"据此可知，矿业权在国土资源主管部门审批登记、颁发许可证后才设立，受让人是否获得许可证是其是否拥有矿业权的权利外观，除矿业权保留等特定情况外，一般须遵循"有证即有权、无证即无权"的矿业权确定规则。行政许可法第三十九条第一款规定："行政机关作出准予行政许可的决定，需要颁发行政许可证件的，应当向申请人颁发加盖本行政机关印章的下列行政许可证件：（一）许可证、执照或者其他许可证书；……"。由于矿业权兼具民事物权和行政许可双重属性，矿业权的权利载体——矿产资源勘查许可证或者采矿许可证，既是矿业权的物权凭证，也是行政审批许可的法律文书。故矿业权登记与物权法上具有确权意义的不动产登记并不完全一致，此亦为不动产统一登记机构暂未将矿业权登记纳入其中的重要原因。鉴于此，《解释》将受让人获得矿业权的时间确定为许可证载明有效期限的起始时间。

三、矿业权转让审批与矿业权转让合同的效力、履行及法律后果

(一) 矿业权转让审批

根据矿产资源法第六条和国务院《探矿权采矿权转让管理办法》第三条规定,矿业权人在符合规定转让条件下"经依法批准"可以转让矿业权。《探矿权采矿权转让管理办法》第十条同时规定:"申请转让探矿权、采矿权的,审批管理机关应当自收到转让申请之日起40日内,作出准予转让或者不准转让的决定,并通知转让人和受让人。准予转让的,转让人和受让人应当自收到批准转让通知之日起60日内,到原发证机关办理变更登记手续;受让人按照国家规定缴纳有关费用后,领取勘查许可证或者采矿许可证,成为探矿权人或者采矿权人。批准转让的,转让合同自批准之日起生效。不准转让的,审批管理机关应当说明理由"。据此,矿业权转让依法需经国土资源主管部门批准,办理矿业权变更登记,换领新的矿产资源勘查许可证或者采矿许可证,之后受让人才能取得相应的探矿权或者采矿权。

同时,根据行政许可法第十二条关于"有限自然资源开发利用、公共资源配置以及直接关系公共利益的特定行业的市场准入等,需要赋予特定权利的事项"可以设定行政许可的规定以及该法第三十九条关于准予行政许可、需颁发许可证件等规定,矿业权转让申请的审批、矿业权的变更登记及换领矿产资源勘查许可证或者采矿许可证的过程,亦是国土资源主管部门依法实施行政许可的过程。

(二) 矿业权转让合同的效力认定

司法实践中,对矿业权转让申请已经国土资源主管部门批准时矿业权转让合同的效力,认识较为一致。歧见主要集中在矿业权转让未经批准的情况下,矿业权转让合同的效力和责任承担应如何认定的问题。

1. 矿业权转让未经批准时转让合同效力认定的学说评述

矿业权转让未经批准时,矿业权转让合同的效力认定涉及物权法第十五条、合同法第四十四条以及《探矿权采矿权转让管理办法》第十条的理

解适用问题。对此，有无效说、生效说、成立未生效说、整体未生效但部分条款生效说等多种理论观点和实践做法。其中无效说认为，矿产资源法第六条、《探矿权采矿权转让管理办法》第三条、第十条关于矿业权转让行政审批的规定属效力性强制性规定，未经批准的矿业权转让合同因违反上述规定，依照合同法第五十二条第五项之规定，应认定为无效。生效说认为，根据"新法优于旧法"的法律冲突规则，在合同法第四十四条和物权法第十五条之间，应依照后者确定物权转让合同的效力，《探矿权采矿权转让管理办法》系行政法规，不属于物权法第十五条"法律另有规定"的但书条款，故矿业权转让合同应自成立之日生效。成立未生效说认为，解释论上，法律、行政法规中关于行政审批的规定在规范性质上可认定为管理性强制性规定，但由于合同法已就行政审批对合同效力的影响作出特别规定，故未经批准且不存在法定无效情形的矿业权转让合同，应根据合同法第四十四条第二款认定为未生效，而不能根据合同法第五十二条第五项认为为无效。整体未生效但部分条款生效说认为，矿业权转让合同未经批准整体未生效，但未生效合同所欠缺的，是当事人按照约定履行义务的效力，即合同的履行效力，其中关于报批义务条款以及与履行报批义务条款相关的条款根据双方约定的目的及诚实信用原则应不受行政审批的影响，具有独立性，否则会产生悖论。

笔者认为，无效说容易诱发当事人的道德风险，尤其在矿业权市场价格波动时，难以对当事人故意拖延履行报批或者协助报批手续，并在发生纠纷时主张合同无效的不诚信行为予以规制。生效说虽在解释论上有一定道理，但物权法第十五条、合同法第四十四条以及《探矿权采矿权转让管理办法》第十条是否存在矛盾，学理界和实务界尚未形成共识。成立未生效说，仅为对合同效力的现状表述，在合同法及相关法律中欠缺相应的效力类型，亦与合同成立后即具有法律约束力、当事人不得擅自变更或者解除的法理相悖，最终导致与认定合同无效基本相同的法律后果。整体未生效但部分生效说，是目前司法实践中采用较多的一种处理方法，[①] 但该说未能彻底解决成立未生效说存在的问题，在报批义务条款以及与履行报批义务相关条款独立性的法理基础、违反报批义务的责任承担等方面尚有待

[①]《最高人民法院关于外商投资企业纠纷案件若干问题的规定（一）》第一条即采此种观点。

于进一步论证。而且，根据《探矿权采矿权转让管理办法》第八条、第十条等规定以及国土资源主管部门的意见，矿业权转让审批的对象系矿业权转让申请，而非矿业权转让合同，转让合同仅仅是该项审批须提交的基础资料之一；矿业权转让申请获批后办理的亦是矿业权变更登记，而非矿业权转让合同登记，这与外商投资企业股权转让合同审批存在明显差异。因此，矿业权纠纷案件中涉及的转让审批、变更登记与上述观点和学说所依据的合同审批、登记的基础事实并不完全相符，矿业权转让合同的效力认定并不能当然参照适用《最高人民法院关于外商投资企业纠纷案件若干问题的规定（一）》第一条以及《最高人民法院关于适用〈中华人民共和国合同法〉若干问题的解释（一）》第九条的规定处理。

2. 矿业权转让合同效力的认定逻辑

《解释》在起草中，基于合同法的一般原理，我们对矿业权转让合同的效力从成立、有效、生效三个层面进行了分析研究：第一，矿业权人作为转让人与受让人就拟交易矿业权的转让方式、转让价格、付款方式、变更过户、违约责任等主要条款达成合意，合同即告成立。第二，矿业权转让合同成立后，经审查签约主体适格，具有相应的民事行为能力；意思表示真实；内容不违反法律、行政法规的强制性规定，未损害社会公共利益的，即可认定为合法有效成立。根据合同法第八条的规定，矿业权转让合同依法成立后，对当事人具有法律约束力。当事人应当按照约定履行自己的义务，不得擅自变更或者解除。第三，依法成立的合同，一般自成立时即生效，也可能由于需要办理审批、登记手续或者当事人约定了附生效条件、附生效期限而延迟生效。就矿业权转让合同而言，尽管作为国土资源主管部门行政审批的对象系矿业权转让申请，而非矿业权转让合同，但因《探矿权采矿权转让管理办法》第十条将转让合同的效力与转让审批密切关联，基于法律解释须严守立法本意的考虑，上述规定仍应予尊重。合同效力包括拘束力、确定力与实现力三方面的内容，不同的效力内容，发生效力的时间点并不一定是同时的，效力可逐步"释放"，[①] 矿业权转让申请依法获得批准前，依法成立的转让合同尽管不能直接认定为已"生效"，但对当事人已具有法律约束力。当事人仅以未经国土资源主管部门批准为

---

① 江必新：《法律行为效力制度的重构》，载《法学》2013年第4期。

由请求确认矿业权转让合同无效的,不应给予支持。

(三) 报批或者协助报批义务的强制履行

"强制履行的规范基础在于契约严守原则,其不仅约束债务人,亦约束债权人,其目的在于增强债的约束力"。① 矿业权转让合同依法成立后即具有法律约束力,受让人自得依据合同请求转让人履行报批义务,转让人亦得依据合同请求受让人履行协助报批义务。但受让人请求转让人履行报批义务或者转让人请求受让人履行协助报批义务,还需受矿业权转让合同是否具有法定无效情形,以及报批或者协助报批义务是否在法律上或者事实上不能履行等抗辩理由的检视。

存有疑问的是,转让人拒不履行报批义务时,受让人是否得以自行办理报批手续?实践中,多存在转让人已将报批所需证照、印章、文件等相关材料全部或部分移交给受让人的情形。此种情况下,是否发生报批义务的转移?《解释》认为,矿业权转让申请审批本身具有行政许可特性,矿业权转让合同仅是办理矿业权转让报批手续所需的基础材料之一,并非行政审批的对象,亦非矿业权变更登记的对象,由受让人自行办理矿业权转让报批手续并不现实。且根据《探矿权采矿权转让管理办法》第八条的规定,转让人是报批义务的法定义务人,不因报批所需证照、公章、文件等材料的移交而发生报批义务的转移。故受让人原则上不能自行办理报批手续,但在具备相关条件的情况下可替代履行,即以转让人的名义代为办理报批手续,转让人履行协助义务并承担由此产生的费用。

(四) 转让人无正当理由拒不履行报批义务的法律后果

矿业权转让合同依法成立后、矿业权转让申请未经国土资源主管部门批准前,矿业权转让合同虽有拘束力和确定力,但不具有实现力。此种效力内容尚未完全"释放"的合同能否被解除?解除后将产生何种法律后果?是本《解释》着力解决的一个重要问题。

合同法第八条规定:"依法成立的合同,对当事人具有法律约束力。当事人应当按照约定履行自己的义务,不得擅自变更或者解除。依法成立

---

① 王洪亮:《强制履行请求权的性质及其行使》,载《法学》2012年第1期。

的合同，受法律保护"，根据文义解释，依法成立的合同虽不得"擅自"解除，但若当事人事后约定，或出现约定的解除事由，或具备法定的解除权时仍可解除，就此而言，合同解除权仅与合同依法成立相关，而与合同是否完全生效并无必然联系。① 且合同解除的主要功能在于"合同义务的解放"，以及由此派生的非违约方"交易自由的回复"及违约方"合同利益的剥夺"。② 转让人拒不履行报批义务时，赋予受让人合同解除权，亦符合诚实信用原则和效率原则。就其性质而言，报批义务源于诚实信用原则，能够独立诉请履行，是促成矿业权转让合同完全生效并得以继续履行的基础，转让人无正当理由拒不履行报批义务的，必将导致转让矿业权的合同目的不能实现，受让人得依据合同法第九十四条第四项规定享有解除权。基于上述分析，矿业权转让合同依法成立后，转让人拒不履行报批义务的，受让人请求解除合同的，人民法院应予支持。

矿业权转让合同因转让人拒不履行报批义务而解除的，根据合同法第九十七条规定，"合同解除后，尚未履行的，终止履行；已经履行的，根据履行情况和合同性质，当事人可以要求恢复原状、采取其他补救措施，并有权要求赔偿损失"。受让人请求转让人返还已经支付的转让款及利息，属恢复原状的应有之义。争议在于赔偿损失的性质及范围。有观点认为应为缔约过失责任，范围限于信赖利益的损失。③ 有观点区分受让人是否经过诉讼请求转让人履行报批义务而赋予赔偿损失不同的性质和范围，若不经诉讼直接以转让人不履行报批义务为由解除合同，则只能请求承担缔约过失责任，赔偿范围为信赖利益；若经诉讼请求转让人履行报批义务且法院判决转让人履行报批义务而不履行的，则有权另诉请求转让人承担违约责任，赔偿可得利益或者履行利益的损失。④ 还有观点采取缔约过失责任违约化处理，该说认为此类损失赔偿应定性为缔约过失责任，但在赔偿范围上应从加强守约方利益保护、弥补缔约过失责任赔偿范围不足的角度进

---

① 刘贵祥：《论行政审批与合同效力——以外商投资企业股权转让为线索》，载《中国法学》2011 年第 2 期。
② 韩世远：《合同法总论》，法律出版社 2015 年版，第 507 页。
③ 《最高人民法院关于适用〈中华人民共和国合同法〉若干问题的解释（二）》第八条即采取此种观点。
④ 《最高人民法院关于审理外商投资企业纠纷案件若干问题的规定（一）》第五条、第六条即采取此种观点。

行制度设计。就具体制度设计而言,又有三种观点和认识:一如果当事人专门针对报批义务约定了违约责任,那么转让人因为违反该约定,就应当承担违约责任[①];二当事人虽违反报批义务属于缔约过失行为,但若非这一行为矿业权转让就会按受害人期待实际成立,该损害赔偿请求权可例外地延伸至履行利益;[②] 三负有报批义务的当事人违反报批义务时,可发生缔约过失责任与违约责任的竞合,应允许对方当事人选择其中一种责任予以主张。[③]

笔者认为,在本《解释》第六条明确规定矿业权转让合同自依法成立之日起具有法律约束力的前提下,报批义务本身无需待矿业权转让获批即可诉请履行,其既是转让人在转让申请被批准前依诚实信用原则而承担的法定义务,也是转让人履行矿业权转让合同义务的主要内容,属于与实现合同目的密切相关的"主要债务"。转让人无正当理由拒不履行的,构成根本违约,所应承担的责任,不同于一般的缔约过失责任,而应直接认定为违约责任,其损失赔偿额应当相当于因违约造成的损失,包括合同履行后可以获得的利益。此种规范设计,既能够在合同法基本原理范围内得到合理解释,也有利于填补缔约过失责任范围限于信赖利益之不足,并可惩戒恶意毁约行为,实现实质正义。

(五) 矿业权转让申请未获批准的法律后果

转让人虽已履行报批义务,但国土资源主管部门不予批准矿业权转让申请的,矿业权转让合同丧失完全生效可能性,亦无继续履行必要,当事人双方均有权请求解除合同。矿业权转让合同解除后,受让人可请求转让人返还其支付的转让价款及利息,采矿权人可以请求受让人返还扣除相关成本费用后获得的矿产品及收益,探矿权人可以请求受让人返还扣除相关成本费用后获得的勘查资料和按照批准的工程设计施工回收的矿产品及收益。值得注意的是,探矿权人因仅有勘查而无开采矿产资源的权利,故探矿权转让合同因未获批准而解除,受让人实施非法开采行为的,探矿权人

---

① 杨永清:《批准生效合同若干问题探讨》,载《中国法学》2013 年第 6 期。
② 汤文平:《批准(登记)生效合同、"申请义务"与"缔约过失"》,载《中外法学》2012 年第 2 期。
③ 吴光荣:《行政审批对合同效力的影响:理论与实践》,载《法学家》2013 年第 1 期。

无权请求受让人返还所开采的矿产品及收益，但有权向主管部门举报，请求对受让人的非法开采行为依法处理。人民法院审理案件中发现有非法开采行为的，亦可以司法建议提请行政机关处理。当事人一方因矿业权转让申请未获批准而受有损失的，有权请求有过错的对方当事人赔偿损失，双方具有过错的，应根据过错程度各自承担相应的责任。

四、矿业权租赁、承包合同的效力认定

矿业权租赁、承包，是指矿业权人在不转移矿业权属的情况下将矿业权的部分权能让渡给他人享用并收取租金、承包费，承租人、承包人支付对价而有限制地行使矿产资源勘查开采权并因此获取收益的行为。矿业权租赁、承包与矿业权转让是不同的矿业权流转方式，实践中大量存在，并不具有天然的违法性。矿业权租赁、承包合同效力认定的问题主要集中在两个方面：一是矿业权租赁、承包合同本身的效力认定；二是名为矿业权租赁、承包，实为转让的合同效力认定。

关于矿业权租赁、承包合同本身的效力，争议主要来自于对矿产资源法第六条、第四十二条，矿产资源法实施细则第四十二条第三项以及《探矿权采矿权转让管理办法》第十五条的理解适用。《解释》认为，上述条文不属于效力性强制性规定，不构成矿业权出租、承包合同的法定无效事由。按照文义解释规则，上述条文的规制重点是以出租、承包形式擅自转让矿产资源的行为，而非对矿业权租赁、承包的一律禁止。实际上，1986年颁布实施的矿产资源法第三条第四款曾明确规定："采矿权不得买卖、出租，不得用作抵押"；并在原第四十二条第二款规定了罚则："买卖、出租采矿权或者将采矿权用作抵押的，没收违法所得，处以罚款，吊销采矿许可证"。但1996年修改矿产资源法，上述内容均予以删除，也体现了矿产资源法修改的立法趋向。故，在不属于以出租、承包方式擅自转让矿业权的情况下，矿业权租赁、承包合同应自依法成立之日起生效，不宜将出租、承包当然视为矿业权的变相转让或者非法倒卖牟利，径直以"合法形式掩盖非法目的"为由认定无效，也不宜以未经国土资源主管部门批准为由认定其具有效力瑕疵。

关于名为矿业权租赁、承包，实为转让的合同效力认定，存在两种不同观点：一种观点认为，此种情形属民法上的隐藏行为，应适用被隐藏的

法律行为（即矿业权转让）的规定①认定合同效力；另一种观点认为，此种情形构成以合法形式掩盖非法目的，应为无效。笔者认为，在现有法律框架下，矿业权兼具民事物权和行政许可双重属性，涉矿纠纷的审理除涉及私权利益保障，还存在司法权对行政权给予必要尊重和支持的问题。矿业权租赁、承包作为与矿业权转让不同的流转方式，无须办理矿业权的变更登记，但矿业权人依然负有监控矿山合法经营的义务，履行安全生产、水土保持、环境保护等法定职责，并承担相应的法律责任，租赁、承包期满还存在依约收回矿业权的问题。对当事人根据实际情况是选择采取直接转让方式抑或租赁、承包等流转方式，人民法院应给予尊重，不宜一律将矿业权租赁、承包直接认定为矿业权转让。但当事人若在选择租赁、承包形式的同时，在租赁、承包合同中约定矿业权人仅收取租金或者承包费，放弃对矿山的管理，不再履行其法定义务、不再承担相应法律责任，则构成变相转让采矿权的行为，具有明显规避国土资源主管部门行政监管和审批许可，逃避国家相关税费缴纳的意图。基于支持行政部门依法行政的司法考量，人民法院应根据合同法第五十二条第三项"以合法形式掩盖非法目的"或者第五项"损害社会公共利益"的规定，认定此类合同无效。同时，为避免对此类交易行为造成不当的评价指引，对名为租赁、承包实为转让合同的无效认定设定了较高的认定标准，以避免合同无效认定上的随意性。

五、矿业权抵押合同的效力及矿业权抵押权的设定

（一）矿业权抵押的适法性

矿业权作为法律、行政法规未禁止用于抵押的一类财产权，基于物权法第一百八十条、第一百八十四条②的规定，可依法作为抵押物。同时，根据国土资源部《矿业权出让转让管理暂行规定》③，财政部、国家税务总

---

① ［德］卡尔·拉伦茨著：《德国民法通论》（下册），王晓晔等译，法律出版社2013年版，第501页。
② 《中华人民共和国物权法》第一百八十条第七项规定可用于抵押的财产包括"法律、行政法规未禁止抵押的其他财产"，矿业权不属于法律、行政法规禁止抵押的财产。
③ 《矿业权出让转让管理暂行规定》第三条第一款规定："探矿权、采矿权为财产权，统称为矿业权，适用不动产法律法规的调整原则。"

局《中华人民共和国增值税暂行条例实施细则》《关于固定资产进项税额抵扣问题的通知》①等规范性文件的规定，矿产资源系不动产范畴，矿业权适用不动产法律法规调整。国土资源部《矿业权出让转让管理暂行规定》专节对矿业权抵押作了规定。其中第五十五条对矿业权抵押进行了界定，"矿业权抵押是指矿业权人依照有关法律作为债务人以其拥有的矿业权在不转移占有的前提下，向债权人提供担保的行为。以矿业权作抵押的债务人为抵押人，债权人为抵押权人，提供担保的矿业权为抵押物。"由于该条规定将矿业权抵押仅限于矿业权人为自己的债务进行担保，显与物权法、担保法的规定相悖，故国土资源部2014年7月发文停止执行该第五十五条的规定，矿业权抵押的其他条文继续执行。由此，矿业权作为抵押财产，在法律层面上并无障碍。

（二）矿业权抵押合同的效力

就矿业权抵押合同的效力而言，虽《矿业权出让转让管理暂行规定》第五十七条规定："矿业权设定抵押时，矿业权人应持抵押合同和矿业权许可证到原发证机关办理备案手续"，但并未明确矿业权抵押合同非经备案不生效力，且该规定系国土资源部发布的规范性文件，不能作为认定抵押合同效力的法定依据。根据物权法第十五条、合同法第四十四条的规定，矿业权抵押合同应自依法成立之日起生效，当事人未办理登记、备案手续不影响合同的效力。

（三）矿业权抵押权的设立

矿业权抵押权何时设立、何时发生效力，是否适用不动产登记的规则，究采登记对抗主义抑或登记生效主义，目前尚无明文规定。且现行法律、行政法规未明确矿业权抵押的登记机构，国务院《不动产登记暂行条例》亦未将矿业权列入不动产统一登记范围。现行立法对矿业权抵押登记和备案的效力都规定的较为模糊，②使得备案与登记是否属同一概念、是否具同等效力，存有争议。

---

① 财政部、国家税务总局《中华人民共和国增值税暂行条例实施细则》《关于固定资产进项税额抵扣问题的通知》明确将矿产资源确定为不动产中的"其他土地附着物"。
② 陈敦：《我国矿业权抵押登记制度探析》，载《晋中学院学报》2011年第5期。

笔者认为，根据物权法第九条、第一百八十七条的规定，参照举轻以明重的法解释学规则，矿业权作为不动产物权，其抵押权的设定应采登记生效主义，即矿业权抵押权自依法登记时设立。同时，考虑到矿业权抵押实践中，各地多依据《矿业权出让转让管理暂行规定》办理矿业权抵押备案，或者依据地方性法规办理矿业权抵押登记或备案。且从不动产物权公示的方法和效果来看，备案亦是将抵押事实记载在一定媒介之上，公众可根据需要进行查询。基于备案与登记功能的相似性以及物权法定原则相对弱化的趋势，为顺利解决实践中大量出现的矿业权抵押纠纷案件，可将颁发矿产资源勘查许可证或者采矿许可证的国土资源主管部门根据相关规定办理的矿业权抵押备案手续视为登记，作为矿业权抵押法定登记机构确定前的过渡措施。至于将来矿业权抵押实行统一登记制后，备案制度应会予以取消，登记和备案不会同时作为矿业权抵押权的公示方法存在。

六、越界勘查开采侵权纠纷中的行政程序前置及权利救济

（一）行政程序前置的适用

越界勘查开采，是指超越批准的勘查作业区或者矿区范围进行矿产资源勘查开采的行为。因越界勘查开采矿产资源而引发的侵权纠纷，属人民法院主管范围，矿业权人请求侵权人承担侵权责任的，人民法院应予受理。但是否构成"越界"，涉及对勘查区块、矿区范围的界定，属国土资源主管部门的权限范围。若因国土资源主管部门批准的勘查、开采范围重复或者界限不清，当事人就是否"越界"产生争议的，根据矿产资源法第四十九条以及《矿产资源法实施细则》第二十三条、第三十六条的规定，应适用行政前置程序，由国土资源主管部门就是否越界先行处理。需要说明的是，并非所有的越界勘查开采纠纷都适用行政前置程序，如争议双方所持勘查许可证或者采矿许可证所载明的矿区范围界限清楚，不存在交叉或者重叠，则不以行政机关处理为前置程序，矿业权人可直接诉请侵权人承担民事责任。

（二）矿业权人的权利救济

矿业权作为用益物权，属侵权责任法第三条规定的依法应予保护的民

事权益范畴。他人越界勘查开采，构成侵权的，矿业权人有权请求侵权人承担侵权责任。根据侵权责任法第十五条的规定，结合矿业权的特殊属性，矿业权人请求越界勘查开采行为人承担的责任方式主要包括停止侵害、排除妨碍、返还财产、赔偿损失等。需要特别说明的是，探矿权人的权利内容为按照勘查许可证规定的区域、期限、工作对象进行勘查以及优先取得勘查作业区内矿产资源的采矿权等，除勘查中按照批准的工程设计施工回收的矿产品外，无权开采勘查作业区内的矿产资源并获得矿产品及收益。探矿权的实质是"探"的权利，而非"采"的权利。探矿权人就勘查作业区范围内的矿产资源取得采矿权之前，侵权人越界开采的矿产品及其收益仍应归属国家所有，探矿权人对此无权主张返还。故探矿权人请求侵权人返还越界开采的矿产品及收益的，人民法院不予支持；但对于侵权人越界勘查开采致使探矿权人因此增加的勘探成本及相关支出损失，探矿权人有权请求侵权人赔偿。探矿权人并有权就侵权人越界勘查开采行为，有权向有关部门举报，人民法院也可依法向国土资源主管部门提出司法建议，由其依法处理。

七、特别区域内矿业权合同效力的司法审查

矿产资源兼具经济价值和生态价值，其开发利用必然具有环境负外部性。尤其是，经济发展和环境保护之间的矛盾突出。实践中，有地方政府为促进经济发展，罔顾生态环境保护需要，在禁止或者严格限制矿产资源勘查开采的自然保护区、风景名胜区、国家重点生态功能区、生态环境敏感区和脆弱区等区域内盲目批准，允许进行矿产资源勘查开采以及矿业权的流转等生产经营活动，导致不可逆转、难以修复的水体、土壤污染和水土流失、植被破坏、地面塌陷、生物多样性减少等生态破坏，违反了《自然保护区条例》《风景名胜区条例》等法律、行政法规的强制性规定，根据合同法第五十二条第五项的规定，此类合同应为无效。而且，环境保护法第五十八条明确将污染环境、破坏生态的行为确定为损害社会公共利益的行为，即使法律、行政法规未明确规定的重点生态功能区、生态环境敏感区和脆弱区等区域内禁止勘查开采矿产资源，若勘查开采矿产资源合同的履行会对上述区域内环境公共利益造成重大损害，亦可根据合同法第五十二条第四项的规定，认定合同无效。

需要说明的是,特别区域内勘查开采矿产资源的合同,涉及国土资源主管部门的行政审批和人民法院对合同效力的司法审查。两者各有侧重,前者主要针对矿业权的设立、流转是否符合国家经济产业政策,流转的矿业权是否符合法定条件以及受让人是否具备相应资质条件等;后者则主要针对合同是否系当事人真实意思表示,是否违反法律、行政法规的效力性强制性规定,是否损害社会公共利益等。故,即使矿业权流转合同已经行政机关审批通过,若有法定无效情形,人民法院仍可依法对合同效力作出否定性评价,不受行政审批结果的影响。此外,特别区域内矿业权合同效力的司法审查,系针对先有保护区等特殊区域、后有合同签订行为的情形,不违反法不溯及既往原则。在矿业权设定在先、特别区域划定在后的情况下,即使矿业权合法性不受影响,实践中多采取逐渐退出机制,矿业权人亦不得再做扩大性生产经营行为。

八、涉矿环境公益诉讼制度

矿产资源开发利用领域大量存在乱采滥挖、无证勘查开采、破坏性开采等违法违规现象,造成了严重的生态环境问题。但实践中,包括政府、企业在内的相关主体对矿产资源勘查开采导致的环境污染和生态破坏均未引起足够重视。根据民事诉讼法第五十五条、环境保护法第五十八条、《最高人民法院关于审理环境民事公益诉讼案件适用法律若干问题的解释》第一条的规定,勘探开采矿产资源造成环境污染,导致矿区地质灾害、植被毁损、景观破坏、生物多样性减少等生态破坏的,符合环境民事公益诉讼的起诉条件。2015年7月1日,全国人大常委会《关于授权最高人民检察院在部分地区开展公益诉讼试点工作的决定》中,将"生态环境和资源保护"作为检察机关可提起公益诉讼的领域之一。2017年6月底,全国人大常委会通过的《民事诉讼法修正案》《行政诉讼法修正案》正式确定检察机关可针对"生态环境和资源保护"提起民事公益诉讼和行政公益诉讼。《解释》特别强调涉矿环境公益诉讼制度,既与现行民事诉讼法、行政诉讼法、环境保护法等法律关于公益诉讼的规定完全契合,亦与公益诉讼审判实践和检察机关提起公益诉讼工作密切联系,有助于强化各方生态环境保护意识,具有积极的制度宣示和社会指引作用。

九、涉矿纠纷中环境司法与行政执法的协调衔接

在现有法律框架下,矿业权兼具民事物权和行政许可双重属性,其作为自然资源物权,又呈现出公共物品和生态属性,受公法和私法共同规范。人民法院在审理矿业权纠纷案件时,应正确处理行政监管和市场配置、公法规制和私法调整、行政判断和司法裁判之间的关系,积极推动建立环境司法和行政执法之间的衔接协调机制。人民法院在判决当事人履行报批义务或者协助报批义务前,可就矿业权是否符合转让条件、受让人是否具备资质条件,或者在拍卖、变卖矿业权或者裁定以矿业权抵债前,针对矿业权人矿山地质环境治理恢复保证金处置情况、受让人是否具有相应资质等事项征求国土资源部门的意见;人民法院受理和审理涉矿环境公益诉讼或者依法认定自然保护区等特别区域内的矿产资源勘查开采的合同无效的,可根据案件情况向负有监督管理职责的国土资源、环境保护主管部门通报;人民法院审理矿业权纠纷案件中,发现无证勘查开采、勘查资质、地质资料造假,或者勘查开采未履行生态环境修复义务等违法情形的,还可向国土资源、环境保护主管部门发送司法建议,由其依法处理;涉嫌犯罪的,依法移送侦查机关处理,等等。

此外,《解释》还对矿业权出让合同解除、无证勘查开采、一矿二卖、矿业权合作等问题作出了具体规定。

指导案例 75 号《中国生物多样性保护与绿色发展基金会诉宁夏瑞泰科技股份有限公司环境污染公益诉讼案》理解与参照

王旭光　刘小飞　叶　阳　吴凯敏　李　兵[*]

2016 年 12 月 28 日，最高人民法院发布了指导案例 75 号《中国生物多样性保护与绿色发展基金会诉宁夏瑞泰科技股份有限公司环境污染公益诉讼案》。为了正确理解和准确参照适用该指导案例，现对该指导案例的推选经过、裁判要点等有关情况予以解释、论证和说明。

一、推选过程及指导意义

《中华人民共和国民事诉讼法》（以下简称民事诉讼法）、《中华人民共和国环境保护法》（以下简称环境保护法）和《最高人民法院关于审理环境民事公益诉讼案件适用法律若干问题的解释》（以下简称《解释》）对环境民事公益诉讼制度作出规定，明确提起环境民事公益诉讼的主体为符合法定条件的社会组织。但对于如何判断社会组织是否具备环境民事公益诉讼原告主体资格，司法实践中仍然存在一些模糊认识。包括《中国生物多样性保护与绿色发展基金会诉宁夏瑞泰科技股份有限公司环境污染公益诉讼案》在内的 8 起腾格里沙漠环境污染系列公益诉讼案件是最高人民法院审理的首批环境民事公益诉讼案件。最高人民法院审委会经讨论认为，该案例符合最高人民法院《关于案例指导工作的规定》第 2 条的有关规定，同意将该案例确定为指导性案例。2016 年 12 月 28 日，最高人民法院以法〔2016〕449 号文件将该案例作为第十五批指导性案例予以发布。

---

[*] 作者单位：最高人民法院。

该案例是中国生物多样性保护与绿色发展基金会（以下简称绿发会）就腾格里沙漠污染提起的环境民事公益诉讼。该案再审裁定针对新环境保护法实施以来各地环境公益诉讼案件审理中出现的与原告主体资格有关的突出问题，就环境保护法第五十八条以及《解释》第四条规定的环境公益诉讼原告主体资格相关法律适用问题，确立、细化了裁判规则和裁判标准，具有重要的指引和示范作用。该案再审裁定确认了绿发会提起环境民事公益诉讼的主体资格，裁定撤销原裁定，指令本案由宁夏回族自治区中卫市中级人民法院立案受理，取得了较好的法律效果与社会效果。

二、裁判要点的理解与说明

该指导案例的裁判要点为：1. 社会组织的章程虽未载明维护环境公共利益，但工作内容属于保护环境要素及生态系统的，应认定符合《解释》第四条关于"社会组织章程确定的宗旨和主要业务范围是维护社会公共利益"的规定。2.《解释》第四条规定的"环境保护公益活动"，既包括直接改善生态环境的行为，也包括与环境保护相关的有利于完善环境治理体系、提高环境治理能力、促进全社会形成环境保护广泛共识的活动。3. 社会组织起诉的事项与其宗旨和业务范围具有对应关系，或者与其所保护的环境要素及生态系统具有一定联系的，应认定符合《解释》第四条关于"与其宗旨和业务范围具有关联性"的规定。以下围绕与该裁判要点相关的问题逐一说明。

（一）关于社会组织"专门从事环境保护公益活动"的判断要件

为保障公众有序参与环境治理、确立和救济公众环境权益、依法追究侵权行为人法律责任，民事诉讼法第五十五条规定了环境民事公益诉讼制度，明确法律规定的机关和有关组织可以提起环境公益诉讼。因环境公共利益具有普惠性和共享性，没有特定的法律上直接利害关系人，有必要鼓励、引导和规范社会组织依法提起环境公益诉讼，以充分发挥环境公益诉讼功能。环境保护法第五十八条规定，"对污染环境、破坏生态，损害社会公共利益的行为，符合下列条件的社会组织可以向人民法院提起诉讼：（一）依法在设区的市级以上人民政府民政部门登记；（二）专门从事环境保护公益活动连续五年以上且无违法记录。符合前款规定的社会组织向人民法院提起诉讼，人民法院应当依法受理。"环境公益诉讼司法解释第四条进一步明确了对于社会组织"专门从事环境保护公益活动"的判断标准，规定"社会组织章程确定的宗旨和主要业务范围是维护社会公共利益，且从事环境保护公益活动的，可以认定为环境保护法第五十八条规定的'专门从事环境保护公益活动'。社会组织提起的诉讼所涉及的社会公共利益，应与其宗旨和业务范围具有关联性"。故，对于社会组织是否符合"专门从事环境保护公益活动"条件，应重点从其宗旨和业务范围是否包含维护环境公共利益，是否实际从事环境保护公益活动，以及所维护的环境公共利益是否与其宗旨和业务范围具有关联性等三个方面进行审查。其中，"宗旨和业务范围包含维护环境公共利益"为形式要件，"从事环境保护公益活动"为实质要件，"环境公共利益与其宗旨和业务范围具有关联性"为关联性要件。本案裁定进一步明确了上述三个要件的判断标准。

（二）关于"宗旨和业务范围包含维护环境公共利益"的理解

社会组织的宗旨和主要业务范围应包括从事环境保护公益活动，维护环境公共利益的事项，这是其提起环境民事公益诉讼的形式要件。本案裁定明确《解释》第四条规定的"社会组织章程确定的宗旨和业务范围为维护社会公共利益"，既包括章程载明维护环境公共利益，也包括其工作内容属于保护环境要素及生态系统，从而明确和拓展了该要件的判断标准和范围。

准确判断社会组织是否具备环境公益诉讼主体资格，关键是看该组织是否把维护环境公共利益作为其成立宗旨和开展相关活动的目标。社会组织章程是社会组织开展活动的依据。根据我国《社会团体登记管理条例》《民办非企业单位登记管理暂行条例》《基金会管理条例》的相关规定，三类社会组织的章程均应当包括名称、宗旨和业务范围等事项，且须经登记管理机关核准后才能生效。因此，社会组织的章程是判断其是否符合环境保护法第五十八条规定的专门从事环境保护公益活动的主要依据。从实践情况看，社会组织章程所规定的宗旨和业务范围往往涵盖面较广，如果要求社会组织只能从事维护环境公共利益的活动，标准过于严苛，不利于充分发挥环境公益诉讼的制度功能。① 因此,《解释》第四条在司法解释权限范围内适度放宽了对社会组织的要求,即不要求其唯一的宗旨和业务范围是维护环境公共利益,只要其中的一项或者几项为维护环境公共利益即可。

社会公众所享有的在健康、舒适、优美环境中生存和发展的共同利益,表现形式多样,因此,对于社会组织章程是否包含维护环境公共利益,应根据其内涵而非简单依据文字表述,既要从字面意义上判断,也要从具体内容判断。如果社会组织章程直接载明"维护社会公共利益"或者类似表述,则当然符合这一条件。如果社会组织章程虽未载明维护环境公共利益,但其工作内容属于保护环境要素及生态系统的,亦应认定符合《解释》第四条规定的这一条件。本案原审裁定系从字面意义判断绿发会的章程是否载明维护环境公共利益,并未从其工作内容是否涵盖保护环境共公共利益的层面进行判断,是对《解释》第四条的机械理解,构成适用法律错误。

关于何为"工作内容属于保护环境要素及生态系统",涉及对环境的理解。环境是指影响人类生存和发展的各种天然的和经过人工改造的自然因素的总体。包括天然环境和人工环境。② 环境保护法第2条具体列举了环境要素,包括大气、水、海洋、土地、矿藏、森林、草原、湿地、野生动物、自然遗迹、人文遗迹、自然保护区、风景名胜区、城市和乡村等。因此,只要社会组织章程规定的宗旨和业务范围包含保护上述具体的环境要素中的一项或多项,或者其保护对象虽不属于上述明确列举的环境要素,但属于"影响人类生存和发展的各种天然的和经过人工改造的自然因素的总体"范畴的,均应视为保护环境公共利益。

关于生物多样性保护和环境保护的关系。我国1992年签署的联合国《生物多样性公约》指出,生物多样性是指陆地、海洋和其他水生生态系统及其所构成的生态综合体,包括物种内部、物种之间和生态系统的多样性。环境保护法第三十条规定,"开发利用自然资源,应当合理开发,保

---

① 以中华环保联合会为例,其宗旨为"实施可持续发展战略,实现国家环境保护目标,维护公众环境权益,发挥政府与社会之间的桥梁和纽带作用,推动资源节约型、环境友好型社会建设,推动中国及全人类环境事业的进步和发展",但其业务范围除了"组织开展环境论坛、法律援助、宣传教育"外,还包括"国际国内交流合作开发、咨询业务、展览展示"等。

② 信春鹰主编:《中华人民共和国环境保护法释义》,法律出版社2014年版,第7页。

护生物多样性,保障生态安全,依法制定有关生态保护和恢复治理方案并予以实施。引进外来物种以及研究、开发和利用生物技术,应当采取措施,防止对生物多样性的破坏。"可见,生物多样性保护是环境保护的重要内容,亦属维护环境公共利益的重要组成部分。本案中,绿发会章程中明确规定,其宗旨为"广泛动员全社会关心和支持生物多样性保护和绿色发展事业,保护国家战略资源,促进生态文明建设和人与自然和谐,构建人类美好家园",符合联合国《生物多样性公约》和环境保护法保护生物多样性的要求,契合绿色发展理念,亦与环境保护密切相关,属于维护环境公共利益的范畴。故本案裁定认定绿发会的宗旨和业务范围包含维护环境公共利益内容,符合《解释》第四条规定的"社会组织章程确定的宗旨和主要业务范围是维护社会公共利益"这一条件。

(三) 关于"实际从事环境保护公益活动"的理解

社会组织实际从事环境保护公益活动,是判断其是否专门从事环境保护公益活动的实质要件。本案裁定明确《解释》第四条规定的"环境保护公益活动",既包括直接改善生态环境的行为,也包括与环境保护相关的有利于完善环境治理体系、提高环境治理能力、促进全社会形成环境保护广泛共识的活动,明确和拓展的环境保护公益活动的内涵和范围。

依据《环境保护法》第五十八条的规定,专门从事环境保护公益活动的社会组织才能提起公益诉讼。该规定的目的在于确保提起环境民事公益诉讼的社会组织具备一定的专业技能和丰富的实践经验,以提高通过环境民事公益诉讼维护环境公共利益的效果。据此,《解释》第四条除要求社会组织的宗旨和主要业务范围是维护社会公共利益外,还要求社会组织"从事环境保护公益活动"。鉴于环境公益诉讼仍属于新生诉讼形式,并考虑到不论是直接还是间接保护环境的活动,都是社会组织具备专业能力的体现,故对于法律和司法解释规定的"环境保护公益活动"应当作广义理解。即不仅包括植树造林、濒危物种保护、节能减排、环境修复等直接改善生态环境的行为,还应包括与环境保护有关的宣传教育、研究培训、学术交流、法律援助、公益诉讼等有利于完善环境治理体系,提高环境治理能力,促进全社会形成环境保护广泛共识的活动。

本案中,绿发会在一审、二审及再审期间提交的历史沿革、公益活动照片、其他环境公益诉讼案件受理通知书等相关证据材料,虽尚未经过质证，但在立案审查阶段，足以显示其自成立以来长期实际从事包括举办环境保护研讨会、组织生态考察、开展环境保护宣传教育、提起环境民事公益诉讼等环境保护公益活动，符合《解释》的规定。

（四）关于"环境公共利益与其宗旨和业务范围具有关联性"的理解

为促使社会组织更好地利用其经验和专业技能推动环境民事公益诉讼有序、有效开展，《解释》第四条第二款规定，"社会组织提起的诉讼所涉及的社会公共利益，应与其宗旨和业务范围具有关联性"。此为审查社会组织是否具备环境民事公益诉讼原告资格的关联性要件。本案裁定明确这一关联性要件既包括社会组织起诉的事项与其宗旨和业务范围具有对应关系，也包括该事项与社会组织所保护的环境要素及生态系统具有一定联系。

关于司法实践中如何把握关联性要件，我们认为只需要具备一定的联系即可。理由在于，关联性主要是为了保障原告具有足够的专业能力。应当说，社会组织在其专门从事的环境保护领域范围内无疑具有较强的专业能力。从理论推导上看，如果以该领域为基准比对案件所涉领域，两者相差愈远，则关联性程度愈低，社会组织在案件所涉领域的专业性就愈弱。如果关联性趋近于无，就可以推定社会组织不具备案件领域的专业能力。在这种情况下，该社会组织即不应具备诉讼主体资格。但从实践来看，当前我国的社会组织尚不具备如此理想化的专业领域分工，一些领域没有专门从事相关保护活动的社会组织，所谓的专业能力在很多时候只是相对于普通民众而言。因此，如果对关联性要件作过于严格的要求，可能导致一些案件没有适格的诉讼主体，反而不利于公益诉讼的开展。此外，在实践中，即便从章程内容看不具备关联性，社会组织也可以通过变更其章程来实现与案件的关联。因此，现阶段对于关联性应当理解为包括较低程度的关联。例如，候鸟迁徙时需要在途经的森林、河流、湖泊、湿地甚至人类居住的城镇休息、觅食、繁衍，在这一过程中，还需要有充足的食物来源，如鱼类、昆虫、植物果实等等，这些环境要素都应当视为与候鸟保护具有关联性，若有宗旨和业务范围是保护湿地的社会组织提起与保护候鸟有关的环境民事公益诉讼，人民法院即应认定两者之间具有关联性。

本案系针对腾格里沙漠污染提起。沙漠生物群落及其环境相互作用所形成的复杂而脆弱的沙漠生态系统，更加需要人类的珍惜利用和悉心呵护。绿发会起诉认为瑞泰公司将超标废水排入蒸发池，严重破坏了腾格里沙漠本已脆弱的生态系统，案件所涉的环境公共利益是沙漠生物群落及其相互作用形成的生态系统，与绿发会宗旨和业务范围中的"绿色发展"、"人与自然和谐"、"构建人类美好家园"存在密切关联，符合《解释》关于社会组织关联性要件的要求。

三、需要说明的问题

法律和司法解释对环境民事公益诉讼主体制度作出相关规定，是将适格主体应当具备的公益性和专业性这一对抽象特征转化为具体规则的过程。这一过程必然受到社会发展现实的影响。如法律法规对社会组织的规范性要求、社会组织在我国的发展现状等，都是制定规则所必须考虑的因素。此外，由于文字表达的局限性，相关规则制度难免产生疏漏或是出现模糊地带。这就需要人民法院准确把握立法目的进行裁判。在我国已将生态文明建设上升为国家战略，环境保护事业高速发展的情况下，应当结合社会发展状况和环境公共利益保护需求对法律和司法解释作出妥当解读，以最大限度保证环境民事公益诉讼制度发挥其应有的功能。

【环境资源典型案例】

环境污染犯罪典型案例

一、刘祖清污染环境案

排放含重金属的污染物严重超标,构成污染环境罪

【基本案情】

2013年10月以来,被告人刘祖清伙同他人,在未按国家规定办理工商营业执照及环境影响评价审批手续,未建设配套水污染防治等环保设施的情况下,雇佣工人从事鞋模加工。期间,产生的废水未经过处理,通过连接围堰的管道排至村庄排水渠。经监测,上述加工厂总外排口废水中重金属浓度为镍23200 mg/L、总铬8.64 mg/L、铜36mg/L、锌132 mg/L,分别超过《污水综合排放标准》(GB8978-1996)规定的排放标准23199倍、4.76倍、35倍、25.4倍。

【裁判结果】

福建省晋江市人民法院一审判决、泉州市中级人民法院二审裁定认为:被告人刘祖清伙同他人在鞋模加工时,违反国家规定,排放含镍、铬、铜、锌的废水,超过国家规定的排放标准23199倍、4.76倍、35倍、25.4倍,严重污染环境,其行为已构成污染环境罪。据此,以污染环境罪判处被告人刘祖清有期徒刑二年八个月,并处罚金人民币五万元。

二、田建国、厉恩国污染环境案

非法炼铅污染环境,判处有期徒刑四年半

【基本案情】

被告人田建国租赁炼铅厂,未取得危险废物经营许可证,未采取任何污染防治措施,利用火法冶金工艺进行废旧铅酸蓄电池还原铅生产。自2012年8月至2013年10月,被告人田建国先后从张柱芳等人(已另案处理)处购买价值人民币108330105元的废旧铅酸蓄电池共计13500余吨,用于还原铅生产,严重污染环境。被告人厉恩国建设炼铅厂租赁给田建国,且为田建国经营提供帮助。田建国归案后如实供述自己的犯罪行为。

【裁判结果】

江苏省徐州市云龙区人民法院一审判决、徐州市中级人民法院二审裁定认为:田建国非法收购废旧铅酸电池,利用火法冶金工艺进行炼铅,在非法处置过程中,产生的大量废水、废气均未经处理直接排放,溢出的粉尘用自制布袋收集,生产的成品铅锭露天堆放,造成严重污染,构成污染环境罪。厉恩国构成污染环境罪的共同犯罪。综合考虑污染行为持续时间、经营规模、污染范围以及排放污染物的数量等因素,二被告人的行为应当认定为"后果特别严重"。据此,以污染环境罪判处被告人田建国、厉恩国各有期徒刑四年六个月,并处罚金人民币十万元。

三、浙江汇德隆染化有限公司等污染环境案

一万八千余吨精馏残液倾倒海塘,判处罚金二千万元

【基本案情】

被告单位浙江汇德隆染化有限公司(以下简称"汇德隆公司")是一

家年产4万吨保险粉及3800吨亚硫酸钠的化工企业,绍兴腾达印染有限公司(以下简称"腾达公司")主要经营印花、染色等项目,上述两公司实际控制人均为被告人严海兴。在保险粉合成、过滤干燥过程中产生的精馏残液(含有甲醇、甲酸钠、亚硫酸钠等成分),属于危险废物。2012年7、8月间,为缓解汇德隆公司处理精馏残液的排污压力,严海兴经与被告人潘得峰(汇德隆公司总经理)、潘华林(腾达公司土建主管)商议,将汇德隆公司的精馏残液外运至无危险废物处置资质的腾达公司。精馏残液经与腾达公司自身产生的废水混合后,通过暗管直接排入管网,累计排放5000余吨。2012年10月起,为缓解汇德隆公司处理精馏残液的排污压力,潘得峰又以50-80元/吨的价格委托无危险废物处置资质的被告人汝建国外运处置汇德隆公司的精馏残液,严海兴明知且默许上述外运处置行为。汝建国伙同被告人汝建成、汝俊,分别雇佣被告人徐夫锁、唐长征、李镇华、罗卫杰等人采用槽罐车将上述精馏残液运至杭州湾上虞工业园区外海塘等地直接倾倒,累计倾倒18000余吨。被告人潘德凤(汇德隆公司仓库主管)明知汇德隆公司非法外运处置精馏残液,仍接受潘得峰的指派,组织人员负责对运输精馏残液的槽罐车过磅、填写供货清单等工作。

【裁判结果】

浙江省绍兴市上虞区人民法院一审判决、绍兴市中级人民法院二审裁定认为:被告单位汇德隆公司伙同被告人汝建国、汝建成、汝俊等违反国家规定,排放、倾倒、处置有毒物质,严重污染环境,构成污染环境罪,且属后果特别严重。综合考虑案发后自首、立功、如实供述、退缴违法所得、补缴污水处理费等情节,以污染环境罪判处被告单位浙江汇德隆染化有限公司罚金人民币二千万元;判处被告人严海兴有期徒刑四年六个月,并处罚金人民币一百万元;判处被告人潘得峰、汝建国各有期徒刑四年,并处罚金人民币三十万元;判处被告人潘华林有期徒刑三年,并处罚金人民币六万元;判处被告人汝建成有期徒刑一年六个月,并处罚金人民币五万元;判处被告人汝俊有期徒刑一年三个月,并处罚金人民币三万元;判处被告人潘德凤、徐夫锁各有期徒刑十个月,缓刑一年,并处罚金人民币一万元;判处被告人唐长征、李镇华各有期徒刑六个月,缓刑一年,并处罚金人民币一万元;判处被告人罗卫杰拘役六个月,缓刑十个月,并处罚金人民币一万元;禁止被告人徐夫锁、唐长征、李镇华、罗卫杰在缓刑考验期限内从事与排污相关的活动。

四、王秋为等污染环境案

居民区附近非法填埋生活垃圾,判处有期徒刑五年

【基本案情】

2014年10月起,被告人王秋为承包现代农业物流园用地回填工程,并转包给他人,在明知该物流园用地不具备生活垃圾处置功能,且他人无处置生活垃圾资质的情况下,任其倾倒、填埋生活垃圾。该填埋场西北侧为吴淞江,东侧为农田,500米内有村庄3座,最近的村庄距离该填埋场125米。王秋为和被告人李伟根系合伙关系,其中王秋为总体负责填埋工程。被告人刘红海系南侧填埋工地负责人,被告人韩洋应刘红海之邀作为合伙人参与南侧填埋工程。该填埋场采用生活垃圾和建筑垃圾分层填埋的方式填埋生活垃圾。填埋生活垃圾被发现后,王秋为派人移除北侧部分生活垃圾,南侧继续填埋生活垃圾直至2015年3月。经测算,北侧所倾倒、填埋生活垃圾的留存量为48236立方米,南侧所倾倒、填埋生活垃圾的留存量为146935立方米。经评估,王秋为、李伟根填埋生活垃圾造成公私财产损失合计人民币约12067009.94元,刘红海、韩洋填埋生活垃圾造成公私财产损失合计人民币约9084680.27元。

【裁判结果】

江苏省苏州市姑苏区人民法院判决认为:被告人王秋为、李伟根明知涉案物流园用地不具备生活垃圾处置功能,且他人无处置生活垃圾资质,任其倾倒、填埋生活垃圾,造成公私财产重大损失。被告人刘红海、韩洋违反国家规定,无资质倾倒、填埋生活垃圾,造成公私财产重大损失。上述各被告人的行为均构成污染环境罪,且属"后果特别严重"。据此,以污染环境罪判处被告人王秋为有期徒刑五年,并处罚金人民币二十万元;被告人刘红海有期徒刑四年八个月,并处罚金人民币十五万元;被告人李伟根有期徒刑三年六个月,并处罚金人民币十万元;被告人韩洋有期徒刑二年六个月,并处罚金人民币六万元。该判决已发生法律效力。

五、湖州市工业和医疗废物处置中心有限公司污染环境案

危险废物处置企业非法处置危险废物，后果特别严重

【基本案情】

湖州市工业和医疗废物处置中心系具有处置危险废物资质的企业，其许可经营项目为湖州市范围内医药废物、有机溶剂废物、废矿物油、感光材料废物等危险废物和医疗废物的收集、贮存、处置。2011年至2014年4月，被告人施政（法定代表人）指使、授意或者同意其下属经营管理人员，将该中心收集的危险废物共计5950余吨交由没有相应资质的单位和个人处置，从中牟利。其中，部分危险废物被随意倾倒。

【裁判结果】

浙江省湖州市吴兴区人民法院一审判决、湖州市中级人民法院二审判决认为：被告单位湖州市工业和医疗废物处置中心有限公司违反国家规定，处置危险废物，严重污染环境。被告人施政系被告单位直接负责的主管人员，指使、授意或者同意其下属经营管理人员实施上述行为。被告单位和被告人的行为均已构成污染环境罪，且属后果特别严重。综合考虑本案相关犯罪情节，判决被告单位湖州市工业和医疗废物处置中心有限公司犯污染环境罪，判处罚金人民币四十万元；被告人施政犯污染环境罪，判处有期徒刑三年十个月，并处罚金人民币十五万元，与其所犯行贿罪判处的刑罚并罚，决定执行有期徒刑六年三个月，并处罚金人民币二十五万元。

六、建滔（河北）焦化有限公司污染环境案

挥发酚超标直排大气，判处罚金二百四十五万元

【基本案情】

2014年3月，被告单位建滔（河北）焦化有限公司二期生化处理站的生化池出现活性污泥死亡，不能达标处理蒸氨废水。被告人王成武（公司总经理）、张剑甫（公用工程部经理）、胡晓晶（公用工程部副经理）、陈瑞（二期生化处理站主任）和张铸（岗位责任人）发现这一情况后，在未采取有效措施使蒸氨废水处理达标的情况下，为逃避环保部门的监管，由张剑甫指使陈瑞、张铸捏造达标的虚假水质检测表，并将这些未达标处理的蒸氨废水用于熄焦塔补水，导致蒸氨废水中的挥发酚被直接排入大气，严重污染环境，经检测，熄焦塔补水中的有毒物质挥发酚超出国家规定标准137倍。

【裁判结果】

河北省邢台市桥东区人民法院判决认为：被告单位建滔（河北）焦化有限公司违反国家规定排放严重危害环境、损害人体健康的污染物，严重污染环境，构成污染环境罪。被告人张剑甫、张铸、陈瑞、王成武、胡晓晶作为直接负责的主管人员或者其他直接责任人员，应当承担相应的刑事责任。案发后被告单位建滔（河北）焦化有限公司投入大量资金对设备进行改造，达到环保要求，可以酌情从轻处罚。据此，以污染环境罪判处被告单位建滔（河北）焦化有限公司罚金人民币二百四十五万元；被告人张剑甫有期徒刑一年，并处罚金人民币五万元；被告人张铸有期徒刑十个月，并处罚金人民币三万元；被告人陈瑞有期徒刑十个月，并处罚金人民币三万元；被告人王成武有期徒刑六个月，缓刑一年，并处罚金人民币二万元；被告人胡晓晶罚金人民币二万元。该判决已发生法律效力。

七、白家林、吴淑琴污染环境案

非法处置含矿物油的包装桶，构成污染环境罪

【基本案情】

润滑油等矿物油系危险废物，根据《国家危险废物名录》的规定，含有或直接沾染危险废物的废弃包装物、容器亦属于危险废物。2014年10月至2015年4月，被告人白家林在未取得危险废物经营许可证的情况下，从被告人吴淑琴等人处收购沾染有矿物油、涂料废物及废有机溶剂等物的废旧包装桶，并雇佣工人清洗或者切割后出售。对于清洗废旧包装桶产生的废水，白家林指使工人倾倒在地上，通过铺设的管道排放至外环境。据查，吴淑琴先后向白家林出售沾染有润滑油的废旧包装桶共计50.5吨。

【裁判结果】

重庆市渝北区人民法院一审判决认为：被告人白家林违反国家规定，非法处置危险废物三吨以上，严重污染环境；被告人吴淑琴明知白家林无经营许可证，向其提供危险废物，严重污染环境，构成共同犯罪。据此，综合考虑被告人吴淑琴系初犯，庭审中自愿认罪等情节，以污染环境罪判处被告人白家林有期徒刑一年八个月，并处罚金150000元；被告人吴淑琴有期徒刑一年，缓刑二年，并处罚金80000元。被告人白家林提起上诉后申请撤回上诉，重庆市第一中级人民法院经审查裁定准许。

八、浙江金帆达生化股份有限公司等污染环境案

非法倾倒草甘膦母液三万五千余吨，判处罚金七千五百万元

【基本案情】

方埠化工厂系浙江金帆达生化股份有限公司（下称金帆达公司）下属

企业，专门生产农药草甘膦。2011 年，方埠化工厂生产产生的危险废物草甘膦母液因得不到及时处理而胀库。为不影响生产，并降低处理成本，被告人杜忠祥（金帆达公司副总经理）、宋秋琴（金帆达公司国内贸易部经理），经被告人蒲建国（金帆达公司总经理）默许，委托不具备危险废物处置资质的杭州联环化工有限公司（以下简称"联环公司"）、湖州德兴化工物资有限公司（以下简称"德兴公司"）、富阳博新化工有限公司（以下简称"博新公司"）及被告单位衢州市新禾农业生产资料有限责任公司（以下简称"新禾公司"）等有业务往来的化工原料提供单位非法外运处置草甘膦母液。被告人李小峰（方埠化工厂分管物管部的副厂长）明知生产产生的草甘膦母液应委托有处理资质的企业处置，仍负责联系宋秋琴通知新禾公司等单位非法拉运草甘膦母液。从 2011 年 10 月至 2013 年 5 月，金帆达公司共非法处置草甘膦母液 35000 余吨，直接倾倒至外环境。

2011 年下半年，被告单位新禾公司为谋取利益，在不具备危险废物处置资质的情况下，违反国家规定，经被告人吴贵长（新禾公司法定代表人）同意，由被告人洪国女（新禾公司副总经理）与杜忠祥、宋秋琴联系，约定为金帆达公司处置草甘膦母液，并收取每吨 80-100 元的处置费用。从 2012 年初至 2013 年 5 月期间，新禾公司通过被告人黄小东、王飞合伙经营的槽罐车将共计 5000 余吨的草甘膦母液从方埠化工厂运至衢州，倾倒在小溪、沙滩、林地等处，并支付黄小东、王飞每吨 50-60 元的处置费用。被告人严琦（新禾公司股东）负责与黄小东、王飞及金帆达公司结算草甘膦母液处置费用、开具发票等事宜。被告人林树木、舒文忠、柴荣贵、杨建云、傅国祥、陈卸荣、张仙国、方岳良、邱土良、蒋东华作为槽罐车的驾驶员、押运员，参与草甘膦母液的运输及协助倾倒。

【裁判结果】

浙江省龙游县人民法院一审判决、浙江省衢州市中级人民法院二审裁定认为：被告单位浙江金帆达生化股份有限公司、衢州市新禾农业生产资料有限责任公司与被告人黄小东、王飞等人违反国家规定，倾倒、处置危险废物，严重污染环境，其行为均已构成污染环境罪，且属后果特别严重。综合考虑案发后自首、如实供述、退缴违法所得等情节，以污染环境罪判处被告单位浙江金帆达生化股份有限公司罚金人民币七千五百万元；判处被告单位衢州市新禾农业生产资料有限责任公司罚金人民币四百万元；判处被告人杜忠祥有期徒刑六年，并处罚金人民币一百万元；以及其他各被告人相应有期徒刑和罚金。

此外，浙江省杭州市富阳区人民法院、萧山区人民法院、杭州市中级人民法院、德清县人民法院、湖州市中级人民法院均已分别对涉案的博新化工、联环化工、德兴化工及相关被告人依法作出裁判。

环境公益诉讼典型案例

一、江苏省泰州市环保联合会诉泰兴锦汇化工有限公司等水污染民事公益诉讼案

【基本案情】

2012年1月至2013年2月,被告锦汇公司等六家企业将生产过程中产生的危险废物废盐酸、废硫酸总计2.5万余吨,以每吨20~100元不等的价格,交给无危险废物处理资质的相关公司偷排进泰兴市如泰运河、泰州市高港区古马干河中,导致水体严重污染。泰州市环保联合会诉请法院判令六家被告企业赔偿环境修复费1.6亿余元、鉴定评估费用10万元。

【裁判结果】

泰州市中级人民法院一审认为,泰州市环保联合会作为依法成立的参与环境保护事业的非营利性社团组织,有权提起环境公益诉讼。六家被告企业将副产酸交给无处置资质和处置能力的公司,支付的款项远低于依法处理副产酸所需费用,导致大量副产酸未经处理倾倒入河,造成严重环境污染,应当赔偿损失并恢复生态环境。2万多吨副产酸倾倒入河必然造成严重环境污染,由于河水流动,即使倾倒地点的水质好转,并不意味着河流的生态环境已完全恢复,依然需要修复。在修复费用难以计算的情况下,应当以虚拟治理成本法计算生态环境修复费用。遂判决六家被告企业赔偿环境修复费用共计1.6亿余元,并承担鉴定评估费用10万元及诉讼费用。江苏省高级人民法院二审认为,泰州市环保联合会依法具备提起环境公益诉讼的原告资格,一审审判程序合法。六家被告企业处置副产酸的行为与造成古马干河、如泰运河环境污染损害结果之间存在因果关系。一审

判决对赔偿数额的认定正确，修复费用计算方法适当，六家被告企业依法应当就其造成的环境污染损害承担侵权责任。二审判决维持一审法院关于六家被告企业赔偿环境修复费用共计1.6亿余元的判项，并对义务的履行方式进行了调整。如六家被告企业能够通过技术改造对副产酸进行循环利用，明显降低环境风险，且一年内没有因环境违法行为受到处罚的，其已支付的技术改造费用可经验收后在判令赔偿环境修复费用的40%额度内抵扣。六家被告企业中的三家在二审判决后积极履行了判决的全部内容。锦汇公司不服二审判决，向最高人民法院申请再审。最高人民法院认为，环境污染案件中，危险化学品和化工产品生产企业对其主营产品及副产品均需具有较高的注意义务，需要全面了解其主营产品和主营产品生产过程中产生的副产品是否具有高度危险性，是否会造成环境污染；需要使其主营产品的生产、出售、运输、储存和处置符合相关法律规定，亦需使其副产品的生产、出售、运输、储存和处置符合相关法律规定，避免对生态环境造成损害或者产生造成生态环境损害的重大风险。虽然河水具有流动性和自净能力，但在环境容量有限的前提下，向水体大量倾倒副产酸，必然对河流的水质、水体动植物、河床、河岸以及河流下游的生态环境造成严重破坏。如不及时修复，污染的累积必然会超出环境承载能力，最终造成不可逆转的环境损害。因此，不能以部分水域的水质得到恢复为由免除污染者应当承担的环境修复责任。最高人民法院最终裁定驳回了锦汇公司的再审申请。

【典型意义】

泰州水污染公益诉讼案被媒体称为"天价"环境公益诉讼案。该案由社会组织作为原告、检察机关支持起诉，参与主体特殊、涉案被告多，判赔金额大、探索创新多、借鉴价值高。一审法院正确认定泰州市环保联合会的主体资格，确认锦汇公司等六家公司主观上具有非法处置危险废物的故意，客观上造成了环境严重污染的结果，应该承担对环境污染进行修复的赔偿责任。同时，结合鉴定结论和专家证人意见认定环境修复费用，判令六家被告企业共计赔偿1.6亿余元环境修复费用。二审法院衡平企业良性发展与环境保护目标，创新了修复费用支付方式，鼓励企业加大技术改造力度，处理好全局利益与局部利益、长远利益与短期利益的关系，承担起企业环境保护主体责任和社会责任。最高人民法院肯定了二审法院创新修复费用支付方式的做法，鼓励企业积极开展技术创新和改造，促进区域生态环境质量改善。同时明确了危险化学品和化工产品生产企业在生产经营过程中应具有较高的注意义务，应承担更多的社会责任。对于河水这种具有流动性和自净能力的环境介质，确立了水污染环境修复责任的处理原则，即污染行为一旦发生，不因水环境的自净改善而影响污染者承担修复义务。本案对水污染案件的处理具有一定的示范意义。

二、中国生物多样性保护与绿色发展基金会诉宁夏瑞泰科技股份有限公司等腾格里沙漠污染系列民事公益诉讼案

【基本案情】

2015年8月，中国生物多样性保护与绿色发展基金会向中卫市中级人民法院提起诉讼称：瑞泰公司等八家企业在生产过程中违规将超标废水直接排入蒸发池，造成腾格里沙漠严重污染，截至起诉时仍然没有整改完毕。请求判令：1.停止非法污染环境行为；2.对造成环境污染的危险予以消除；3.恢复生态环境或者成立沙漠环境修复专项基金并委托具有资质的第三方进行修复；4.针对第二项和第三项诉讼请求，由法院组织原告、技术专家、法律专家、人大代表、政协委员共同验收；5.赔偿环境修复前生态功能损失；6.在全国性媒体上公开赔礼道歉等。绿发会向法院提交了基金会法人登记证书，显示绿发会是在国家民政部登记的基金会法人。绿发会提交的2010年至2014年度检查证明材料，显示其在提起本案公益诉讼前五年年检合格。绿发会提交了五年内未因从事业务活动违反法律、法规的规定而受到行政、刑事处罚的无违法记录声明。此外，绿发会章程规定，其宗旨为"广泛动员全社会关心和支持生物多样性保护和绿色发展事业，保护国家战略资源，促进生态文明建设和人与自然和谐，构建人类美好家园"。绿发会还向法院提交了其自1985年成立至今，一直实际从事包括举办环境保护研讨会、组织生态考察、开展环境保护宣传教育、提起环境民事公益诉讼等活动的相关证据材料。

【裁判结果】

中卫市中级人民法院一审认为，绿发会不能认定为《环境保护法》第

五十八条规定的"专门从事环境保护公益活动"的社会组织,对绿发会的起诉裁定不予受理。绿发会不服,提起上诉。宁夏回族自治区高级人民法院审查后裁定驳回上诉,维持原裁定。绿发会不服二审裁定,向最高人民法院申请再审。最高人民法院依法提审并审理认为,因环境公共利益具有普惠性和共享性,没有特定的法律上直接利害关系人,有必要鼓励、引导和规范社会组织依法提起环境公益诉讼,以充分发挥环境公益诉讼功能。依据《环境保护法》第五十八条和《最高人民法院关于审理环境民事公益诉讼案件适用法律若干问题的解释》第四条的规定,对于本案绿发会是否可以作为"专门从事环境保护公益活动"的社会组织提起本案诉讼,应重点从其宗旨和业务范围是否包含维护环境公共利益,是否实际从事环境保护公益活动,以及所维护的环境公共利益是否与其宗旨和业务范围具有关联性等三个方面进行审查。对于社会组织宗旨和业务范围是否包含维护环境公共利益,应根据其内涵而非简单依据文字表述作出判断。社会组织章程即使未写明维护环境公共利益,但若其工作内容属于保护各种影响人类生存和发展的天然的和经过人工改造的自然因素的范畴,均应认定宗旨和业务范围包含维护环境公共利益。绿发会章程中规定的宗旨契合绿色发展理念,亦与环境保护密切相关,属于维护环境公共利益的范畴。环境保护公益活动,不仅包括植树造林、濒危物种保护、节能减排、环境修复等直接改善生态环境的行为,还包括与环境保护有关的宣传教育、研究培训、学术交流、法律援助、公益诉讼等有利于完善环境治理体系,提高环境治理能力,促进全社会形成环境保护广泛共识的活动。绿发会在本案一审、二审及再审期间提交的历史沿革、公益活动照片、环境公益诉讼立案受理通知书等相关证据材料,虽未经庭审质证,但在立案审查阶段,足以显示绿发会自1985年成立以来长期实际从事包括举办环境保护研讨会、组织生态考察、开展环境保护宣传教育、提起环境民事公益诉讼等环境保护活动,符合环境保护法和环境公益诉讼司法解释的规定。同时,上述证据亦证明绿发会从事环境保护公益活动的时间已满五年,符合《环境保护法》第五十八条关于社会组织从事环境保护公益活动应五年以上的规定。依据环境公益诉讼司法解释第四条的规定,社会组织提起的公益诉讼涉及的环境公共利益,应与社会组织的宗旨和业务范围具有一定关联。即使社会组织起诉事项与其宗旨和业务范围不具有对应关系,但若与其所保护的环境要素或者生态系统具有一定的联系,亦应基于关联性标准确认其主体资格。本案环境公益诉讼系针对腾格里沙漠污染提起。沙漠生物群落及其环境相互作用所形成的复杂而脆弱的沙漠生态系统,需要人类的珍惜利用和悉心呵护。绿发会起诉认为瑞泰公司将超标废水排入蒸发池,严重破坏了腾格里沙漠本已脆弱的生态系统,所涉及的环境公共利益维护属于绿发会宗旨和业务范围。此外,绿发会提交的基金会法人登记证书、年度检查证明材料、无违法记录声明等,证明其符合《环境保护法》第五十八条,环境公益诉讼司法解释第二条、第三条、第五条对提起环境公益诉讼社会组织的其他要求,具备提起环境民事公益诉讼的主体资格。最高人民法院再审裁定撤销一审、二审裁定,指令本案由中卫市中级人民法院立案受理。

【典型意义】

最高人民法院通过审理腾格里沙漠污染系列民事公益诉讼案,针对新《环境保护法》实施以来各地环境公益诉讼案件审理中出现的与原告主体资格有关的突出问题,就《环境保护法》第五十八条以及环境公益诉讼司法解释规定的环境公益诉讼原告主体资格相关法律适用问题,确立、细化了裁判规则。再审裁定明确对于社会组织是否具备提起环境民事公益诉讼的主体资格,应当重点从宗旨和业务范围是否包含维护环境公共利益,是否实际从事环境保护公益活动,以及所维护的环境公共利益是否与其宗旨和业务范围具有关联性等三个方面进行认定。再审裁定阐明了对于社会组织宗旨和业务范围是否包含维护环境公共利益,应根据其内涵而非简单依据文字表述作出判断;阐明了环境保护公益活动,不仅包括直接改善生态环境的行为,还包括有利于完善环境治理体系,提高环境治理能力,促进全社会形成环境保护广泛共识的活动;阐明了社会组织起诉事项与其宗旨和业务范围即便不具有对应关系,但若与其所保护的环境要素或者生态系统具有一定的联系,亦应基于关联性标准确认其主体资格。该系列案件是最高人民法院首次通过具体案例从司法层面就环境民事公益诉讼主体问题明确判断标准,推动了环境公益诉讼制度的发展,已作为最高人民法院指导性案例发布,对于环境民事公益诉讼案件的审理具有重要的指引和示范作用。

三、中华环保联合会诉山东德州晶华集团振华有限公司大气污染民事公益诉讼案

【基本案情】

振华公司是一家从事玻璃及玻璃深加工产品制造的企业,位于山东省德州市区内。振华公司虽投入资金建设脱硫除尘设施,但仍有两个烟囱长期超标排放污染物,造成大气污染,严重影响了周围居民生活,被环境保护部点名批评,并被山东省环境保护行政主管部门多次处罚,但其仍持续超标向大气排放污染物。中华环保联合会提起诉讼,请求判令振华公司立即停止超标向大气排放污染物,增设大气污染防治设施,经环境保护行政主管部门验收合格并投入使用后方可进行生产经营活动;赔偿因超标排放污染物造成的损失2040万元(诉讼期间变更为2746万元)及因拒不改正超标排放污染物行为造成的损失780万元,并将赔偿款项支付至地方政府财政专户,用于德州市大气污染的治理;在省级及以上媒体向社会公开赔礼道歉;承担本案诉讼、检验、鉴定、专家证人、律师及其他为诉讼支出的费用。德州市中级人民法院受理本案后,向振华公司送达民事起诉状等诉讼材料,向社会公告案件受理情况,并向德州市环境保护局告知本案受理情况。德州市人民政府、德州市环境保护局积极支持、配合本案审理,并与一审法院共同召开协调会。通过司法机关与环境保护行政主管部门的联动、协调,振华公司将全部生产线关停,在远离居民生活区的天衢工业园区选址建设新厂,防止了污染及损害的进一步扩大,使案件尚未审结即取得阶段性成效。

【裁判结果】

德州市中级人民法院一审认为,诉讼期间振华公司放水停产,停止使用原厂区,可以认定振华公司已经停止侵害。在停止排放前,振华公司未安装或者未运行脱硫和脱硝治理设施,未安装除尘设施或者除尘设施处理能力不够,多次超标向大气排放二氧化硫、氮氧化物、烟粉尘等污染物。其中,二氧化硫、氮氧化物是酸雨的前导物,过量排放形成酸雨会造成居

民人身及财产损害,过量排放烟粉尘将影响大气能见度及清洁度。振华公司超标排放污染物的行为导致了大气环境的生态附加值功能受到损害,应当依法承担生态环境修复责任,赔偿生态环境受到损害至恢复原状期间服务功能损失。同时,振华公司超标向大气排放污染物的行为侵害了社会公众的精神性环境权益,应当承担赔礼道歉的民事责任。遂判决振华公司赔偿超标排放污染物造成损失 2198.36 万元,用于大气环境质量修复;振华公司在省级以上媒体向社会公开赔礼道歉等。宣判后,双方当事人均未提起上诉,一审判决已生效。

【典型意义】

德州大气污染公益诉讼案是新《环境保护法》施行后,人民法院受理的首例京津冀及其周边地区大气污染公益诉讼案件。大气具有流动性,其本身具有一定的自净功能,企业超标排放是否构成生态环境损害是本案审理的难点。本案裁判明确超标过量排放二氧化硫、氮氧化物和粉尘将影响大气的生态服务功能,应当承担法律责任,可根据企业超标排放数量以及二氧化硫、氮氧化物和粉尘的单位治理成本计算大气污染治理的虚拟成本,进而作为生态环境损害赔偿的依据,具有一定合理性。振华公司在本案审理期间主动承担社会责任,积极采取措施防止污染的持续和扩大,值得肯定。该案的审结及时回应了当前社会公众对京津冀及周边地区的大气污染治理的关切,对区域大气污染治理进行了有益的实践探索。

四、重庆市绿色志愿者联合会诉湖北恩施自治州建始磺厂坪矿业有限责任公司水库污染民事公益诉讼案

【基本案情】

千丈岩水库位于重庆市巫山县、奉节县和湖北省建始县交界地带,距离长江25公里,被重庆市人民政府确认为集中式饮用水源保护区,供应周边5万居民的生活饮用和生产用水。该地区属喀斯特地貌。磺厂坪矿业公司距离千丈岩水库约2.6公里,2011年5月取得湖北省恩施土家族苗族自治州环境保护局环境影响评价批复,但该项目建设可行性报告明确指出尾矿库库区为自然成库的岩溶洼地,库区岩溶表现为岩溶裂隙和溶洞;尾矿

库工程安全预评价报告建议对尾矿库运行后可能存在的排洪排水问题进行补充评价。磺厂坪矿业公司未按照报告要求修改可行性研究报告并申请补充环评。项目于2014年6月建成，8月10日开始违法生产，产生的废水、尾矿未经处理就排入临近有溶洞漏斗发育的自然洼地。2014年8月12日，巫山县红椿乡村民反映千丈岩水库饮用水源取水口水质出现异常，巫山县启动了重大突发环境事件应急预案。重庆绿联会提起诉讼，请求判令磺厂坪矿业公司停止侵害，不再生产或者避免再次造成污染，对今后可能出现的污染地下溶洞水体和污染水库的风险重新作出环境影响评价，并由法院根据环境影响评价结果，作出是否要求磺厂坪矿业公司搬迁的裁判；磺厂坪矿业公司进行生态环境修复，并承担相应费用991000元等。

【裁判结果】

重庆市万州区人民法院一审认为，磺厂坪矿业公司违法生产行为已导致千丈岩水库污染，破坏了千丈岩地区水体、地下水溶洞以及排放废水洼地等生态，造成周边居民的生活饮用水困难，损害了社会公共利益。同时，磺厂坪矿业公司的选址存在污染地下水风险，且至今未建设水污染防治设施，潜在的污染风险和现实的环境损害同时存在。据此，一审法院判决磺厂坪矿业公司立即停止侵害，履行重新申请环境影响评价的义务，未经环境保护行政主管部门批复、环境保护设施未经验收的，不得生产；在判决生效后180日内，制定磺厂坪矿业公司洼地土壤修复方案并进行修复，逾期不履行修复义务或者修复未达到保护生态环境社会公共利益标准的，承担修复费用991000元；在国家级媒体上赔礼道歉等。重庆市第二中级人民法院二审维持了一审判决。

【典型意义】

本案涉及三峡库区饮用水资源的保护。磺厂坪矿业公司位于喀斯特地貌山区，地下裂缝纵横，暗河较多，选址建厂应当充分考虑特殊地质条件下，生产对周边生态环境的影响。磺厂坪矿业公司与千丈岩水库分处两个不同的省级行政区域，导致原环境影响评价并未全面考虑生产对相邻千丈岩水库的影响。磺厂坪矿业公司在水污染防治设施尚未建成的情况下，擅自投入生产，违法倾倒生产废水和尾矿，引发千丈岩水库重大突发环境事件。本案结合污染预防和治理的需要，创新民事责任承担方式，将停止侵害的具体履行方式进一步明确为重新申请环境影响评价,未经环境保护行政主管部门批复和环境保护设施未经验收的不得生产,较好地将行政权和司法权相衔接,使判决更具可执行性,有利于及时制止违法生产行为,全面保护社会公共利益。

五、中华环保联合会诉江苏江阴长泾梁平生猪专业合作社等养殖污染民事公益诉讼案

【基本案情】

梁平合作社等与周边村庄相距较近,其生猪养殖项目建设未经环境影响评价、配套污染防治设施未经验收,就擅自投入生产,造成邻近村庄严重污染。中华环保联合会提起诉讼,请求法院判令梁平合作社等立即停止违法养猪、排污行为,并通过当地媒体向公众赔礼道歉;对养殖产生的粪便、沼液等进行无害化处理,排除污染环境的危险,并承担采取合理预防、处置措施而发生的费用;对污染的水及土壤等环境要素进行修复,并承担相应的生态环境修复费用;承担生态环境受到损害至恢复原状期间服务功能损失费用等。诉讼期间,梁平合作社停止了生猪养殖及排污侵害行为,向法院提交《环境修复报告》。无锡市中级人民法院组织双方进行了质证,并邀请专家到庭发表意见。专家认为,《环境修复报告》所提供的修复方案不能达到消除污染的目的。原、被告双方对专家意见均无异议,该院予以确认。经双方当事人同意,法院委托鉴定部门重新作出修复方案和监理方案。

【裁判结果】

无锡市中级人民法院一审认为,经双方当事人同意,法院委托专家在现场调研和勘验的基础上,针对案涉环境地形地貌、污染状况,并结合国家、地方地表水环境质量标准、江河湖泊水功能区划水质要求,作出的技术性修复方案程序合法,依据充分,应予以确认。被告应按照该修复方案对受污染的水、土壤等环境要素进行修复,并自觉接受监理单位的监督。遂判决梁平合作社等必须严格按照修复方案明确的土地复耕方案对涉案土壤进行修复,复耕标准达到国土资源主管部门复耕要求和农林主管部门农

业生产条件符合性评价指标与要求；必须严格按照修复方案对涉案污染的水环境进行修复，水环境污染物浓度应降低到《地表水环境质量标准》（GB3838-2002）Ⅴ类标准，并自觉接受监理单位的监督；在判决生效后一个月内向该院报告环境修复落实情况，法院将委托当地环境保护主管部门验收；如自行修复后经环境保护主管部门验收仍不能达到环境修复预期目标的，法院将委托第三方进行修复，由此产生的一切费用由梁平合作社等负担。宣判后，双方当事人均未提起上诉，一审判决已生效。

【典型意义】

"十三五"规划纲要提出，要开展农村人居环境整治行动，建设美丽宜居乡村。国家标准委下发的《美丽乡村建设指南》明确了农村畜禽研制厂污染排放、废弃物综合利用和畜禽无害化处理等的具体标准。法院在审理本案过程中，针对被告提交的《环境修复报告》组织双方当事人质证、并邀请专家出庭发表意见，充分发挥庭审功能，确保实现修复生态环境的诉讼目的。在当事人提交的《环境修复报告》不能实现修复目的的情形下，法院发挥能动作用，征得双方当事人同意委托专家另行出具修复方案、监理方案，确保污染预防、治理方案科学合理、切实可行。该案裁判在具体判项中引入相关国家标准，使被告履行义务更加全面具体，确保污染防治能够达到国家标准的质量和水平。该案对于人民法院发挥审判职能作用，支持保障美丽宜居乡村建设，发挥了良好的示范作用。

六、北京市朝阳区自然之友环境研究所诉山东金岭化工股份有限公司大气污染民事公益诉讼案

【基本案情】

金岭公司下属热电厂持续向大气超标排放污染物，并存在环保设施未经验收即投入生产、私自篡改监测数据等环境违法行为。2014年至2015年间，多个环境保护主管部门先后对金岭公司进行了多次行政处罚，山东省环境保护厅责成其停产整改、限期建成脱硫脱硝设施，环境保护部对该公司进行过通报、督查。自然之友诉请人民法院判令被告停止超标排污，消除所有不遵守环境保护法律法规行为对大气环境造成的危险；判令被告

支付 2014 年 1 月 1 日起至被告停止侵害、消除危险期间，所产生的大气环境治理费用，具体数额以专家意见或者鉴定结论为准等。

【裁判结果】

在东营市中级人民法院审理本案期间，金岭公司纠正违法行为，全部实现达标排放，监测设备全部运行并通过了东营市环境保护局的验收。经法院主持调解，金岭公司自愿承担支付生态环境治理费 300 万元。为了保障社会公众的知情权，法院在双方当事人达成调解协议之后，依法公示调解协议内容，并在公告期间届满后，对调解协议内容是否损害社会公共利益进行了审查，确保调解符合公益诉讼目的，生态环境损害能够得到及时有效救济。该案调解书经双方当事人签收已发生法律效力。

【典型意义】

本案涉及公用事业单位超标排放的环境污染责任。金岭公司系热电企业，在生产过程中多次违法超标排放，对大气造成严重污染。诉讼中，金岭公司积极整改，停止侵害，实现达标排放，监测设备正常运行，使本案具备了调解的基础。法院依法确认该企业存在向大气超标排放污染物等违法事实，并依照《最高人民法院关于审理环境民事公益诉讼案件适用法律若干问题的解释》第二十五条规定，对调解协议内容进行公示，公告期间届满又对调解协议内容进行审查后出具调解书。该案对于督促公用事业单位在提供公共服务过程中履行环境保护责任，依法保障社会公众在环境公益诉讼案件调解程序中的知情权、参与权，做了有益的探索，具有良好的示范意义。

七、江苏省镇江市生态环境公益保护协会诉江苏优立光学眼镜公司固体废物污染民事公益诉讼案

【基本案情】

优立公司是江苏省丹阳市一家生产树脂眼镜镜片的企业。2006 年，丹阳市环境保护科技咨询服务中心作出的环境影响报告表认定，当地眼镜生产加工企业因树脂镜片磨边、修边工段产生的树脂玻璃质粉末废物为危险

废物 HW13。2014 年 4 月至 7 月期间，优立公司将约 5.5 吨该类废物交给 3 名货车司机，倾倒于某拆迁空地，造成环境污染。丹阳市环境保护局对污染场地进行初步清理，将该废物连同被污染的土壤挖掘并予以保管。镇江公益协会提起诉讼，请求判令优立公司采取措施消除污染，承担固体废物暂存、前期清理以及验收合格的费用，或者赔偿因其环境污染所需的相关修复费用 234400 元。

【裁判结果】

镇江市中级人民法院一审经委托鉴定查明，案涉树脂玻璃质粉末废物不在《国家危险废物名录》之列，原环评报告将其评定为危险废物不符合法律规定，遂向丹阳市环境保护局、当地眼镜商会发出司法建议，建议依法重新评定该类固体废物的属性，准确定性。后经组织评定，确认该类废物不具有危险特性，可交由第三方综合利用或者以无害化焚烧等方式进行处置。一审法院根据评定报告再次提出司法建议，建议为该类废物建立集中收集处置体系。丹阳市眼镜商会采纳了该建议，参照固体废物相关环保管理要求，采取转移"五联单"的办法管理，并将该类废物运交垃圾发电厂焚烧发电。丹阳市环境保护局对新的评定报告予以认可，同意丹阳市眼镜商会提出的该类废物集中处置方案，并表示愿意监督优立公司依法处置剩余废物。一审法院遂判令优立公司在丹阳市环境保护局的监督下按照一般废物依法处置涉案废物。宣判后，双方均未上诉，一审判决已生效。

【典型意义】

本案涉及固体废物污染责任的认定问题。法院在案件审理中积极采取委托鉴定、调查等方式，依照《固体废物污染环境防治法》的规定，依法确认案涉固体废物的属性，较好发挥了司法的能动作用。鉴于对该类废物属性的确定和管理，将影响当地眼镜产业数百家企业的生产模式，以及区域危险废物处置能力的调整，法院发出司法建议，推动和督促当地眼镜商会和环境保护主管部门依法纠正了长达十余年的行业误评，鼓励、支持地方政府和行业组织采取有利于保护环境的固体废物集中处置措施，破解了治理固体废物污染的难题，促进了清洁生产和循环经济发展，对于充分发挥环境公益诉讼推动公共政策形成的功能，具有较好的示范意义。

八、江苏省徐州市人民检察院诉徐州市鸿顺造纸有限公司水污染民事公益诉讼案

【基本案情】

鸿顺公司多次被环境保护主管机关查获以私设暗管方式向连通京杭运河的苏北堤河排放生产废水，废水的化学需氧量、氨氮、总磷等污染物指标均超标。徐州市铜山区环境保护局曾两次对鸿顺公司予以行政处罚。徐州市人民检察院作为公益诉讼人，于2015年12月28日向徐州市中级人民法院提起环境民事公益诉讼，请求判令鸿顺公司将被污染损害的苏北堤河环境恢复原状，并赔偿生态环境受到损害至恢复原状期间的服务功能损失；如鸿顺公司无法恢复原状，请求判令其以2600吨废水的生态环境修复费用26.91万元为基准，以该基准的三倍至五倍承担赔偿责任。

【裁判结果】

徐州市中级人民法院一审认为，鸿顺公司排放废水污染环境，应当承担环境污染责任。根据已查明的环境污染事实、鸿顺公司的主观过错程度、防治污染设备的运行成本、生态环境恢复的难易程度、生态环境的服务功能等因素，可酌情确定该公司应当承担的生态环境修复费用及生态环境受到损害至恢复原状期间的服务功能损失，遂判决鸿顺公司赔偿生态环境修复费用及服务功能损失共计105.82万元。宣判后，鸿顺公司以一审公益诉讼人徐州市人民检察院为被上诉人提起上诉。江苏省高级人民法院二审认为，污染物排放点的环境质量已经达标不能作为鸿顺公司拒绝承担生态环境修复费用的理由，一审判决以2.035倍作为以虚拟治理成本法计算生态环境修复费用的系数并无不当，以查明的鸿顺公司排放废水量的四倍计算生态环境修复费用具有事实和法律依据。二审判决驳回上诉，维持原判。

【典型意义】

该案是全国人大常委会授权检察机关试点提起公益诉讼以来人民法院依法受理的首批民事公益诉讼案件，也是人民法院审理的第一起检察机关

试点提起公益诉讼的二审案件。一审法院注重司法公开,体现公众参与,合议庭由审判员和人民陪审员共同组成,庭审向社会公开并进行视频、文字同步直播。庭审时邀请专家辅助人就环境保护专业技术问题提出专家意见,较好地解决了环境资源案件科学性和公正性的衔接问题。该案尝试根据被告违法排污的主观过错程度、排污行为的隐蔽性以及环境损害后果等因素,合理确定带有一定惩罚性质的生态环境修复费用,加大污染企业违法成本,有助于从源头上遏制企业违法排污。二审法院依据《民事诉讼法》《全国人民代表大会常务委员会关于授权最高人民检察院在部分地区开展公益诉讼试点工作的决定》审理检察机关提起公益诉讼的二审案件,对于完善该类案件二审程序规则起到了示范作用。

九、贵州省六盘水市六枝特区人民检察院诉贵州省镇宁布依族苗族自治县丁旗镇人民政府环境行政公益诉讼案

【基本案情】

丁旗镇政府将位于镇宁县与六枝特区交界处的原龙岩飞机制造厂用地后山地块约 5 亩场地作为丁旗镇生活垃圾临时堆放场,其辖区内的龙滩村村委会也组织将该村生活垃圾集中倾倒至垃圾堆放场附近。2015 年 11 月,六盘水市六枝特区人民检察院向丁旗镇政府发出检察建议书,建议丁旗镇政府在一个月内将倾倒的垃圾清理完毕,并恢复地块原状,责令龙滩村村委会停止垃圾倾倒。因丁旗镇政府未按期进行回复,六枝特区人民检察院作为公益诉讼人提起行政公益诉讼,请求确认被告未依照法律规定选址垃圾堆放场的行政行为违法;判令被告履行法定职责,责令其辖区内的龙滩村村委会停止在该地块倾倒垃圾;判令被告采取补救措施,将该地块的垃圾清除,恢复该地块原状。2016 年 2 月,丁旗镇政府向龙滩村村委会发出通知,禁止该村倾倒垃圾,并组织人员、车辆将临时堆放场的垃圾清运完毕。

【裁判结果】

清镇市人民法院一审认为,丁旗镇政府选址堆放该镇生活垃圾的行为,是其实施社会管理和公共服务职能的行为,但其选址未经环境卫生行政主管部门指定,垃圾堆放场亦未采取防扬散、防渗漏、防流失、防雨等

防治措施，造成较严重的环境污染。公益诉讼人在发现违法行为后，向丁旗镇政府发出检察建议，但丁旗镇政府并未积极进行整改，在本案审理过程中，丁旗镇政府才履行其管理职能将垃圾清运，但还未达到使生态环境明显改善的效果。由于本案受理后，丁旗镇政府已向其辖区内的龙滩村村委会下达通知，禁止该村在该地块倾倒垃圾并将原有垃圾清理覆土，一审法院遂判决确认丁旗镇政府选址垃圾堆放场的行政行为违法；限丁旗镇政府按照专家意见及建议继续采取补救措施，确保该区域生态环境明显改善；驳回公益诉讼人的其他诉讼请求。宣判后，双方当事人均未上诉，一审判决已生效。

【典型意义】

本案是《全国人民代表大会常务委员会关于授权最高人民检察院在部分地区开展公益诉讼试点工作的决定》施行后首例由人民法院跨行政区划管辖的检察机关提起公益诉讼试点案件。对环境公益诉讼案件实行跨行政区划管辖，有利于克服地方保护、督促行政机关依法履职，对于保护生态环境具有积极的作用。在本案审理过程中，被告积极履行其行政管理职能，公益诉讼人的诉讼目的部分得以实现，人民法院在公益诉讼人未明确申请撤回该部分诉讼请求的情况下，对该部分诉讼请求未予支持，符合行政诉讼法的规定。该案对于人民法院在《行政诉讼法》、《民事诉讼法》和全国人大授权决定的框架下依法稳妥有序审理检察机关提起的公益诉讼案件，具有示范意义。

十、吉林省白山市人民检察院诉白山市江源区卫生和计划生育局、白山市江源区中医院环境行政附带民事公益诉讼案

【基本案情】

白山中医院新建综合楼时，未建设符合环保要求的污水处理设施就投入使用。白山市人民检察院调查发现白山中医院通过渗井、渗坑排放医疗污水。经对白山中医院排放的医疗污水及渗井周边土壤取样检验，化学需氧量、五日生化需氧量等均超过国家标准。白山市卫生和计划生育局在白山中

医院未提交环评合格报告的情况下,对其《医疗机构执业许可证》校验为合格。白山市人民检察院提起诉讼,请求判令白山市卫生和计划生育局于2015年5月18日为白山中医院校验《医疗机构执业许可证》的行为违法;白山市卫生和计划生育局履行法定监管职责,责令白山中医院限期对医疗污水净化处理设施进行整改;白山中医院立即停止违法排放医疗污水。

【裁判结果】

白山市中级人民法院一审认为,在白山中医院未提交环评合格报告的情况下,白山市卫生和计划生育局对其《医疗机构执业许可证》校验合格,违反相关法律法规规定,该校验行为违法。白山中医院违法排放医疗污水,导致周边地下水及土壤存在重大污染风险,白山市卫生和计划生育局未及时制止,其怠于履行监管职责的行为违法。白山中医院未安装符合环保要求的污水处理设备,通过渗井、渗坑实施了排放医疗污水的行为,产生了周边地下水及土壤存在重大环境污染风险的损害结果,应当承担侵权责任。遂判决确认白山市卫生和计划生育局于2015年5月18日对白山中医院《医疗机构执业许可证》校验合格的行政行为违法;责令其履行监管职责,监督白山中医院在三个月内完成医疗污水处理设施的整改;白山中医院立即停止违法排放医疗污水。一审宣判后,双方当事人均未上诉,一审判决已生效。

【典型意义】

本案涉及卫生行政许可及医疗污水污染地下水水体、土壤等环境要素的保护问题,系检察机关提起的全国首例行政附带民事公益诉讼,对检察机关提起公益诉讼的程序进行了有益探索和实践。人民检察院依法创新环境公共利益司法保护方式,积极提起行政附带民事公益诉讼,督促行政机关依法履行监管职责,监督行政管理相对人履行环境保护法定义务并承担停止侵害的民事责任,避免了重大环境污染事件的发生,取得了良好的法律效果和社会效果。人民法院采取了行政公益诉讼与民事公益诉讼分别立案,由同一审判组织一并审理、分别裁判的方式,在行政诉讼中将白山中医院作为行政诉讼第三人,充分保障了行政管理相对人发表意见的权利,同时通过民事诉讼程序依法确定白山中医院的民事责任,对于妥善协调同一污染行为引发的行政责任和民事责任具有示范意义。

【理论与实务研究】

中国环境资源审判的新发展

郑学林[*]

2016年以来,各级人民法院深入贯彻落实党中央和习近平总书记关于生态文明建设和绿色发展的决策部署,坚持围绕中心、服务大局,立足司法本职,以现代环境司法理念为引领,以执法办案为核心,以环境资源审判专门化为总抓手,创新体制机制,完善裁判规则,加强理论研究,建设专业队伍,开拓创新、奋发有为,人民法院环境资源审判工作取得新进展。

一、进一步树立现代环境司法理念

各级人民法院积极推动创新、协调、绿色、开放、共享五大新发展理念在环境资源审判领域的贯彻落实,以现代环境司法理念引领审判工作。2016年6月,最高人民法院发布《关于充分发挥审判职能作用为推进生态文明建设与绿色发展提供司法服务和保障的意见》,提出了严格执法、维护权益、注重预防、修复为主、公众参与的现代环境司法理念,为环境资源审判工作的开展指明了正确方向。

(一)树立严格执法理念

各级人民法院严格执行环境资源法律制度,依法独立公正审理各类环境资源刑事、民事和行政案件。依据国家和省级国土空间主体功能区规划,充分考虑各类功能区的不同定位要求,依法保障经济社会健康发展。

---

[*] 最高人民法院环境资源审判庭庭长。

通过严格执法传播法治声音、培育法治精神、汇聚法治力量，推动形成人人依法履行环境保护义务的良好社会氛围。

(二) 树立维护权益理念

各级人民法院将维护人民群众环境权益作为环境资源审判工作的出发点和落脚点，注重处理好环境公共利益与个体利益的关系。依法严格贯彻损害担责原则，坚持污染者治理、损害者赔偿、开发者养护、受益者补偿，严厉制裁环境违法侵权行为，合理分担生态环境损害责任，保障人民群众在健康、舒适和优美的环境中生存与发展的权利。

(三) 树立注重预防理念

各级人民法院针对环境污染和生态破坏所具有的隐蔽性、滞后性、不可逆性以及治理工作任务艰巨的特性，适度强化能动司法，依法加大预防原则的适用力度，及时采取行为保全、先予执行措施，预防环境损害的发生和扩大。充分发挥行政审判和环境行政公益诉讼的作用，防止存在重大生态环境风险的项目开工建设。

(四) 树立修复为主理念

各级人民法院遵循恢复性司法理念，落实以生态环境修复为中心的损害救济制度。灵活运用补种复绿、增殖放流、限期修复、劳务代偿、第三方治理等生态环境修复责任承担方式及履行方式，探索建立环境资源修复案件执行回访制度、专项环境修复基金制度、招投标制度，提高生效裁判执行的质量和效率。

(五) 树立公众参与理念

各级人民法院遵循新环境保护法所确立的公众参与原则，坚持专业审判与公众参与相结合，全面推行人民陪审员参与案件审理，建立环境资源审判专家库。完善司法便民和司法救助措施，畅通人民群众环境权益救济渠道，保障人民群众的知情权和监督权，引导公众有序参与环境治理。

二、依法审理各类环境资源案件

各级人民法院充分发挥审判职能作用，依法惩处污染环境、破坏资源等犯罪，监督、支持环境资源行政主管部门依法行政，妥当处理各类环境资源民事纠纷，加大对人民群众环境权益和环境公共利益的保护力度。

（一）刑事审判工作

各级人民法院坚持罪刑法定原则，注重惩治、教育和预防相结合，全面贯彻宽严相济的刑事政策，充分发挥环境资源刑事审判职能，依法保障自然资源和生态环境安全。2016年，全国法院共受理各类环境资源刑事案件20394件，审结18874件，生效判决人数23727人。其中，受理环境污染犯罪案件2072件，审结1847件，生效判决人数2944人；受理破坏自然资源犯罪案件18322件，审结17027件，生效判决人数20783人。2016年，最高人民法院、最高人民检察院联合发布《关于办理非法采矿、破坏性采矿刑事案件适用法律若干问题的解释》《关于办理环境污染刑事案件适用法律若干问题的解释》，加大对环境资源犯罪的处罚力度，首次将生态环境损害作为定罪量刑标准。2016年12月，最高人民法院发布8起环境污染犯罪典型案例，有效指引执法办案。

（二）行政审判工作

各级人民法院法院充分认识行政审判对于合理开发利用自然资源、预防环境污染和生态破坏方面的重要作用，坚持监督和保障并重。2016年，全国法院共受理各类环境资源行政案件35177件，审结29126件。2016年3月，最高人民法院发布10起环境行政保护典型案例，体现了人民法院充分发挥行政审判职能，既依法监督、及时纠正行政机关的不作为和违法作为，督促环境保护行政主管部门依法履行职责，加强信息公开，也通过对合法行政行为的确认和支持，引导行政相对人遵守环境保护法律法规，依法承担相应责任。

（三）民事审判工作

各级人民法院坚持损害担责、全面赔偿原则，充分发挥环境资源民事审判职能，依法保障人身权、财产权及各项环境权益，追究污染环境、破坏资源行为人的民事责任，促进生态环境修复改善和自然资源合理开发利用。2016年，全国法院共受理各类环境资源民事案件90769件，审结84664件。其中，受理环境污染和生态破坏侵权纠纷案件3116件，审结

2532件；受理涉自然资源开发利用案件物权、合同、侵权类纠纷案件87653件，审结82132件。2016年7月，最高人民法院发布10起矿业权民事纠纷典型案例，对于依法保护矿业权流转，保障矿产资源合理开发利用，促进资源节约与环境保护，发挥了良好的评价指引功能。

三、依法保障环境公共利益和国家权益

各级人民法院认真贯彻落实环境保护法关于公益诉讼的规定以及全国人大常委会授权检察机关在试点地区提起公益诉讼决定的要求，积极稳妥推进环境公益诉讼审判工作，依法审理了一批重大典型环境公益诉讼案件。2017年3月，最高人民法院发布10起环境公益诉讼典型案例，充分发挥示范引导作用，促进环境公益诉讼案件裁判尺度的统一。

（一）依法审理社会组织提起的环境公益诉讼案件

2016年，全国法院共受理社会组织提起的一审环境民事公益诉讼案件63件，审结35件。案件类型涵摄大气、水、土壤、海洋、森林、濒危植物、人文遗迹、自然保护区、乡村等多个环境要素的保护，涉及地域由原先集中在3、4个省份扩展至21个省、市、自治区。通过江苏泰州"天价"环境公益诉讼案、腾格里沙漠环境污染系列公益诉讼案、福建南平破坏林地环境公益诉讼案等一批重大环境公益诉讼案件的依法审理，充分体现了环境公益诉讼对于加强生态环境保护的宣示效果和示范意义。

（二）依法审理检察机关提起的环境公益诉讼案件

2016年2月，最高人民法院发布《人民法院审理人民检察院提起公益诉讼案件试点工作实施办法》，加大对试点地方法院的监督指导力度，保障检察机关提起公益诉讼案件的正确审理。自2015年7月1日试点工作开始至2017年3月，全国法院共受理检察机关提起的一审环境公益诉讼案件571件，审结88件。其中，民事公益诉讼案件受理59件，审结8件；行政公益诉讼案件受理511件，审结79件；行政附带民事公益诉讼案件受理1件，审结1件。江苏省高级人民法院和徐州市中级人民法院审理的江苏省徐州市人民检察院诉徐州市鸿顺造纸有限公司环境公益诉讼案，贵州省福泉市人民法院审理的锦屏县人民检察院诉锦屏县环境保护局不履行法定职责行政环境公益诉讼案等，社会关注度高、影响大，促进了行政机关依

法履行生态环境保护职责。

（三）探索审理国家生态损害赔偿诉讼案件

根据中共中央办公厅、国务院办公厅《生态环境损害赔偿制度改革试点方案》以及中央深改组《关于在部分省份开展生态环境损害赔偿制度改革试点的报告》，最高人民法院积极开展生态环境损害赔偿制度的探索，加强对省级政府提起生态环境损害赔偿诉讼试点工作的监督指导力度。山东、贵州、江苏等试点地区法院完善相关程序规则，依法及时受理生态环境损害赔偿案件，为构建责任明确、途径畅通、技术规范、保障有力、赔偿到位、修复有效的生态环境损害赔偿制度提供有力司法保障。

四、持续推进环境资源专门审判体系建设

各级人民法院按照最高人民法院的要求和部署，着力构建包括审判机构、审判机制、审判规则、审判理论以及审判团队在内的"五位一体"专门审判机制，为充分发挥环境资源审判职能作用提供保障。

（一）持续推进环境资源审判专门机构建设

最高人民法院指导各级法院因地制宜建设环境资源审判专门机构，进一步明确环境资源审判职责范围和案件类型，为统筹发挥环境资源刑事、民事、行政审判功能奠定组织基础。截止2017年4月，全国31个省、市、自治区人民法院设立环境资源专门审判机构946个，其中审判庭296个，合议庭617个，巡回法庭33个。河北、江苏、福建、江西、山东、河南、广东、广西、海南、贵州、湖南、重庆、云南、四川、吉林、青海、甘肃、新疆等18个高级人民法院设立了专门环境资源审判庭。福建、贵州、江苏、海南、重庆设立三级环境资源审判组织体系。其他高级人民法院均指定了相关审判部门负责环境资源审判工作。149个中级法院和128个基层法院设立了专门环境资源审判庭。

（二）持续推进环境资源案件管辖制度改革和专业化审理

各级人民法院按照"四五"改革纲要部署，积极推进环境资源管辖制度改革。贵州、江苏、湖北、广东、河北、青海、新疆、北京、海南等地法院对污染环境或者破坏生态、损害后果跨行政区划以及环境公益诉讼等

其他类型的环境资源民事案件实行跨行政区划集中管辖。着力推进京津冀、三江源、长江流域等重点区域环境资源案件管辖制度改革。2016年3月，最高人民法院发布《关于为长江经济带发展提供司法服务和保障的意见》，要求充分利用海事法院跨行政区划管辖的优势，探索建立长江流域水资源环境公益诉讼集中管辖制度。2016年9月，最高人民法院组织召开京津冀法院环境资源审判工作联席会议，三地法院签署《环境资源审判协作框架协议》，成立协作领导小组，加大京津冀环境资源司法保障力度。推进环境资源案件专业化审理，实行民事、行政乃至刑事案件统一由一个审判机构审理的"二合一"或者"三合一"归口审理模式。18个设立专门环境资源审判机构的高级人民法院中，贵州、河南、青海实行"二合一"归口审理模式；福建、江苏、河北、重庆、海南、四川、新疆实行"三合一"归口审理模式；云南实行刑事、民事、行政审判以及公益诉讼案件执行"三加一"归口审理执行模式。

（三）探索构建多元共治机制

在准确把握司法权边界的前提下，各级人民法院积极建立与公安机关、检察机关、环境资源行政主管部门之间的执法衔接、协调配合机制，围绕审判执行中发现的问题，及时提出司法建议推动生态环境综合治理。2016年6月，最高人民法院发布《关于人民法院进一步深化多元化纠纷解决机制改革的意见》，要求各级人民法院主动与诉讼外的纠纷解决机制建立对接关系，指导其他纠纷解决机制发挥有效作用。贵州、云南、福建、江苏、重庆、河北、广东、广西、天津等地法院推动建立与检察机关、公安机关和环境资源行政主管部门的工作衔接互动，构建多元共治的环境资源保护机制。

五、不断提升环境资源法治保障水平

各级人民法院认真贯彻落实习近平总书记重要讲话精神，努力打造一支信念坚定、执法为民、敢于担当、清正廉洁的环境资源审判专业化团队，不断提升服务和保障生态文明建设与绿色发展的能力和水平。

（一）加强理论研究

最高人民法院依托环境资源司法研究中心及理论研究基地、实践基地，推进理论创新，强化实证研究，培养专业人才。开展环境司法专门化、气候变化、公益诉讼等重大课题理论和实证研究，围绕环境公益诉讼、矿业权流转、民法典绿色化、环境损害司法鉴定等课题举办各类学术会议11次，梳理并翻译国外近二十个国家环境公益诉讼立法和环境公益诉讼典型案例进行比较研究，充分发挥了环境司法理论实证研究引领职能。

（二）落实公众参与

各级人民法院严格落实立案登记制，完善司法便民和司法救助措施，依法保障人民群众的环境诉讼权利。全面推行人民陪审员参与案件审理，建立环境资源审判专家库，加强司法公开力度。最高人民法院指导各级人民法院结合"6.5"环境日积极开展环境司法主题宣传活动，召开新闻发布会、座谈会等专门会议，发布环境资源审判白皮书，发布典型案例，有效提升了公众环境保护意识和环境司法的社会影响力，使公众参与原则落到实处。

（三）拓展对外交流

为应对全球环境问题日益突出，气候变化、跨界污染和污染物转移等重大挑战，各级人民法院致力于加强环境资源审判领域的国际交流合作，以司法手段推动绿色发展，维护全球生态安全。截止2017年5月，最高人民法院组织"气候变化司法应对国际研讨会"等环境司法国际研讨会7次，选派20余名环境资源法官赴英国、法国、美国、印度、巴西等国家访问交流，接待来自欧盟、美国、澳大利亚、巴西、韩国的环境资源法官及专家学者30余人次，与外方合作培训中国环境资源法官260余人次。

经过各级人民法院的不懈努力，中国环境资源审判工作取得了很大的进展。在推进生态文明建设的进程中，人民法院将继续深入贯彻落实以习近平同志为核心的党中央关于生态文明建设和绿色发展的决策部署，紧紧围绕"努力让人民群众在每一个司法案件中感受到公平正义"的目标，坚持司法为民、公正司法，为推动绿色发展、营造碧水蓝天、建设美丽中国而努力奋斗。

关于出席 2017 年度世界环境大会的总结报告

贾清林　刘山煽[*]

应印度国家绿色法庭的邀请，我院里指派环境资源审判庭审判长贾清林和刑二庭助理审判员刘山煽两位同志，于 2017 年 3 月 24 日至 27 日，前往印度新德里出席 2017 年度世界环境大会。现将相关情况报告如下：

一、会议背景与基本情况

世界环境大会于 2015 年开始由印度国家绿色法庭、印度环境森林与气候变化部和印度法律学院主办，我院曾选派环境资源审判庭副庭长的王旭光和国际合作局陈卓两名同志参会。本届世界环境大会（2016 年世界环境大会我院未派员参加）由印度国家绿色法庭、联合国环境署、印度环境森林与气候变化部、水资源河流开发与恒河治理部、亚洲开发银行、德里污染控制委员会共同主办。此次大会的参会者有中国、美国、英国、法国、日本、新西兰等 31 个国家的法官、政府官员和学者代表，以及印度环境保护领域的立法者、法官、科学家、律师、学者、环保志愿者以及公司董事。亚洲开发银行、联合国环境署、世界自然保护同盟环境法委员会的高端人士也受邀参加了会议。

印度国家绿色法庭根据《国家绿色法庭法》的决定于 2010 年 10 月 18 日成立，常驻地为新德里，本部负责管辖印度北部地区的环境资源案件，还有 4 个区域性法庭分别负责印度南部、中部、西部和东部地区的环境资源案件。印度国家绿色法庭的基本情况因我院首次出席世界环境大会时已有介绍，此处不再赘述。

---

[*] 作者单位：最高人民法院。

二、大会具体内容

3月25日上午,会议举行了隆重的欢迎典礼和大会开幕式,印度总统普拉纳布·慕克吉(Pranab Mukherjee)、印度最高法院首席大法官凯哈尔(J. S. Khehar)、印度财政与企业事务部联合部长亚特力(Arun Jaitely)等出席开幕式并致辞。3月25日下午和3月26日上午,大会采取同一时段内区分不同环境保护主题分场地进行专题研讨。其中,3月25日下午分为两个时段各有三场讨论,第一时段主题分别为2015年巴黎气候变化协定,森林、野生动植物和生物多样性,以及城市固体垃圾;第二时段主题分别为环境和公共卫生,空气污染,以及水污染。3月26日上午分为两个时段,第一时段的三个主题分别为气候变化,环境修复与恢复的创新举措,以及经济、环境和清洁技术;第二时段主题为法院在环境保护中应当扮演的角色。其中,贾清林同志在空气污染专题研讨中以"司法:环境正义的最后守护者"为题作了交流发言；刘山煽同志参与了法院在环境保护中应当扮演的角色的小组讨论。因同一时段在不同的会场举行讨论，代表团成员无法全部参与，下面重点介巴黎气候变化协定，森林、野生动植物及生物多样性，空气污染，气候变化以及司法在环境保护中作用五个分会场的研讨情况。

（一）巴黎气候变化协定（Paris Agreement on Climate Change）

《巴黎气候变化协定》（以下简称《协定》）是2015年12月在法国巴黎召开的联合国气候变化大会上达成的一个具有里程碑意义的成果。《协定》明确各方将加强气候变化威胁的全球应对，把全球平均气温较工业化前水平升高控制在2摄氏度之内，并为把气候控制在1.5摄氏度之内而努力；全球将尽快实现温室气体排放达峰，本世纪下半叶实现温室气体净零排放；各方将"以自主贡献"的方式参与全球应对气候变化行动，发达国家将继续带头减排，并加强对发展中国家的资金、技术和能力建设支持，帮助后者减缓和适应气候变化。我国对《协定》的最终达成作出了自己重要而独特的贡献，并于2016年9月3日批准该《协定》。2016年11月4日，《协定》正式生效。

会议代表主要围绕《协定》发展历程、问题和对策、气候变化领域的气候经济机遇、气候变化对海岸环境的影响等问题进行了交流发言和讨论。印度电力部长在会议上指出人类要明白气候变化是人类活动引起的，我们需要积极去面对它；印度政府正对能源、环境以及平衡经济发展对能源的需求等问题进行综合研究，并采取各种措施积极应对气候变化；重申印度为应对全球气候变化作出的承诺，政府必须保护和挽救环境，要为下一代留一个更为美好的世界。来自英国、印度、澳大利亚、肯尼亚及中国香港的多名法官、学者对缔约各方在2015年最终达成《协定》的历史意义给予了积极评价，从不同角度对巴黎气候变化协定涉及的相关问题进行了分析探讨。

（二）森林、野生动植物及生物多样性

在本环节发言的有不丹最高法院的首席大法官、印度最高法院的法官、德里高等法院的首席法官、喀麦隆共和国西北区上诉法院的总法律顾问、匈牙利中欧大学教授、日本大阪大学教授、尼泊尔山脉发展国际中心的生物多样性专家和印度德拉敦野生动物机构处长等法官和专家学者。大家主要围绕喜马拉雅山脉与丘陵平原交界处生物多样性保护、自然灾害和生物多样性的相互作用及相关性、跨界生物多样性课题、进入机制与知识产权的利益分享、印度的森林破坏和司法干预、在城市和农村对人与动物的冲突管理、生物多样性与生态服务评估等主题展开交流与讨论，对森林、野生动植物和生物多样性保护的价值和意义给予充分的肯定，并分享了各国在该领域的积极作法和有益经验。

在讨论时，与会代表们多次提到《生物多样性公约》（Convention on Biological Diversity，CBD，以下简称《公约》）。《公约》是一项保护地球生物资源的国际性公约，于1992年6月1日由联合国环境署发起的政府间谈判委员会第七次会议通过，1992年6月5日由签约国在巴西里约热内卢举行的联合国环境与发展大会上签署。我国于1992年6月11日签署该公约，1992年11月7日批准，1993年1月5日交存加入书。《公约》于1993年12月29日正式生效。公约具有法律约束力，旨在保护濒临灭绝的植物和动物，最大限度地保护地球上多种多样的生物资源，以造福于当代和子孙后代。该《公约》是非常重要的国际间生物多样性保护的国际条约。

（三）空气污染

该环节共有包括我院贾清林法官在内的7人发言，其余发言者分别系阿富汗最高法院首席法官、印度最高法院法官、印度科学和环境中心研究员、澳大利亚土地与环境法院法官、印度新德里污染控制委员会秘书长兼主席和肯尼亚环境与土地法庭法官。

贾清林同志在会上作了题为《司法：环境正义的最后守护者》的英文演讲，分五个部分用翔实的数据、生动的案例向参会者介绍和分享了中国法院参与环境治理的情况：1. 设立环境资源审判专门机构。截至2016年12月底，我国已有27个省、自治区、直辖市设立了559个环境资源审判专门机构。环境资源审判专门机构的设立大大加强了中国环境资源案件的审理，初步达到了通过司法的力量保护生态环境的目的，取得了很好的社会效果。2. 依法审理环境资源刑事、行政、民事案件。2014年1月至2016年6月，中国法院共受理污染环境、破坏自然资源等环境资源一审刑事案件39594件，审结37216件，生效判决人数47087人；共受理环境污染防治、生态保护、自然资源开发利用等一审民事案件227690件，审结

195141 件;共受理起诉负有生态环境、自然资源监督保护职责的政府部门等一审行政案件 68489 件,审结 57738 件。3. 依法审理环境公益案件、维护公共利益。2015 年 1 月至 2016 年 12 月 31 日,全国法院共受理社会组织和试点地区检察机关提起的环境公益诉讼一审案件 189 件,涵摄大气、水、土壤、海洋、森林、濒危植物、人文遗迹、自然保护区、乡村等多个环境要素的保护,并重点介绍了腾格里沙漠污染公益诉讼案、山东德州大气污染公益诉讼案两件影响较大的代表性案件。4. 发布司法解释、统一裁判尺度。最高人民法院作为中国最高审判机关,已经依法制定了涉及土地、森林、草原、海洋、矿产、动植物等环境要素以及环境公益诉讼等 11 件环境资源类司法解释,并发布了 3 件环境资源类规范性文件,这些司法解释和规范性文件对于各级法院准确理解环境资源类法律、行政法规的规定,科学掌握环境司法政策,统一环境资源类案件裁判尺度,保障公众环境权益,维护生态环境和社会公共利益,具有重要的价值和作用。5. 强化公众参与和司法公开。中国法院采取了多种措施强化公众参与和司法公开,例如推行人民陪审员参与环境资源案件审理的制度,建立环境资源审判专家库,保障当事人申请专家出庭提出意见的权利,邀请人大代表、社会组织和公众旁听重大案件的庭审,开通"中国庭审直播网"和"中国裁判文书网",等等。

印度新德里污染控制委员会秘书长兼主席介绍了新德里污染控制委员会（DPCC）以及具体参与污染控制工作的情况。该委员会根据印度的相关法案于1991年6月设立，作为德里国家首都辖区（NCT）的一个分支，执行国会颁布、印度林业部公布的各种环境/污染控制法律。该委员会由16名成员组成，包括主席、会员秘书和来自政府部门、环保领域和无政府组织的专家们。该委员会的主要职责是为德里政府就任何关于预防和控制水和空气污染以及改善空气质量的事项提供咨询，通过大众传播媒体成立公众广泛关注的预防、控制或减少水、空气污染的项目，为污水处理处置和工业废水废气清洁装置、管道准备手册、规范和指南，等等。

澳大利亚、阿富汗、印度和肯尼亚的法官和学者也从不同角度并结合本国空气污染或治理的实际情况作了交流发言，并共同参与了与其他参会代表及观众的交流互动。

（四）气候变化

本专题共有8人发言，发言者包括泰国最高法院副院长、印度最高法院法官、印度孟买高等法院首席法官、美国夏威夷州高等法院助理法官、尼日利亚Ahmadu Bello大学教授、我国武汉大学客座教授、印度尼西亚苏腊卡尔塔区法院法官和美国哈佛肯尼迪学院教授。

来自夏威夷州高等法院的法官Michael D. Wilson演讲的题目是"气候变化和环境法治：对不可持续未来的司法回应"。他认为，气候变化已经给世界带来巨大的影响。奥巴马总统曾说，本世纪比任何一个世纪都引人注目的一个特征就是气候改变带来的急迫和日益增长的威胁。世界银行行长金墉提出"五到十年内，气候变化将会引发对水和食物的战争"的观点。就在本次环境大会召开之际，印度新德里5000所学校因雾霾原因停课。除此之外，气候变化还给生物多样性带来了威胁。世界范围内的珊瑚礁因为热漂白而危在旦夕，拯救珊瑚礁的唯一途径是向全球变暖宣战。《巴黎气候变化协定》为减少气候变化带来的风险和影响，提出"把全球平均气温较工业化前水平升高控制在2摄氏度之内，并为把升温控制在1.5摄氏度之内而努力"的目标。在这种大背景下，气候变化成为全球法官面临的最重要法律问题。

来自武汉大学的客座教授Ben Boer深刻阐释了气候变化和人权之间的关系。他认为，人们在法律程序中更广泛地认识到人权和气候变化的联系,环境法治是促进这些联系的一条道路,许多环境法治原则可以适用于气候变化的缓解和适应,例如《协定》就认识到气候变化和人权的关联性,提出加入方应当承认气候变化关乎人类,在采取措施对气候变化表态时,应尊重、鼓励和考虑他们在保护人权上的义务。Ben Boer 教授还对《协定》和世界自然保护联盟的相关宣言中体现出人权与气候变化之间关系的原则进行了梳理,最终得出结论:通过法院、政府间组织建立关于人权和环境的新原则,很多这些原则与环境法治新出现的概念和气候变化司法有关,环境法理论和实践"新浪潮"中的部分项目应当以这些原则作为建立基础,全球性的司法机构应当是促进这些原则的助力。

来自印尼苏腊卡尔塔区法院的 Bambang Hery Mulyono 法官介绍了 REDD+(在发展中国家通过减少砍伐森林和减缓森林退化而降低温室气体排放)和印尼法院在其中扮演的角色。在印尼的经济、司法政策和执法背景中,都有关于 REDD+ 的考虑。与之相关的印尼法庭有主要适用反腐败法和反洗钱法的反腐法庭,在印尼国家行政法庭和一般法庭均有专业环境法官,在最高法院也有相关的议事系统。

其他几位法官和学者在交流发言中也与大家一同分享了其关于气候变化的观点、认识以及研究成果。

(五)法院在环境保护中扮演的角色

参加该环节的法官除我院刘山煽同志以外,还有尼泊尔最高法院首席大法官、不丹最高法院首席大法官、孟加拉国最高法院首席大法官、英国最高法院法官、巴西国家高等法院法官、澳大利亚新南威尔士州土地和环境法院首席法官、泰国安通省法院副总裁判官、马来西亚上诉法院法官、印度国家绿色法庭法官、日本最高法院法官。这是一个互动性非常强的环节,采取由该专题主席作背景性发言后观众提问、法官代表解答的形式。观众们主要围绕着司法在气候变化、大气污染、水污染防治、生物多样性保护等环境问题中所起的作用以及各国法院在应对环境保护上的一些创新型举措等进行了提问,相关法官分别进行了回应和解答。值得一提的是,现场观众不仅有前文提到的各国代表,还有相当数量的印度大学生及大学生志愿者,他们在这个环节表现得非常积极踊跃,显示出印度大学生具有较强的独立思考能力。

三、体会和建议

通过两天的与会发言与交流，代表团成员对于参加本届"世界环境大会"印象深刻，对于我国法院在环境保护领域加强国际交流与合作、进一步发挥司法在保护生态环境和实现环境正义中的审判职能作用等问题上有一些新的体会和建议。

（一）在环境保护领域应进一步加强国际合作，充分利用境外资源和力量保护生态环境

两天的会议中，我们和印度、美国、荷兰、澳大利亚、新西兰、巴西、肯尼亚、印尼、缅甸等各大洲多个国家的参会代表和赞助印度召开世界环境大会的联合国环境保护署、亚洲发展银行的工作人员进行了交流和沟通。据悉，联合国环保署、亚洲发展银行在包括印度在内的许多发展中国家均支持了类似的环境保护交流项目，例如，每年一次在印度新德里举行的"世界环境大会"，每三年在菲律宾举行一次的亚太区域环境法官"法律、司法机构及气候变化"国际研讨会，等等。联合国环境保护署、亚洲发展银行的工作人员在交流时表示，现在和我国在环保领域的合作正在进一步加深，许多大型的相关国际会议和环保培训项目都会邀请我国代

表参加，能够感受到我国在环境保护加强国际合作的态度和决心，未来希望能进一步拓宽合作渠道与形式。对此，我国应该依托日益健全的环境司法专门审判机构，借助联合国环境保护署、亚洲发展银行等关注环境保护国际机构的资源和力量，在我国合作举办一些国际性环境保护专题研讨会、环境资源法官培训项目等，并可借鉴印度世界环境大会的模式，将其中较成熟、效果较好的环境保护国际会议或者国际合作培训项目形成惯例，定期定址举办。利用国际机构的资源和力量加强环境保护国际合作，一方面可有效借鉴其他国家较先进的环境保护理念和做法，强化我国环境资源审判专门力量，提高我国环境资源法官的国际视野和业务水准，另一方面也可以藉此向世界各国介绍和传播我国环境保护，尤其我国环境司法审判的实际作法及取得的明显成效，扩大我国环境司法的国际影响力，增强我国环境司法的国际话语权。

实际上，环境保护是一个日益开放、与时俱进的领域，并已经跨越了边境、国界，成为了一个国际性、世界性的问题。因此，如何在平等互利的基础上进一步加强环境保护国际合作、将国外环境保护的资源和力量为我所用，应当是未来我们密切关注和研究的重点。

（二）借鉴环境资源审判机构专门化的国际化实践经验，完善我国环境资源专门审判机构、机制

2007年11月，为了运用司法手段促进解决当地重要饮用水源——"红枫湖、百花湖和阿哈水库"的水质恶化问题，贵州省在清镇市人民法院成立了中国第一家生态保护法庭。2008年5月，为了应对中国面积最大的淡水湖——太湖日趋严重的蓝藻污染问题，江苏省无锡市中级人民法院设立了专门环境保护审判庭。2014年6月，为应对大气、水流、土壤污染等严重的环境问题，最高人民法院党组根据我国加强生态文明建设的需要，决策设立专门的环境资源审判庭，并指导全国各省、自治区、直辖市高级法院及一些符合条件的中基层人民法院逐步设立了500多家环境资源审判庭或专门环境保护合议庭。环境资源专门审判机构的设立与完善为我国借助司法的力量加强生态环境保护、实现环境正义发挥了积极的促进和保障作用。

实际上，除我国法院设有专门环境资源机构外，不少国家和地区也设立了专司环境资源审判的法庭。新西兰、瑞典、印度以及美国佛蒙特州、

澳大利亚新威尔士州等地均设立了环境保护司法机构。1980年，澳大利亚新威尔士州对环境和规划处处理机制进行改革，根据《土地和环境法院法案》《环境规划与评估法案》，建立了新威尔士州土地与环境法庭；1981年，新西兰制定《资源管理法》，将原规划上诉委员会改革成为规划裁判所，后更名为环境法庭；1989年，美国佛蒙特州制定《统一环境执行法》，创立了佛蒙特州环境法庭，并出台《佛蒙特州环境法庭程序规则》；1999年，瑞典颁布《环境法典》，将原有的水权法庭改革为环境法庭；2010年，印度颁布《国家绿色法庭法》并据此设立印度国家绿色法庭。上述国家和地区环境资源专门审判机构均是通过颁布正式环境法律，确定环境法庭的地位，并依法规定法庭的案件管辖范围、审级程序、审判方式等程序问题，故具有较强的独立性及权威性。

相比较而言，我国环境资源专门审判机构属于我国现行法院体制内设机构，且不是根据专门的环境法律设立的，亦没有单独环境资源案件审理的程序规则，与其他案件一样适用刑事诉讼法、民事诉讼法或者行政诉讼法的规定，权威性、独立性略显不足；现有专门环资审判机构的设立未充分考虑环境资源案件往往具有的公益性、复合性、专业性、恢复性以及职权性的特点，不利于充分发挥环境司法在保护生态环境中的审判职能作用。我国应加强与上述国家和地区已经设立并运作多年的环境资源专门机构的联系，研究、分析这些环保法庭多年审判实践的经验教训并为我所用，在条件成熟后确定互派环境资源法官交流学习机制，并积极推动我国环境资源法庭专门立法工作，以强化环境资源专门审判机构的权威性和专门性，更好地服务和保障国家生态文明建设。

（三）进一步强化环境保护司法理念，积极借鉴国际先进理念和作法

随着我国社会经济的迅速发展，大气、河流、土壤污染等环境问题日益严重，已经和食品安全问题等一起成为老百姓们最关心的民生问题。环境问题的处理和应对已不仅仅涉及人民群众的生命健康和财产的保护，更涉及国家的生态安全和社会稳定，影响到整个社会的长治久安。无论是经常漫及大半个中国的雾霾侵扰、水资源的短缺和污染，还是日益严峻的地质灾害、珍稀动植物灭绝、生物多样性减少等生态问题涉及的各类纠纷，均需要环境资源审判法官不断强化环境保护司法理念，在审理环境资源案

件中不能过于拘泥僵化的教条,应在坚持法律原则和底线的基础上强化生态环境的保护意识,自觉树立保护优先的理念;要积极借鉴国外同行在处理环境资源案件中成功的经验和作法,对于一些甚至看似荒诞的认定和处理应给予尊重并认真思考。如最近新西兰就赋予旺格努伊河具有与人相同的法律权利,而印度法院亦通过个案赋予恒河和亚穆纳河法律人的主体身份,认为这将有助于两条饱受污染河流的保存和保护,以确保污染河流的行为现在将构成对人的伤害。尽管这些将动植物、河流、山脉等自然物视为人的环境保护理念,基于我国的环境法律规定、法学理论及环境司法现状尚不能完全予以接受,但依然应加强学习、研究,并在条件成熟时积极予以借鉴,以更好地为生态文明建设提供真正有力的司法服务和保障。

(四) 完善环境资源保护法制,积极创新环境资源司法实践

完备的环境资源法律是环境保护最有力的保障,也是人民法院顺利裁判环境资源案件的根本依据,在两天与国际同行的交流中更加深了我们的这种感觉。我国环境资源法律已经基本形成了较完备的体系,但仍然存在不少缺陷或者不足。刑法中虽然设立专节规定了破坏环境资源保护犯罪,但罪名设置地相对笼统,如造成水、大气、土壤等污染的行为均归于污染环境罪一个罪名中,未区分不同环境要素的特质,精细化不足;法院在审理破坏环境资源犯罪时越来越多地考虑案发后是否有生态环境修复行为、是否实际减少了环境损害,但立法上尚缺乏明确的裁判依据。现行环境资源法律规定对环境公益诉讼的规定,尤其对于环境行政公益诉讼的严格限制,与当前严峻的环境保护现状不符,也与国际上环境公益诉讼主要以行政公益诉讼为主的司法实践有明显落差,影响了公益诉讼在保护生态环境、促进社会公众参与环境治理中独特作用的有效发挥。我国一些自然资源类法律法规,如矿产资源法,多制定于上世纪八、九十年代,内容明显滞后于时代发展的需要。而一些明显有利于资源节约、环境保护的法律,如循环经济法、可再生能源法,由于缺少具体可操作性的罚则以及相应的监督制约机制,导致法律规定的相关环境保护(亦是应对气候变化)措施,如电网企业须确保全额保障性收购可再生能源的规定,均难以实际落实,国家能源局每年公布的各省"弃风""弃光"能源数量的居高不下就是一个明显例证。

因此,对于我国环境资源法律中存在的问题,除积极推动立法机构修

改、完善、补充外,环境司法审判机构亦可以在不突破法律原则和底线情况下,深入研究、分析环境保护法律法规,尤其是环境公益诉讼的相关理论和实践问题,在受理和审理具体个案时积极探索,不断总结环境司法审判实践经验,为相关环境资源法律的制定、修改或者环境资源类司法解释的起草提供鲜活的第一手素材,为生态文明建设和绿色发展提供强有力的司法服务和保障。

特此报告。

【后记】

代表团成员到达大会安排的酒店已经是 3 月 24 日深夜,在有点雀跃的疲累中沉入梦乡。清早在鸟儿翅膀扑棱窗户的声音中醒来,拉开窗帘,酒店对面是一个自然保护公园,目之所及是郁郁葱葱遮天蔽日的树冠。天空不时有鸟儿划过的痕迹,让人想起印度文豪泰戈尔《飞鸟集》中的名句,"夏天的飞鸟,飞到我窗前唱歌,又飞去了"。

我们在印度最好的季节到来。但其实,新德里也有严重的雾霾问题,据中国驻印度大使馆的同志介绍,新德里的雾霾甚至比北京的更严重、更糟糕。而印度圣河——恒河水的污染状况也非常不乐观。看来,中国、印度两个文明古国遇到了同样严峻的环境问题,如何一代代与承载厚重历史的深沉大地和平共处下去。

也许,伟人的名言可以解答。印度圣雄甘地曾说,"地球、空气、土地和水,不是先辈给我们的遗产,而是我们向子孙后代借来的。因此我们应当原封不动地将它们交给我们的孩子。"我们习总书记更进一步指出:"环境就是民生,青山就是美丽,蓝天也是幸福""要像保护眼睛一样保护生态环境,像对待生命一样对待生态环境""为子孙后代留下天蓝地绿水清的家园"。

以环境保护为己任的法律人,如果能在漫漫人类历史长河中为生态环境的保护尽自己的绵薄之力,何尝不是一种幸运!

"环境资源法律和司法实践"专题培训交流团赴美总结报告

刘晓华[*] 朱 婧[**] 张红生[***] 薛 淼[****] 朱 丽[*****]

经最高人民法院和国家外国专家局批准,应美国佛蒙特大学及佛蒙特法学院的邀请,中国环境资源法官代表团于 2017 年 1 月 6 日至 3 月 12 日赴美国就"环境资源法律和司法实践"专题进行培训和交流。代表团共五名成员,以山东省高级人民法院环境资源审判庭刘晓华副庭长为团长,成员包括最高人民法院环境资源审判庭法官朱婧、安徽省高级人民法院民事审判一庭副庭长张红生、吉林省高级人民法院环境资源审判庭副庭长薛淼、江苏省高级人民法院法官朱丽。

本次团组是我国第一次选派环境资源审判法官赴境外进行长时间、全英文的业务培训。团组出访前,最高人民法院国际合作局及环境资源审判庭有关负责人多次组织召开协调会议,与邀请方、资助方代表座谈,对课程设置、行程安排、出访计划作出了周密详细的布置。代表团在美国期间,认真落实出访计划,严格遵守外事纪律,圆满完成了学习考察任务。现将相关工作学习情况汇报如下:

---

[*] 作者单位:山东省高级人民法院。
[**] 作者单位:最高人民法院。
[***] 作者单位:安徽省高级人民法院。
[****] 作者单位:吉林省高级人民法院。
[*****] 作者单位:江苏省高级人民法院。

一、培训交流总体情况

（一）培训情况

按照出访计划安排，代表团的学习任务共包括 22 个专题、66 个课时，分别在佛蒙特大学、佛蒙特法学院两处完成，由美国知名的环境资源法律专家学者及环境法庭法官、环境保护行政机关官员教授课程。课程内容涵盖了：美国环境资源法律框架及发展沿革、《清洁水法》《清洁空气法》《安全饮用水法》《综合环境反应、赔偿和责任法》《资源保护恢复法》《有毒物质控制法》等美国环境法律的基本制度，同时还就美国环境法当中的公民诉讼制度、专家证人和科学证据、责任和救济方式等问题进行了专门的学习。通过大量的学习和阅读，代表团成员按照最高人民法院的安排，在佛蒙特法学院导师的指导下，分别就各自研究专题形成了研究报告（附后），对我国今后相关司法解释起草工作、环境资源审判实践具有重要的借鉴意义。

（二）交流情况

在紧张的学习计划之外，按照出访任务安排，代表团充分利用时间，先后走访了佛蒙特和华盛顿两地的环境法庭、检察机关、环境保护行政机关、环境保护社会团体和高校科研院所，就美国环境资源法律与实践进行了交流考察。

1. 环保法庭

代表团走访了位于伯灵顿市的佛蒙特州环保法庭。该法院为全美国仅有的两个环保法庭之一（另一环保法庭位于夏威夷），负责审理佛蒙特全州的一审环境案件。该庭法官向代表团详细介绍了环保法庭的人员结构和审判职能，并重点就其特有的法庭规则与代表团进行了交流。同时两次走访了佛蒙特州伍德斯托克郡法院，听取了关于佛蒙特州法院结构、案件情况、法庭规则和审理程序的简要介绍，并在该院的安排下，利用一整天的时间，旁听了一起环境资源案件的审理。在该案的旁听过程中，代表团更加真切的了解了美国环境案件审理的方式和审判技巧，对于环境行政管理机关通过民事诉讼履行行政管理和处罚职能的工作机制有了更加直观的认识。该案经过审理，当庭宣判。庭后，代表团同主审法官就该案情况和中美环境法律制度的差异进行了深入交谈。

2. 检察机关

代表团访问了佛蒙特州检察总长办公室,与佛蒙特州总检察长及负责环境保护相关案件的政府公职律师进行了座谈。在座谈中,相关负责人向代表团介绍了佛蒙特州检察总长办公室的机构框架,以及相关公职律师代理政府行政机关,参与环境民事、刑事案件审理的工作程序和方式。

3. 行政机关

代表团在华盛顿特区分别同美国联邦环保局的上诉委员会、总顾问办公室及执行合规办公室相关工作人员进行了座谈。详细了解了美国联邦环保局的政策制定、行政执行、公众参与、争端解决,及行政裁决与司法裁判程序的接续等实践操作问题。就联邦环保局的工作职能、人员配置及环境保护执法工作中所面临的现实问题深入交换了意见。与美国内务部上诉委员会的行政法官进行了座谈。详细了解了美国内务部在涉及土地利用和环境保护方面的工作职能及其在生态环境损害赔偿中的主体地位、美国联邦土地的利用和保护情况、内务部与联邦环保局的职能分工、上诉委员会的裁决程序及与民事诉讼的衔接等问题进行了讨论。访问了位于蒙彼利埃市的佛蒙特州市政厅,听取关于佛蒙特州二百年间环境变迁的过程,人为环境破坏的惨痛经历,以及漫长的环境修复历程,了解了佛蒙特州立法机关和行政管理机关近年来对环境保护高度关注的态度和佛蒙特州民众对环境立法和管理的参与热情。与佛蒙特州环境资源局的法务人员进行了座谈,听取了有关该州环境资源局工作方式和执法力量的介绍,并着重探讨了行政管理机关在执法过程当中,先治理、后求偿的工作机制。双方就行政管理机关在修复环境损害后,如何通过民事诉讼程序,向违法者追偿以及与违法者达成和解协议,或通过要求违法者履行附加环境工程(SEP)来弥补公共利益所受损害的执法方式,深入交换了意见。

4. 科研机构

代表团考察了佛蒙特大学工程和数学科学学院,听取知名环境案件专家证人参与案件审理的实践经验介绍。对美国环境案件中,专家证人如何在庭审中向法官和陪审团说明事实问题,为当事人的诉讼主张提供科学证据的支持,有了较为直观的了解。在佛蒙特大学鲁本斯特学院山普林湖环境生态科学实验室,与佛蒙特大学的生态科学家进行了座谈,了解了地处美国和加拿大之间的山普林湖的水文情况、环境保护和治理方法,以及美国和加拿大之间关于该水域环境保护的沟通协调工作机制。应佛蒙特大学的邀请，代表团同佛蒙特州、新泽西州的法官一同，就科学证据在环境案件审判当中的应用与佛蒙特大学的师生共同进行了座谈。通过交流，美方师生对于中国加强保护环境的态度和决心，以及中国法院对环境资源的司法保护力度有了较为清晰的认识。参加了由佛蒙特大学鲁本斯特学院、西格兰特研究所、佛蒙特法学院和中国复旦大学联合举办的"生态恢复的政策与法律研讨会"。与与会的中美环境科学和法律专家一同，就生态环境的服务功能及价值、中美环境法律政策发展及现状的比较、中美典型环境保护和修复的案例、美国日最大负荷总量的环境政策所包含的技术要素和管理规范等中美双方共同关心的问题，进行了探讨。考察了美国大学华盛顿法学院。与该校师生共同探讨了中美行政法在环境执法过程当中存在的差异，着重听取了美国民众对于在政府换届过程中所产生的环境政策的变化等问题的忧虑。

5. 环保团体

访问了华盛顿特区、佛蒙特州的部分非政府组织，就美国公民诉讼中的诉讼主体、诉讼规则、公众参与、司法审查原则、救济措施、公益诉讼与私益诉讼的区别、公益诉讼的法律基础，美国非政府环境保护组织的资金来源、社会职能、工作方式、参与和影响环境立法和执法的方式，美国联邦土地管理和利用、清洁能源法案的立法进程、超级基金的法律责任、美国野生动物保护情况等前沿、疑难的问题进行了交流讨论。

二、美国环境资源法律和审判体系

(一) 美国环境法律体系

1. 美国主要环境立法

上世纪50、60年代，伴随经济高速发展，美国环境污染问题日益凸显。日趋严重的环境问题亟待治理成为美国社会共识。尼克松总统于1970年设立联邦环保局，作为保护环境的专门机构，并赋予其广泛的权利。同时，大规模的环境保护立法随之而来。美国是普通法系国家，法院的司法解释或判例是整个法律体系的一个重要组成部门，但就环境法律体系而言，成文法是整个环境法律体系的主要组成部分。现行的环境法律主要是由国会通过立法做出原则性的规定或方向性规定，然后由环境保护管制机构在国会立法的范围内制定相关法规而进一步贯彻实施的。美国环境保护立法的一个显著特征是以污染媒介为主线进行的立法，如水、大气、噪声、物种、自然资源和海洋保护等法律，这些成为了环境法体系的主干法律。当然也有针对污染物进行的立法，如固体废物、有毒物质、农药等。此外，还有针对具体行为的环境立法，如国家环境政策法对能造成环境影响的政府行政行为做了规定。因此，对同一污染事件可能会同时适用多部环境保护法。下图是美国主要环境法律出台的时间表：

制定时间	主要法律名称
1970	尼克松总统签署《国家环境政策法》，开启了美国环境保护的新时期
1970	《清洁空气法修正案》
1972	《清洁水法》
1972	《噪声防治法》
1972	《联邦环境杀虫剂控制法》
1974	《安全饮用水法》
1976	《有毒物质控制法》
1976	《资源保护回收法》，固体废物管理的基础性法律，对固体废物的全过程管理和污染控制进行了详细的规定
1980	《综合环境反应、赔偿和责任法》
1981	里根总统签署12291号行政命令，要求行政机关在制定重要的法规时必须进行成本—效益分析
1984	《资源保护回收法修正案》（又称《超级基金法》）
1986	《超级基金修正案》和《再授权法案》对《超级基金法》予以修正
1987	《清洁水法修正案》
1990	《油污法》
1990	《污染防治法》
1990	《清洁空气法修正案》，采纳二氧化碳总量管制与排放交易机制

2. 美国环境法的主要原则

美国环境法在制定和实施过程中,不断完善修改,逐渐形成了一系列较为成熟的原则。

(1) 污染者付费原则。这是国际环境法基本原则之一。污染者就其对自然环境造成的损害付费。该原则亦是污染者责任的延伸,目的是将处理废弃物的责任从政府转移至生产者。

(2) 社会成本内部化原则。该原则将环境成本纳入产品成本之中,让污染者承担他们污染行为的全部社会成本,从而对资源进行有效配置。

(3) 命令与控制原则。该原则主要涉及三个要素:确定损害环境行为的种类;对行为设置特定的条件和标准;禁止不符合上述条件或者标准的行为。

(4) 总量控制与排污交易原则。在一定区域内,在污染物排放总量不超过允许排放量的前提下,内部各污染源之间通过货币交换的方式相互调剂排污量,从而达到减少排污量、保护环境的目的。它主要思想就是建立合法的污染物排放权利即排污权(这种权利通常以排污许可证的形式表现),并允许这种权利像商品那样被买入和卖出,以此来进行污染物的排放控制。

(5) 威慑(处罚和起诉)原则。对危害环境的违法行为追究行政责任、民事责任和刑事责任,处以刑罚、罚金、监禁等以起到震慑作用。

(6) 公众参与公民诉讼原则。在环境标准、许可证制度等方面,公众有权获得相应的信息并通过书面提议和听证等方式参与决策。另外,公民还可以针对侵害环境公益的行为提起诉讼,寻求司法救济。该制度对于促进公民参与环境保护,督促环境法律的实施产生了重要影响。

(二) 美国环境审判体系

美国环境审判体系采用双轨制,分为联邦环境法院体系和州环境法院体系。联邦环境法院审理涉及宪法、州际环境纠纷、清洁空气法、清洁水法等联邦环境法律的解释和适用等案件。州环境法院审理本州辖区内的环境纠纷案件。州法院管辖权较为广泛,凡是法律未明文授予联邦法院的司法管辖权,均可以由州法院行使。

1. 美国联邦环境审判体系

美国联邦环境法院分三级,由联邦最高法院、13 个联邦上诉法院和 95

个联邦地区法院组成。联邦地区法院在各州设立，13个美国联邦上诉法院分别下辖相应的联邦地区法院。联邦地区法院审理辖区内一审环境案件。当事人不服的，可以上诉到一审法院所属的联邦上诉法院。除非最高法院签发调卷令，美国联邦上诉法院判决多为终审判决。

值得注意的是，美国环境审判体系还包括联邦环保局的行政法法官。联邦环保局设环境行政法法官办公室和环境行政委员会。其中的审判人员均为法官。环境行政法法官办公室和环境行政委员会虽设在联邦环保局，但与联邦环保局行政执法机构相互独立。联邦环保局做出相应行为后，如果当事人不服，可以根据相关法律向行政法法官办公室或者环境行政委员会申请复议。而行政法法官办公室与环境行政委员会的分工也较为明确。

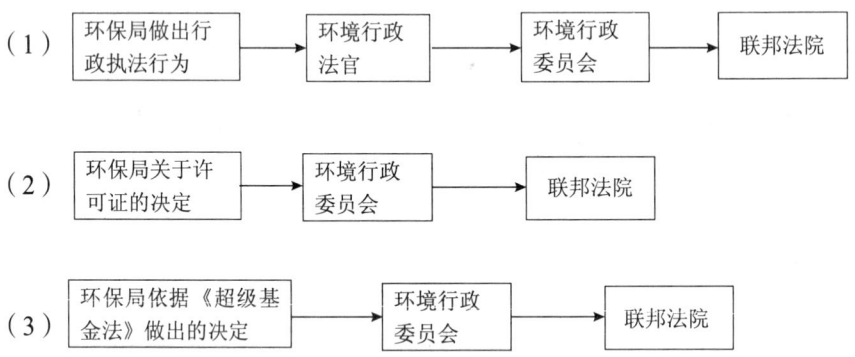

这里，联邦环保局做出的行政执法行为先由环境法法官审理。当事人不服的，可以向环境行政委员会提起上诉。当事人仍不服的，可以向联邦法院提起上诉。而联邦环保局关于许可证的决定以及依据超级基金法做出的决定则由环境行政委员会负责。当事人仍不服的，可以向联邦法院提起上诉。一般来说，环境行政委员会做出的裁决，如果事实审向联邦地区法院提出上诉，法律审则向联邦巡回法院提出上诉。另外，联邦环保局如果认为行政处罚力度不足，也可以将行政执法案件提交司法部，由司法部向联邦法院提起民事罚金诉讼。因为民事罚金最高上限高于行政罚金最高上限。

2. 美国佛蒙特州环境审判体系

美国各州的环境审判体系并不完全相同,大多为三级法院,但也有的州仅二级法院。以下对我们考察交流的佛蒙特州环境审判体系加以介绍。

(1) 佛蒙特州环境审判审级制度。佛蒙特州采取二审终审制,分两级法院。一审法院称高级法院,二审法院称佛蒙特最高法院。其中,一审法院设立了环境审判庭,审理五类案件:①申请执行州土地利用和环境保护部门的行政命令;②市政当局做出的环境执法诉讼;③市政规划委员会、发展审议委员会和计划委员会提起的诉讼;④对根据州土地利用和发展法案所做决定提起的诉讼;⑤违法燃烧、倾倒或者不遵守许可证的行为等。

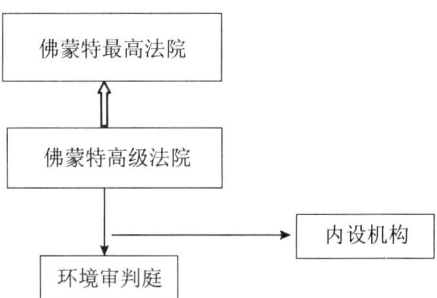

（2）环境案件审判流程。以下是佛蒙特州法院一审普通环境案件的流程图：

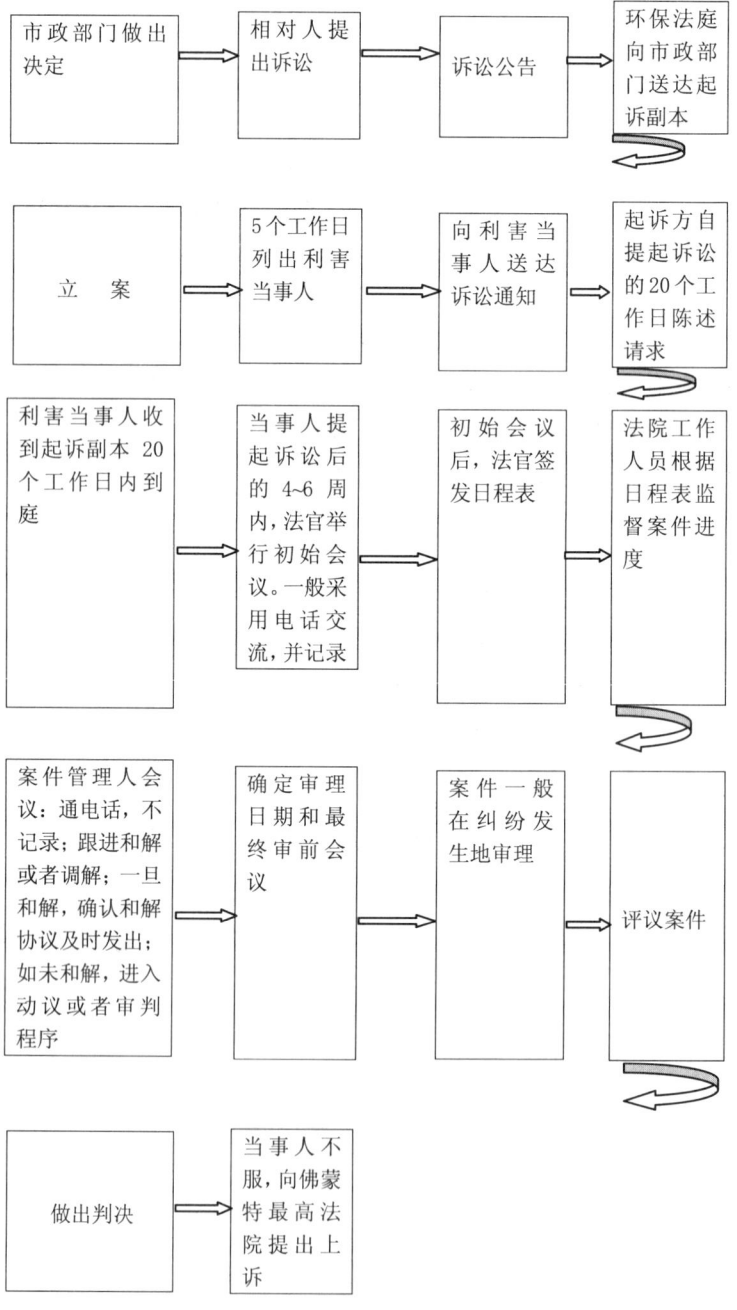

三、环境保护与经济发展之间的关系处理

环境保护与经济发展之间的矛盾,是任何一个国家都无法回避的课题。美国的市场理论和实践告诉我们,只有可持续发展才是真发展,牺牲环境换取的短期经济增长并不能带来社会整体财富的增加,政府进行重大发展决策时需要充分考虑其环境影响,而司法在两者的利益权衡之中发挥着重要作用。

(一)困境:公地悲剧与市场失灵

牧羊人在公共草场上放牧,只要羊的数量在草场可承受范围之内,就可以满足放牧需求,保证当地经济发展。然而,随着放牧人和羊的数量不断增加,牧羊人很快意识到长此以往会把草吃光,未来草料将出现供应不足,畜牧经济无以为继。那么他是否会停止过度放牧,保护草场呢?答案是否定的,相反,他会更加争先恐后地放牧,目的是抢在草料被其他牧羊人的羊吃完之前让自己的羊群吃饱。这就是开放性资源所面临的公地悲剧(The Tragedy of the Commons)。

自然资源、环境福利、生态服务功能等属于公共物品,人人可以分享,但是没人能够拥有。毫无疑问,环境和资源对于人类社会而言具有重要的价值。但是,这些福利没有市场价格,因为它们难以作为商品进行交换,即便资源变得稀缺,其价格亦不会上涨。公地悲剧的原因正是在于自由市场无法为环境保护提供足够的经济刺激:牧羊人如果继续过度放牧,羊群越多,在市场上可获得的售价就越高;而如果其出于长远利益暂停放牧,由于其他牧羊人未必有同样的觉悟,最终很可能牺牲了其个人利益却没有任何回报,出现"劣币驱逐良币"的不公平结果。公地悲剧同样适用于水、空气、森林、矿产等其他公共产品。生产经营者无序排污、毁林开荒、破坏性采矿,虽然造成了生态破坏和环境污染,但是企业自身的生产成本并没有因此增加。每个生产经营者追逐利益的理性行为集合起来造就了非理性,获取短期经济利益的最大化最终导致了长期经济利益的耗尽和生态环境的崩溃,从而出现市场失灵。

(二)对策:外部性的内部化

美国经济学家认为,社会之所以不能在经济产值和环境质量之间建立

适当平衡的关系，原因在于滥用公共资源的成本以及由此带来的污染费用在许多情况下并不是由污染者支付的，而是由社会公众承担，这被称为外部性（Externalities）。"增长"并不等于"发展"，如果污染的总代价超过了生产商及其消费者所获得的利益总和时，该生产活动便属于"无效"劳动。牺牲环境换取的短期经济增长并没有带来社会整体财富的增加，只不过是将个人的生产成本外部化了，而社会修复这些被破坏的生态环境可能要花费十倍百倍的高昂代价，从而造成了"外部不经济性"。而可持续发展的核心正是限制，将经济发展的成本控制在自然环境可以承受的范围之内。因此，在环境保护与经济发展之间的关系处理上，一定要从经济社会发展的长远利益出发，从整体上进行政策设计，谨慎使用成本收益分析，尽可能采取最经济的合规措施。

治理公地悲剧及由其引发的市场失灵，最优政策就是迫使生产经营者承担环境成本和社会责任，即外部性的内部化（Internalizing Externalities）。其经济学原理在于：当一个产品需要收费时，人们会比免费使用时用得更少。如果自然资源需要收费，环境污染需要罚款，生产经营者便能获得更为准确的价格信号。外部性分为负外部性和正外部性。环境污染带来社会成本的增加，此为负外部性。负外部性的内部化要求通过排污收费和超标罚款等机制，确保破坏环境的成本由污染者承担。当危害环境的产品和工业流程更为昂贵时，利益驱动将促使生产经营者改进工艺技术以降低违法成本，或者退出市场另谋生计。如果因此导致了部分企业的关停，也不过是由其承担了本应支付的污染成本而已，这种短期的阵痛对于建立规范而可持续的市场秩序而言有时是不可避免的。另一方面，环境保护将带来社会财富的增加，此为正外部性。正外部性的内部化要求通过生态补偿机制，由生态服务功能的受益者补偿环境保护者所付出的成本；采取排污权交易机制，鼓励市场主体减少污染排放，使善意守法者真正通过生态保护和资源节约获益。环境法的功能正是通过有效的奖惩机制，为环境保护提供经济刺激，营造良性竞争氛围，使市场能够更好地保护环境。

（三）协调：《国家环境政策法》与司法审查

美国1969年《国家环境政策法》是第一部现代意义上的重要环境立法，其立法目的为确保政府在决策过程中充分考虑环境因素。该法要求联邦政府在提出任何一项将显著影响人类环境的立法草案或者其他重大联邦行动的建议和报告时，必须出具《环境影响报告》，详细论证可能对环境产生的各个方面的影响，以及其他能够减轻对环境不利影响的替代方案。《环境影响报告》草案须向社会公布，接受公众评议，行政机构必须对公众评议进行回应。正式的《环境影响报告》发布30天后，行政机构才能做出最终决定。公民如果认为政府重大决策中没有按照《国家环境政策法》的要求制作《环境影响报告》或者该报告没有充分考虑环境因素，可以根据《联邦行政程序法》的规定起诉要求对政府行为进行司法审查，在通过司法审查前不允许启动项目。

司法审查程序使得法院在协调环境保护与经济发展的利益冲突中担任着举足轻重的角色。法院一方面通过诉讼资格、行政行为的可审查性、是否参加了评议听证程序等对公民诉讼进行限制，另一方面在司法审查中要求政府机构提交决策记录，证明其在重大决策过程中的每一个阶段都已经认真、充分地考虑了环境因素，否则其行为可能被认定为"武断和反复无常"（Arbitrary and Capricious），将面临被撤销或发回重做。法院依据《国家环境政策法》所进行的审查，更为强调程序因素，即确保行政机构决策时已经履行了法定程序将环境影响考虑在内，由此该法被许多学者称为程序法。但是，司法对《环境影响报告》的充分性审查，不可避免会涉及实体问题。在决定报告中应当考虑哪些可供选择的替代方案时，法院采取了"合理原则"，即在当时的科技和社会背景下，常人可以合理想到的替代方案。只要政府能够对其决策做出合理解释，没有出现明显的判断失误和权力滥用，法院通常会尊重行政机构对所辖事务的专业知识以及自由裁量权。

尽管由政府自行出具《环境影响报告》被批评为让狐狸看守鸡窝，但毫无疑问的是，公众评议以及司法审查程序增加了行政机构决策的透明度，迫使其充分考虑环境因素，鼓励修改项目或采取替代方案以消除对环境的不利影响。《环境影响报告》已经成为政府政策制定和许可证发放过程中的重要一环，《国家环境政策法》施行之初政府官员在听证会上对《环境影响报告》甚至不屑一读的现象，在今天的美国已经再也不会出现。

四、美国环境法中的公众参与

在美国环境法中，公众参与是一项有效的法律执行手段和司法救济措施，从参与的广度和深度上均能确保公众参与到环境决策、环境管理和环境监督等各个方面。

(一) 公众参与的主体

美国环境法中公众参与的主体较为广泛,大部分单行法并没有对公众参与的主体进行限制。如大多数环境单行法中规定了"任何人"或"任何公民"可以针对"任何人"提起诉讼。对于"任何人"的解释包括任何个人、公司、合伙、协会、州、市、各州的政治分支机构以及美国联邦政府的任何机构、部门或单位及其任何官员、代理人或雇员等等。但实际上由于法律知识和技术上的限制,往往是环境公益组织作为真正的主体参与到相关事务特别是公民诉讼中。美国环境公益组织往往具有比较强大的诉讼能力和一定的技术力量支持,因此,大部分情况下,是由公益组织代表其会员参与到诉讼中。

(二) 公众参与的形式

1. 对环境信息的知情权

根据《信息自由法》的规定,公民被允许获取政府信息。绝大部分环境影响评价报告都向公众公开,通过网络即可以查看;公众对于空气质量和水质的实时监测可以查看;向工厂颁发的许可证都需要在网上公开,许多公民诉讼的案件实际上都是环保组织查看许可证后,对照实际监测数据发现工厂的排放数据超过了许可证载明的范围从而提起公民诉讼。

2. 参与环境影响评价

1969年,美国国会通过了《国家环境政策法》,这是一部重要的环境立法,具有划时代的意义,影响了众多国家的现代环境立法。根据该部法律规定,所有联邦机构作出"可能显著影响环境的立法草案或其他重大联邦行为的建议和报告"时,都应当提出《环境影响报告》。《环境影响报告》应当包括所有关键的可能对环境造成的影响并且回应公众的评论。《环境影响报告》在工程开始前必须向公众公开,并可以依据《行政程序法》进行司法审查。所谓"重大的联邦行为"重点在于如何界定"行为"及何种行为是"联邦"行为。在司法实践中,联邦行为往往被进行了扩大解释,如具体项目的批准或对私人项目的许可或拨款都可能被解释为"重大的联邦行为"。

3. 参与环境管理法规的制定

联邦机构在制定规则时,公众可以对相关规则的草案提出意见并可要求联邦机构召开听证会。制定规则的机构在规则生效前至少 30 天应当公开规则的最终稿，并解释制定该规则的目的。在规则最终稿中，制定机构应当对公众提交的重要建议、法律论证和技术信息等进行回应。如果公众（包括公民、企业、州和非政府组织）对规则有意见，可以提起诉讼，挑战机构制定的规则。

4. 参与环境执法

虽然政府在环境执法中承担了重要作用，但公众在环境执法中也扮演了重要角色。这一角色主要是通过公民诉讼来实现的。一方面，公众可以以违反相关环境法为由起诉任何私人主体，如以违反许可证为由起诉工厂的超标排污行为；另一方面，公众可以起诉环保署或其他相关政府机构的执法行为或不作为，如环保署未在一定的期限内进行相应的行政执法，则公众可以起诉环保署督促其履行相应的职责。

（三）公众参与的有限性

美国环境法中的公众参与并不是没有限度的参与，也受到一定的规制。以公民诉讼为例，联邦重要的环境单行法都规定了公民诉讼，这种规定一方面体现了环境立法和法律实施中对公众参与的重视，但另一方面也恰恰体现了对公众参与的适当限制。首先，每个单行法基本上都规定了对哪些特定行为可以提起公民诉讼，即公众并不能起诉所有的环境违法行为。如《清洁空气法》对强制执行某些汽车尾气排放标准不能进行公民诉讼。其次，美国环境立法虽然没有像我国一样对公益组织的资格进行一定的限制，但对起诉资格（standing）是有限制的。即通常按照宪法第三条的规定，原告应当证明因为被告的行为其遭受了"事实上的损害"，而且这种损害应当是具体的而不是假想的或精神上的损害；该损害必须与被诉的行为之间存在因果关系；该损害能够通过法院的裁决得到救济，即一般须针对当前的行为提起诉讼，如果纯粹是过去的行为且损害无法进行救济则不能提起诉讼。对于非政府组织，至少其一个成员应当具有起诉资格，非政府组织本身不会自动享有起诉资格。再次，美国环境法在诉讼的救济手段上也是有所限制的。大多数公民诉讼的救济措施是由法院发布禁令，也可以判处罚款，但罚款直接支付给联邦政府而不是公民或环保组织，原告不得通过诉讼为自己谋取任何经济上的利益。另外，如果联邦或州政府已经开始实施环境执法行为，则公众不能再提起诉讼。这是确保行政机关作为环境执法主要主体的必然要求。

(四) 公众参与的历史演进

美国环境法中的公众参与现状是历史的选择,并不是尽善尽美的,我们要用历史的眼光来审视这一制度,了解其相关制度的历史沿革,客观地看待美国在这一制度设计上的经验教训,从而将美国成功的经验因地制宜地用在中国的制度设计中。从历史的角度分析,美国环境法中的公众参与制度的形成与社会经济发展和环境问题的层出不穷密切相关。美国虽然是普通法传统,但在环境保护问题上却采取了与其传统法律截然不同的制定法形式,并在立法中赋予行政主体很大的权力来确保法律的实施,这是为了集中解决环境污染问题作出的妥协,但这一选择也限制了司法功能的发挥。

上世纪六十到七十年代环境保护运动高涨,法学家们重新解读了普通法中的"公共信托"理论,并应用到公共环境资源的保护中,但从制度设计的开始就偏重于行政权力的实施,而为了应对行政主体执法资源的不足,公众参与制度逐步发展,即由公众来承担一定的公共使命,因此这不是以权利为出发点,实际上这是一种"公共美德",即每个人对环境保护或公共利益均有责任。这与我国学界所理解的公众参与源于环境权不同,这一点需要澄清。实际上在美国环境法中,公众参与一直避免与环境权或权益等概念纠缠在一起,因为在普通法的法律思维中,一旦界定为权利,公众就会积极地主张这种权利,而这往往是与私权利相关联的。而公众参与的目的是为了维护环境公益,这一点与普通法中侵权法意义上的私益保护是截然分开的。因此,反映到司法实践中,在制定法已有规定的前提下,法院往往倾向于尊重行政主体作出的决定。在公民诉讼出现之前,环境诉讼主要是通过集团诉讼来实现的,而集团诉讼也是建立在侵权法的基础之上,但随着环保组织在造成重大的损害之前即提起集团诉讼,在救济手段上主要不再是要求损害赔偿,并且最高法院的判例使得集团诉讼在技术上越来越难以操作[1],结果导致环境诉讼在与普通法的分立道路上渐行渐远。最高法院通过几个案例确立了更加尊重行政主体的规则,如著名的"谢弗林诉自然资源保护委员会案"[2]确立了"谢弗林尊重"规则,即当

---

[1] Zahn v. International Paper, 4 Env. Rep. 10035 (1974).
[2] Chevron U. S. A., Inc. v. Natural Resources Defense Council, Inc., 467 U. S. 837 (1984).

法律模糊不清时,行政机关的解释只要"合理",就应予以尊重。因此,通过立法和司法的双重作用,美国逐渐演变出不同于普通法传统的环境诉讼,即建立了制定法体系下的"公民诉讼"。

(五)美国的公众参与对我国的借鉴意义

1. 扩大公众参与的广度

2014 年新修定的《中华人民共和国环境保护法》增加了"环境信息公开和公众参与"一章,但在公众参与的广度上仍有待推进。我国可以在规则制定、环境影响评价、排污许可证的颁发、污染治理和生态修复等领域更多地引入公众参与,对公众参与的程序保障进行合理的设计,畅通公众意见表达的渠道。具体而言,我国可以借鉴美国的做法,进一步完善《环境保护公众参与办法》[①],注重网上通道的使用,保证公众能够方便快捷地表达自己的意见,防止征求意见或听证会走形式,真正在立法和环境影响评价及排污许可证的颁发等领域充分听取公众的意见,并且规定相关行政机关应当对公众参与进行相应的回应,对是否采纳公众的评论或意见进行解释或说明。在污染治理和生态修复等领域,从环境污染和生态破坏情况调查到治理或修复方案设计都应当向社会公众公开,允许公众特别是当地的公益组织进行评论或建议,接受社会公众对污染治理和生态修复方案的监督。

2. 补充环境执法

目前我国的公众参与多是从公众的环境权益保障的角度进行分析,我们可以借鉴美国将公众参与作为环境行政执法的有效补充这一思路,当环境行政执法机关不履行、怠于履行职责或履行职责不到位时,鼓励公益组织起诉违反环境法的行为人,同时结合检察机关对行政机关提起行政公益诉讼,督促行政机关履行职责。换言之,环境保护不仅是政府的职责,社会公众也应当承担一定的责任,在政府环境执法资源不足时,公众可承担起补充行政执法的作用。可以借鉴美国公民诉讼的"通知"制度,即原告在提起公益诉讼前 60 日应当通知违法行为人或行政机关,如果行政机关采取了行政执法措施或违法行为人纠正了违法行为,则不必起诉。

---

① 2015 年 7 月 2 日,环保部通过了《环境保护公众参与办法》,但规定相对原则,操作性有待改进。

3. 发挥司法功能引导公众参与

我国目前的环境保护实践与美国现阶段并不具有可比性，因为美国环境保护制度是建立在强大的行政权力前提下，联邦环保署机构健全、制度完善并且人力资源充足（包括法律顾问和各种技术专家），在很大程度上可以应对行政执法和诉讼中的诸多法律问题和技术难题。但我国的环境行政执法层面相对薄弱，执法标准落后或不具有可操作性，执法人员力量不足，也缺少必要的技术支持，在诉讼中对因果关系的认定、损害数额的确认以及救济方式的选择上都更加依赖法院，司法的功能尤为彰显。因此，我国现阶段不可能像美国一样着重于对行政裁决标准的全然接受，而应该从实际出发，在侵权法的基础上逐步积累系统的环境公益诉讼的经验，进而发展出一套灵活有效的纠纷处理机制，使得公众参与和环境司法能够对薄弱的环境执法进行有益的补充和调节。

4. 引导理性的公众参与

目前环境公益诉讼存在一定的非理性因素，如有的案件起诉比较仓促，证据不够充分，公益组织不愿意调解等等。因此，一方面，要引导公益组织厘清其自身的宗旨，着眼于环境公共利益的维护和迅速解决环境问题，而不是纯粹的权利主张，环境公益组织应当根据诉讼的进展情况及时调整策略并进行理性自控。发生污染环境或破坏生态的事实后，是否提起诉讼或应当提出何种诉讼请求，是竭力促进调解还是等待判决等等都应当建立在如何更有效的促进环境保护的前提下。另一方面，为了更好地参与到环境保护中，公益组织要提升专业能力。从目前全国的公益诉讼司法实践来看，环境公益组织在法律和技术问题上均存在不足。在法律问题上，公益组织中专业的环境法律师较少，诉讼经验和调查取证能力都需要较大的提升；在技术问题上，环境公益组织缺乏专业的技术人员支持，环境公益组织对环境公益诉讼的提起还是沿袭传统的侵权案件的思路，先提出诉讼请求，而对损害结果没有能力进行评估和判断，只能等待司法鉴定的结果，但是环境公益诉讼涉及的环境污染或生态损害的评估和检测往往非常复杂，关系到多学科的技术标准等问题，过于依赖诉讼过程中的司法鉴定结果对诉讼请求的实现不利。因此，为了推进环境公益诉讼的健康发展，一方面，环境公益组织应当加强自身的法律培训，提高应诉的能力，提升自身的专业化水平；另一方面，环境公益组织应当逐步建立并完善专业的技术支持渠道，加强对相关技术问题的研究，从而为后续的诉讼及污染治理和生态修复提供可靠的基础。

五、环境保护执法与环境司法保护之间的关系

美国虽然是传统的普通法系国家，但是其环境法律主要是成文法，从其现有法律规定来看，美国关于环境公共利益保护①的案件类型主要有四类，一是公民诉讼（citizen suit）；二是自然资源损害评估（natural resource damage）诉讼；三是针对环境行政行为的司法审查（judicial review），主要有《行政程序法》下的司法审查和专门的环境法律下的司法审查；四是公妨害（public nuisance）诉讼。前三种类型的诉讼在美国环境保护实践中运用较多，须有成文法的授权才能提起；第四类诉讼是普通法下的侵权诉讼，遵循侵权诉讼的一般规则，并不需要成文法的授权，20 世纪 70 年代环境成文法②大量出现后，运用该种方式进行环境公共利益保护的情形比较少见。③ 要分析美国环境保护执法与环境司法的关系，须从其环境诉讼主要法律规定及司法实践着手分析。

（一）美国环境保护中行政执法与司法的关系

从宏观来看，美国作为典型的三权分立国家，立法、行政和司法在守法状态下相互分离、相互制约是美国行政与司法关系的基本特征。具体到环境保护领域，环境行政执法与环境司法保护的关系除了具有行政与司法的基本特征之外，环境司法还具有支持促进环境行政执法以及监督、督促

---

① 我们认为，司法在环境环保中应主要立足于环境公共利益的保护，因此，在考察环境保护中司法与行政的关系，主要考察司法在环境公共利益的保护中与行政的关系。

② 20 世纪 70 年代，美国出台了一系列环境保护专门法律，比如《清洁空气法》《清洁水法》《资源保育与回收法》等等。

③ 在美国，存在一种重要的制度叫联邦制定法对普通法的替代，所谓联邦制定法对普通法的替代，指的是一旦国会制定出来了法律，并且这样的法律具有明确的替代普通法的意图，此时制定法即具有比普通法更高的效力，法院应优先适用制定法而不是普通法。因此，在有专门的联邦法律对环境问题进行规定之后，普通法上的公妨害制度便较少运用，近几年，仍然有针对环境问题的公妨害诉讼，比如在气候变化问题上，美国的一些州作为原告提起公妨害诉讼，状告被告企业排放的温室气体损害公共健康和公共财产，要求停止排放、赔偿损害，对于该类案件，法院的态度基本相同，认为温室气体排放虽然构成了公共妨害，但是法院同时认为，《清洁空气法》已经授权行政机关对温室气体进行规制而且行政机关已经开始对温室气体进行规制，法院便不应该适用侵权法下的公妨害制度对该类问题进行处理。参见：State of North Carolina v. TVA, 615 F. 3d 291 (4th Cir. 2010). American Electric Power Co. V. Connecticut, 564 U. S. （2011）.

政府和环境保护机构履行其法定环境保护职责的特点。同时,在美国环境保护实践中,环境司法保护给予环境行政执法充分的尊重,正如学者所言,"司法诉讼并不打算取代行政管制;相反,司法诉讼旨在为行政过程提供某种必要的司法审查,并在其他管制过程不可避免地付诸阙如,或者不够充足的情况下提供一个司法平台"①。

1. 环境司法补充和促进环境行政执法

在美国,企业是环境保护法的重要规制对象,为了促使企业达标排放,美国的环境保护法律一般都会要求企业向社会公开其排污数据,并规定了违反数据公开相关规定的行政和刑事责任,而且美国《信息公开法》专门规定了该类的数据强制公开的要求。排污数据公开要求为公民和社会组织提起公民诉讼,监督企业守法提供了可能性。美国环境法中的公民诉讼条款赋予"任何人"对企业违反环保法律行为提起诉讼的权利,通过诉讼,使得公民监督成为联邦政府环境管制的"补充",以《清洁空气法》为例,如果企业违反该法规定的排放标准或联邦环保局或州政府发布的关于该标准的命令和该法规定的许可证,"任何人"(any person)都可以向该企业提出公民诉讼,请求法院判决强制违法者停止违法,履行法定义务。

2. 环境司法监督和制约环境行政执法

除了补充和促进行政执法外,美国法院还有监督和制约行政权的作用。为了实现环境保护目标,美国的环保法律往往会要求环境保护部门制定相应的规章和标准②,由于各种因素的影响,环保部门有时会出现怠于制定相关规章或标准的情形。公民诉讼便赋予了任何人(any person)针对联邦环保局,要求其采取措施,积极履行其"非自由裁量行为或职责(non-discretionary action or duty)"③的公民诉讼,督促行政机关履行其法定职责。以《清洁空气法》为例,当联邦环保局未发布该法要求发布的规章或标准,即未履行其法定"非自由裁量行为或职责"时,公民依据该法

---

① 约瑟夫.L.萨克斯:《保卫环境公民诉讼战略》,王小钢译,中国政法大学出版社2011年版,第209页。
② 事实上,美国的环境保护法除了联邦制定的法律之外,大部分由环保部门制定的规章组成。
③ 指是的制定联邦环境保护法律中规定的环境管理规章、标准和计划等行为,但不包括执法行动。

规定，有权对疏于履行职责的联邦环保局局长提起强制义务诉讼，要求其积极执行环境法律，履行有关的行政职责。① 除了专门的环境保护法律外，美国的《行政程序法》也赋予公民针对行政规章和规则的制定等行政立法的提起司法审查的权利，如果公民对联邦环保局已颁布的规章、标准和做出的行政决定有反对意见，则可根据《行政程序法》的相关规定提起司法审查诉讼。

3. 环境司法尊重环境行政执法

对行政权的尊重是法院必须要考虑，从美国现有的环境司法实践来看，司法给予了行政充分的尊重。首先，无论是专门的环境保护法律还是非专门性的环境保护法法律一般均有相关制度规定。比如，专门的环境保护法律中的诉前通知制度，美国《清洁空气法》中规定拟提起公民诉讼的公民或环保团体必须在诉前 60 天（有些环境保护法律规定 90 天）以书面通知的形式告知联邦环保局其提起公民诉讼的意图。如果公民或者环保团体违反诉前通知义务，则法院将会驳回其起诉；在诉前通知期间，如果被通知的政府环保部门采取措施纠正了违法行为，则公民诉讼程序应因此而停止。美国的《行政程序法》中规定，公民或者社会组织针对行政机关的行为提起行政诉讼前必须穷尽行政救济。其次，美国法院在具体的案件裁判中也秉持尊重行政权的原则。比如，涉及气候变化领域的公妨害案件——北卡罗来纳州诉田纳西流域管理局案（State of North Carolina V. TVA）中，法院认为由于联邦《清洁空气法》已经授权联邦环保局对温室气体进行规制而且联邦环保局已经开始对温室气体的排放进行了规制，所以，应由联邦环保局来对温室气体的排放加以行政规制，而不是由法院通过公共妨害诉讼的方式来对温室气体的排放进行判决。这是将对温室气体的排放的控制权交给了联邦环保局，体现了法院对行政权的尊重。② 正如美国联邦最高法院在康涅狄格州诉美国电力公司案（Connecticut v. American Electric Power Co.）中曾说，法院并不适宜对气候变化这样的问题进行具体的判断，解决这些问题并不是普通法院所具有的能力，应通过立法和行政行

---

① 例如，《清洁空气法》第 304 条 a 款规定可就其提起公民诉讼的三类行为或情况中的第二类是联邦环保局"疏于履行本法规定的非自由裁量行为或职责"的情况。

② State of North Carolina v. TVA，615 F. 3d 291（4th Cir. 2010）.

为来进行处理。①

(二) 美国经验对我国的启示

1. 逐步明确司法在环境治理的功能及其与行政的边界

依照传统的行政法理论,行政权一向被视为公共利益的主要代表,其基本任务就是保护公共利益,实现公共政策。环境公益诉讼制度赋予有关机关和社会组织通过诉讼保护环境公共利益的权利,司法也因此具有了参与环境治理,保护公共利益的权力。于此,环境公共利益的保护中,行政与司法的关系便成为一个必须要面对的问题,而要探讨二者的关系,须回归到行政法学有关的基本理论和一般实践中去探讨,同时,我们还须关照环境法的基本理论和环境问题的特殊性。而要理顺二者的关系,首先,需要逐步明确的司法在环境治理的具体功能;其次,要明确环境公益诉讼的受案范围;最后,要在环境司法实践中逐步明确司法权渗入或者审查行政权的范围和程度。

2. 充分尊重环境保护机关的专长

行政机关在专业性、灵活性和效率等方面具有明显的优势。首先,行政规制比诉讼更有效率,在应对具有普遍性的问题时,行政规制比司法诉讼更加有效,美国著名法官斯卡利亚就认为:"司法机关适于承担保护少数人利益而非多数人利益的功能。"其次,行政规制具有专业优势。正如康涅狄格州诉美国电力公司案中联邦最高法院法官所言:议会设立联邦环保局作为一个专业的机构最适合对温室气体排放等环境问题进行基本的规制。专业机构具有更好的设备来对相应的环境问题进行规制,而地区法院的法官却更适合去做针对个案的判决,联邦法官缺乏科学、经济和技术资源来处理这样的命令。② 国内学者也认为"由专家组成的专业化监督机构具有对特定行业监管的知识和信息优势,可以弥补法庭诉讼单纯依靠法庭证词的缺陷。"③ 我国可借鉴美国经验,在环境公益诉讼中引入诉前通知制度,既充分尊重环境保护机关的专业性,又能有效督促环保机关依法履行

---

① Jonathan H. Adler, The Supreme Court Disposes of A Nuisance Suit: American Electric Power v. Connecticut, Case Research Paper in Legal Studies, August 2011.
② 参见 American Electric Power Co. V. Connecticut, 564 U. S. (2011), P14.
③ 马英娟:《政府监督机构研究》,北京大学出版社2007年版,第74~76页。

环境保护职责。

3. 探索建立针对环境保护抽象行政行为的司法审查制度

综观美国司法实践,法院主要针对其制定规章、标准等抽象行政行为进行审查。从环境问题一旦发生难以恢复的特性以及环境法中预防原则来看,允许对环境环保行政机关制定的规章等抽象行政行为进行审查一方面有利于从源头预防环境污染或者生态损害的发生;另一方面允许对抽象行政行为进行审查可以使司法更加有效的参与环境治理,因为抽象行政行为往往比单个具体行政行为对环境的影响更广泛。

温州污染环境刑事案件调研报告

任国权[*] 戴一威[**]

环境问题是当今世界普遍关注的焦点，也是最突出的社会问题之一。我国对污染环境行为的规定最早可以追溯到1979年制定的《环境保护法（试行）》，此后《水污染防治法》《大气污染防治法》等也分别规定了刑事责任的条款。随着我国经济的快速增长，保护环境与促进经济发展之间的矛盾愈加凸显，松花江苯污染、岳阳砷污染、紫金矿业溃坝等突发环境事件层出不穷。2011年，《中华人民共和国刑法修正案（八）》（以下简称"刑法修正案（八）"）将"重大环境污染事故罪"修改为"污染环境罪"，降低了污染环境行为的入罪门槛。2013年6月17日，最高人民法院、最高人民检察院联合发布《关于办理环境污染刑事案件适用法律若干问题的解释》（以下简称"解释"），进一步明确了该罪的司法实践标准。本报告基于2013年至2015年温州两级法院审理案件的实证分析，围绕较为突出的证据调查程序、法律适用等问题进行调研，为依法审理污染环境案件，提出相关对策建议。

一、温州法院污染环境刑事案件的基本情况

近年来，我市在快速发展经济的同时，也通过兴建污水处理设施、整治重污染行业、积极开展"五水共治"等一系列举措，加强对环境资源的保护和合理利用，生态环境质量逐年提升。然而，受产业结构调整等客观经济规律所限，当前我市生态环境仍面临严峻挑战：1. 大气污染中的PM2.5、PM10、二氧化氮年均浓度超出国家二级标准。市区酸雨率达

---

[*] 浙江省温州市中级人民法院刑一庭庭长。
[**] 浙江省温州市中级人民法院法官助理。

84.4%。2. 水体污染严重，局部地区河道受到工业、农业废水的污染，温瑞塘河、瑞平鳌塘河、江南河网、乐清塘河水质为中都污染；大部分近岸海域为第四类或劣四类海水水质，尤以河口区、乐清湾水质最差。3. 工业固体废物、危险废物产生量分别为 247.79 万吨、16.33 万吨，部分废物无法处置利用，土地污染形势不容乐观。

由于人们环境意识不强，对污染行为的严重性、危害性没有切实感受，以及此前行政管理机关多以行政处罚措施为限，未移送司法机关追究行为人的刑事责任，污染环境案件数量未与客观发生的污染事件同步增长。根据环保部发布的《全国环境公报》，全国法院在 2001～2010 年间以"重大环境污染事故罪"审理的污染环境案件数量仅有 37 件[①]，而我市法院直至《解释》发布后才开始受理。2013 年，温州两级法院受理一审污染环境刑事案件 6 件，审结 2 件；2014 年受理 203 件，审结 193 件；2015 年受理 227 件，审结 224 件。

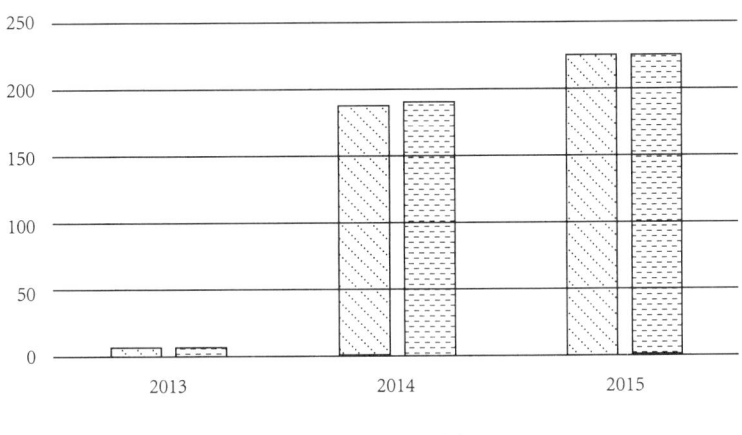

图1 全市法院污染环境罪一审案件收、结案情况

三年来，污染环境刑事案件主要呈现以下特点：

---

① 焦艳鹏：《我国环境污染刑事判决阙如的成因与反思》，载《法学》2013 年第 6 期。

（一）案件数量上升明显

自《刑法修正案（八）》及《解释》出台以来，温州中院联合市检察院、市环保局多次就污染环境罪的法律适用、政策把握等问题进行沟通协调，不断加大对各类环境违法犯罪行为的打击力度。从行政查处角度来看，2013年我市环境行政处罚总额超7000万元，居浙江省第一，同年向公安机关移送涉刑环境违法案件121件，刑事拘留91人；2014年，移送案件达284件，刑事拘留495人，约占全省1/3、全国1/5，居全国地级市之首，分别比上一年增长134.7%和421%；2015年共查处环境违法案件1742件，移送公安机关210件，刑事拘留278人。[①] 从刑事审判角度来看，2014年我市法院审结的案件数量比上一年度骤增96.5倍，2015年同比再增加31件；判处的犯罪分子人数从2013年的5人，到2014年的364人，再到2015年的402人。环保行政管理部门与司法机关在惩治污染环境犯罪上已经形成打击合力。

（二）行业分布集中，地域特征相对明显

污染环境罪规定的污染物包括放射性的废物、含传染病病原体的废物、有毒物质或者其他有害物质。但因大气、土地污染涉及大量取证、鉴定等专门性问题，难以立案侦查，我市打击的污染环境犯罪行为主要集中在部分特定行业。三年审结的419件污染环境罪案件中，除因证据变化准许检察机关撤回起诉3件外，涉及电镀行业263件，酸洗行业57件，金属蚀刻行业42件，制革行业12件，金属冶炼、提炼行业10件，金属抛光行业9件，废旧电池回收行业7件，化工、纽扣行业各3件，医疗、印染行业各2件，制砖、塑料、铸模行业各1件，其他行业3件。

受制于土地、资源、劳动力等生产要素，温州市发展形成了制革、电器、服装、汽摩配等区域块状经济产业群，污染环境行为也因工业生产领域的分工不同而呈现出一定的地域特征：鹿城区查处制革案件7件，占该类案件总数的58.3%；瓯海区、龙湾区查处酸洗案件34件，占该类案件总数的59.6%；永嘉县查处金属抛光案件7件，占该类案件总数的77.8%；平阳县查处金属蚀刻案件22件，占该类案件总数的52.4%；苍

---

① 根据《2013－2015年温州市环境状况公报》统计的数据。

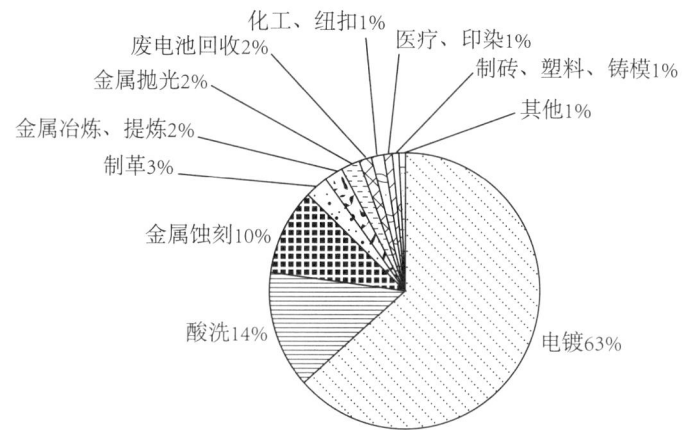

图 2 全市污染环境案件的行业分布情况

南县查处全部 2 件印染案件。

(三) 犯罪主体以自然人为主,单位犯罪认定少

依据《解释》的规定,单位实施相关污染环境犯罪的,应追究直接负责的主管人员和其他直接责任人员的刑事责任,并对单位判处罚金。我市污染环境案件大多注重处罚自然人,而忽略了对排污企业的查处。三年间共判处犯罪分子 771 人,本地居民 396 人,外来人员 375 人;单位 12 家(其中 1 家经二审认定不构成犯罪)。部分企业在同一区域内往往基于各自污染环境的行为,共同造成污染环境的后果,但难以准确认定危害行为与危害结果之间的因果关系,且由于各企业缺乏共同故意的意思联络不能构成共同犯罪,无法追究其刑事责任。即便在认定单位犯罪的案件中,往往因未充分发挥财产刑对污染环境犯罪的惩罚和预防功能,导致实施污染环境行为所承担的罚金数额不大,被排污企业简单归入"企业生产成本"中,从而出现"守法比违法成本更高"的尴尬局面。

(四) 宽严相济,严格适用缓刑

浙江省高级人民法院、浙江省人民检察院、浙江省公安厅、浙江省环保厅联合出台的《关于办理环境污染刑事案件若干问题的会议纪要(一)》[以下简称"会议纪要(一)"]规定,对违反国家规定排放、倾倒、处置有毒有害物质,严重污染环境的企业、个体经营户等,要将主要获利者作为重点打击对象；对于在生产经营中起到监督、管理作用的工作人员和直接排放、倾倒、处置污染物的工作人员，可以按照"直接负责的主管人员和其他直接责任人员"定罪处罚。三年间查处的771名犯罪分子中，判处有期徒刑1年以上3年以下量刑的有188人；判处有期徒刑1年以下的有523人；判处拘役的有60人。由于难以鉴定公私财产损失数额及《解释》未明确后果特别严重的认定标准，导致较难适用法定刑升格的条款，尚无一人在有期徒刑3年以上量刑。

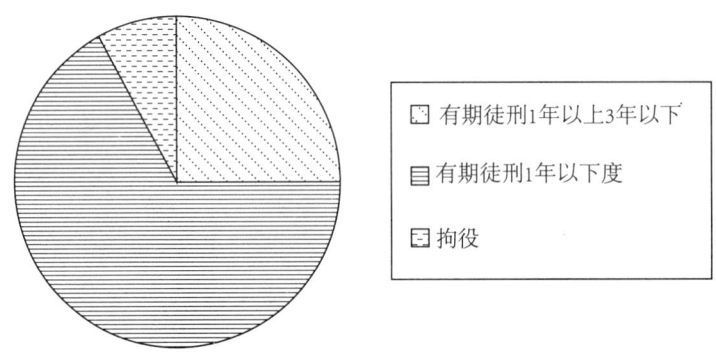

图3　全市污染环境犯罪分子的量刑情况

污染环境案件相对于其他刑事案件往往缺乏直接、特定的被害人，且部分危害后果在短期内难以显现，被告人普遍存在以罚代刑的错误观念，甚至部分法官在量刑时也认为对被告人判处过重的刑罚不太合适。为严格把握缓刑适用标准，我院强化对基层法院审理污染环境案件的量刑指导，要求在审理过程中准确区分主要获利者、直接负责的主管人员、其他直接责任人员及普通操作人员，分清责任，共对98人适用缓刑。其中普通员工63人；因夫妻双方同时触犯污染环境罪而对一方适用缓刑的7人；因患病、年纪大而适用缓刑的3人；具有自首、立功等法定从轻、减轻情节的20人，使被告人造成的危害后果与判处的刑罚相适应，实现罚当其罪。

二、污染环境刑事案件审判中存在的问题

（一）证据问题

1. 公安、环保办案人员程序意识不足。《行政执法机关移送涉嫌犯罪

案件的规定》第三条明确，行政执法机关在依法查处违法行为过程中，发现违法事实涉及的金额、违法事实的情节、违法事实造成的后果等，根据刑法关于妨害社会管理秩序罪等罪的规定，涉嫌构成犯罪，依法需要追究刑事责任的，必须向公安机关移送。而污染环境案件中侦查权的行使方式大致分为两种：其一，环保部门在行政执法过程中发现涉嫌构成犯罪的，先行约谈涉案人员并对现场进行勘查，再将案件及相关证据一并移送公安机关立案侦查。其二，环保部门直接派员协同公安机关办案，但采样、现场勘查等取证工作仍由环保执法人员完成。按照传统证据法理论，证据合法性涵括了"取证主体合法"、"取证程序合法"以及"证据形式合法"等三项要素，只有同时具备上述三项要素的证据才是合法证据，方具可采性。部分办案人员仍存有"重事实、轻证据"的错误思想，只片面注重实体证据的收集，导致定罪证据存在程序瑕疵。据统计，我市法院一审审结的419件污染环境案件中，有96件提起上诉，其中上诉人因证据瑕疵而对最终的检测结果提出异议的有19件，约占上诉案件的20%。

2. 样品采集及移送流程不严谨。《水质采样样品的保存和管理技术规定》根据废水特性对采样容器的选材、预处理等作了具体规定。通常，有机样品使用简易玻璃采样瓶，无机样品使用聚乙烯塑料瓶（桶）。取样前容器通常用盐酸或硝酸洗净并浸泡一至两天，再用蒸馏水或去离子水洗净，目的在于防止样品与容器发生反应或被污染。但办案人员使用的采样容器大多为使用过的瓶装水塑料瓶，其中部分塑料瓶可能残留有少许液体。即便残留液体中的微量金属元素不足以对监测结果造成实质影响，但这种潜在的干扰因素无疑应被尽力避免。甚至个别办案人员还曾因携带的采样容器尺寸过大，无法在规定的排放口取得足够样品而在生产机器中直接舀取，导致样品浓度混同而使监测结果被排除。

《水质采样》还规定，样本采集后，应及时封存并附上管理程序登记卡；转交时，转交人和接收人都必须清点和检查水样并在登记卡上签字，注明日期和时间。在污染环境案件中，用以证实样品移送流程的证据大多仅有现场勘查笔录及环境管理检测委托单。现场勘查笔录系被告人对样品采集地点的确认，环境管理检测委托单则系环境监测站接收及确认办案人员移交的样品，缺少采样后当场封存样品、粘贴标签等中间环节而无法完整反映样品的移交过程，不能完全排除样品被中途调换的可能性。

3. 鉴定方法有瑕疵导致鉴定意见被质疑。环境案件专业性强，法官囿于专业所限需要借助鉴定意见进行认定。在某起污染环境上诉案件中，环保部门就样品的监测方法出具情况说明，称对水样取上清液监测，若是浑浊液体，则用0.45微米滤膜进行过滤。但根据《水质 铜、锌、铅、镉的测定 原子吸收分光光度法》，分析溶解的金属时，样品采集后应立即通过0.45微米滤膜过滤，再行酸化。辩护人据此认为，鉴定人员在监测前仅凭肉眼观察而未进行过滤，鉴定方法不科学导致鉴定结果错误。司法鉴定通常需要借助于特定的科学仪器、专门的科学知识来实现，因而鉴定形成的意见往往被看作是"科学证据"，不应当质疑其作为定案依据的价值。从证据形式来看，本案的鉴定意见也同样具备法定要件，故鉴定人认为该鉴定意见完全可以作为定罪依据而拒绝出庭作证。但环保部门的情况说明与鉴定意见所依据的方法存在实质矛盾，致使鉴定结论的科学性、客观性被质疑。法庭最终决定依职权传唤鉴定人出庭就鉴定过程、方法等进行说明，后采信鉴定人关于因仪器本身的尺寸所限而在鉴定前必须先过滤的意见，对该鉴定结论予以认可。

（二）法律适用问题

1. 入罪标准适用单一。《解释》第一条第三款是目前被司法机关适用最多的入罪标准，即"非法排放含重金属、持久性有机污染物等严重危害环境、损害人体健康的污染物超过国家污染物排放标准或省、自治区、直辖市人民政府根据法律授权指定的污染物排放标准三倍以上"。《污水综合排放标准》、《电镀污染物排放标准》根据污染物的种类分别规定在车间（生产设施）排放口或企业总排放口提取污染物样本。对于作坊式加工点，二者事实上是重合的，但生产规模较大的企业可能存在多个车间或配备废水处理设施，在不同地点取样可能导致污染物浓度相差极大，故取样前应对排放口进行甄别。

为逃避法律制裁，行为人的排污手段也越来越隐蔽，导致侦查人员难以发现排放口或者根本不存在排放口。对此，《解释》还规定了"私设暗管或利用渗井、渗坑、裂隙、溶洞等排放、倾倒、处置处置放射性的废物、含传染病病原体的废物、有毒物质"的情形，但实践中限制该条款被适用的原因有二：其一，《会议纪要（一）》规定，未经职能部门审批安装、规避监管排放以及利用隐蔽时段、隐蔽地点非法排放的属于广义的私设暗管。上述规定虽大幅扩张"私设暗管"的范围，给法官适用该条款带来极大便利,却意味着只要未经审批的企业实施排放污染物的行为,即为私设暗管。私设暗管的危害性在于这种排污方式比较隐蔽,规避了环保部门对企业的监管,且往往排污量较大,故将这种危害行为视为严重污染环境,不再需要以造成危害后果为前提。因此,在能够对污染物进行取样并通过浓度判断是否构罪的情况下,将所有未经审批的排污行为一律作为广义的私设暗管,这样的理解显然过于宽泛,也有违刑法的谦抑性。其二,对于被大量查处的电镀、酸洗行业的排污企业,通过暗管排放的污染物应为有毒物质。《会议纪要(一)》规定,重金属的范围除《解释》列举的铅、汞、镉、铬外,其他的重金属可参照国务院《重金属污染综合防治"十二五"规划》和《浙江省重金属污染综合防治规划(2010－2015)》来把握。但前者重点防控的重金属污染物是铅、汞、镉、铬和砷,兼顾镍、铜、锌、银、钒、锰、钴、铊、锑等,而后者重点防控的是铅、汞、镉、铬和砷,兼顾镍、锌、铜等。因重金属的毒害性存在差异,除二者均重点防控的五种重金属以及共同兼顾的镍、锌、铜外,银、钒等其他污染物能否被认定为有毒物质仍需进一步明确。

2. 本罪的"处置"不包括纯粹的买卖行为。污染环境罪的客观方面表现为违反国家规定,排放、倾倒、处置放射性的废物、含传染病病原体的废物、有毒物质或其他有害废物的行为。实践中,对行为人单纯买卖危险废物的定性存在较大争议。以危险废物废机油为例,行为人向无资质的他人提供废机油进行处理(包括加工、提炼等)或再次转售。行为人对废机油再处理,严重污染环境的,无疑构成污染环境罪。行为人明知他人无经营许可证或超出经营许可范围,收集废机油并非法排放、倾倒或处置,严重污染环境的,以污染环境罪的共同犯罪论处。

但对于行为人出售废机油系处置危险废物的观点,课题组并不认同,理由如下:第一,从同为破坏环境资源罪一节中的"非法处置进口的固体废物罪"来看,处置是指将固体废物焚烧和用其他改变固体废物的物理、化学、生物特性的方法,达到减少已产生的固体废物数量、缩小固体废物体积、减少或者消除其危险成分的活动,或者将固体废物最终置于符合环境保护规定要求的场所或者设施并不再回取的活动。可见,"处置"的内涵不包含买卖。第二,加工、提炼等处置废机油的行为需进行过滤、加热、添加其他化学原料等工艺,产生的固、液、气废物未经处理直接排放。而出售废机油作为废机油流通的中间环节,在未发生泄漏的情况下不会对环境造成污染。至于行为人非法销售或获利金额达到构罪标准的，可按照非法经营罪或生产、销售伪劣产品罪等相应的罪名定罪处罚。综上，"处置"应理解为过滤、加工、提炼等能够改变危险废物物理、化学、生物特性的措施，但不包括买卖行为。

3. 公私财产损失认定难。《解释》规定，致使公私财产损失三十万元以上的，构成污染环境罪；致使公私财产损失一百万元的，则为该罪的结果加重犯。"公私财产损失"是指污染环境行为直接造成财产损毁、减少的实际价值，以及为防止污染扩大、消除污染而采取必要合理措施所产生的费用。《会议纪要（一）》规定，"公私财产损失"不包括环境修复费用和鉴定、评估费用，对有可能适用"致使公私财产损失30万元（或者100万元）以上"条款的，必须提供"环境污染损害（鉴定）评估报告"。根据环境保护部印发的《突发环境事件应急处置阶段污染损害评估工作程序规定》，县级以上环境保护主管部门应当及时组织开展污染损害评估，并应当于应急处置工作结束后30个工作日内完成。我市某化工公司因非法倾倒强力胶残渣被起诉，地方政府为消除污染、清运残渣共支出111余万元以及土壤修复费用30万元，但该地环保部门未在应急处置工作结束后30个工作日内对此次污染损害进行评估。虽然该案中地方政府为防止污染扩大、消除污染而支付111万元的费用，但上述费用混同了清运他人倾倒在同一地点的废旧皮革的费用且无法区分，最终不能认定公私财产损失达100万元以上，而只能依照《国家危险废物目录》认定行为人倾倒危险废物三吨以上，对其在三年以下量刑。

4. 污染损害评估难、费用高。环境污染损害的成因较为复杂，涉及环境科学、环境经济、财务评价、农业、林业、医疗卫生等多个学科门类。为统一鉴定工作的原则、方法和标准，环境保护部先后印发两批《环境损害鉴定评估推荐机构名录》，共推荐29家鉴定评估机构向个人、提供科学化、定量化的环境污染损害评估，这表明此前各地在实际工作中委托相关的行政主管部门、物价部门、有资格的中介机构等进行评估的做法已成为历史。但由于尚未形成覆盖水污染、大气污染、噪声污染、土壤污染、放射性污染、生态破坏等一套完整的环境污染损害鉴定评估与环境风险评估技术体系，导致难以查处大气、噪声、放射性等污染环境的行为。鉴定费用居高不下也是制约办案机关以"公私财产损失"作为入罪标准的重要原因之一。我市某化工公司长期、大量向江河偷排工业废水，办案机关曾尝试委托鉴定机构对水体、土壤等环境污染损害进行评估，以确定损害赔偿数额与污染修复费用，但动辄数万乃至数十万元的评估费用令财政难以负担。此外，行为人大多出于经济利益而实施污染环境行为，而最高法《关于适用财产刑若干问题的规定》只笼统规定了罚金数额最低不少于1000元，缺乏环境污染损害数额也使部分法官在确定罚金刑时无所适从，不利于真实体现企业生产的环境成本。

三、对策建议

环境污染危害巨大、涉及面广，且难以治理。面对日益频发的环境污染事件，我国环境刑法作为保护环境的最后一道防线，应当积极发挥它打击严重污染环境行为的作用。

（一）强化办案人员程序意识，依法全面收集证据

除突发性事故外，多数污染环境案件具有持续反复、周期长的特点，实践中被普遍适用为定罪标准的污染物浓度随时间变化极大。这就要求公安机关、环保部门办案人员要及时、全面、充分收集证据。除了收集现场的物证、视听资料、证人证言外，污染环境的危害后果往往还与行为持续的时间、排放的污染物数量等紧密关联，上述证据也应一并移送供法官在量刑时进行综合考量。犯罪分子在实施污染环境犯罪的过程中，还可能同时触犯了刑法规定的其他罪名。比如：犯罪分子因酸洗行业的工艺需要，擅自购买盐酸、硫酸等生产原料，可能同时构成非法买卖制毒物品罪。该购买行为与污染环境行为系两个独立行为，不具有牵连或吸收关系。因而，对于未经许可或备案购买、销售易制毒化学品；超出许可证明或者备案证明的品种、数量范围购买、销售易制毒化学品；使用他人的或者伪造、变造、失效的许可证明或者备案证明购买、销售易制毒化学品，数量达到构罪标准的，应予数罪并罚。办案人员应在取证过程中核查犯罪分子有无许可或备案，以及对查获的易制毒化学品的种类、数量进行鉴定、称重，依法对非法买卖制毒物品的行为追究刑责。

（二）转变价值取向，扩大刑法保护客体范围

一般认为，重大环境污染事故罪保护的客体是国家环境保护制度以及公民的健康、生命安全，即秩序法益和个人法益。而《解释》确定的"致

使乡镇以上集中式饮用水水源取水中断十二小时以上"、"致使疏散、转移群众五千人以上"以及"致使森林或者其他林木死亡五十立方米以上，或者幼树死亡二千五百株以上"等行为或者对象的判定标准显然已超出了秩序法益和个人法益的范畴。从国外立法来看，1979年在德国召开的国际刑法会议确立了集中保护环境法益的立法改革方向。后德、日刑法及相关国际条约也相继扩大了环境法益保护的范围，逐步建立了以环境法益作为独立法益的刑法保护体系。环境法益作为人类赖以生存的共同利益，以及由空气、水、土壤、动植物等组成的生态环境所体现的人类生存和发展根本利益，不仅顺应了生态文明理念下我国环境保护和可持续发展事业的需要，还能满足人民日益丰富而强烈的环境权益要求。

（三）增设危险犯，进一步完善污染环境刑罚体系

重大环境污染事故罪要求致使公私财产遭受重大损失或者人身伤亡的严重后果，即行为人的危害行为是否构成犯罪以造成的危害后果为前提，无疑属于结果犯。修正后的污染环境罪将原有的"向土地、水体、大气"删除，只要求行为人实施非法排放、倾倒或者处置有毒有害物质，严重污染环境的行为。有些危害行为会同时侵犯大气、水体、土壤等环境以及公民人身、财产权利，而更多的危害行为直接作用于环境，再通过环境造成公民人身、财产权利的损害，但这种损害往往难以被人们马上感知，导致危害行为无法被及时发现。此外，某些危险行为会对环境产生严重威胁，具有社会危害性，如不及时运用刑法加以限制，一旦这种威胁成为实际损害，再严厉的刑法也于事无补。因此，设立危险犯让刑法提前介入，使人们对自己的行为更加谨慎，有助于发挥发挥污染刑罚规范的威慑力，进一步完善我国环境刑事立法体系。至于部分学者认为现有法律手段已能基本满足打击污染环境行为的需要，设立危险犯有违刑法的谦抑性的观点。课题组认为，设立危险犯并非无限扩大犯罪的范围。国外污染环境罪中的危险犯，处罚的对象也都是足以严重危害人体健康、对人体造成严重危害或者可能对环境造成重大破坏的行为。只有在这种威胁已经成为严重、现实的危险时，才会被刑法调整，故对危险犯的适用条件进行严格限定即可避免滥用刑罚的可能。

（四）规范鉴定机构管理，提高鉴定结论的权威性和公信力

随着科学技术的发展，污染环境案件中的专门性问题越来越多，鉴定

所涵盖的范围越来越广，不同专家对于同一问题的观点也有所不同。且鉴定意见的形成是以相关学科的专门知识为基础，以鉴定人对知识的掌握运用程度和自身经验为基础作出的个人判断，也就是说即便是准确、可靠的科学技术，由于鉴定中人为的因素也可能产生不科学的判断。鉴定行业的专业性也同样使得普通的管理难以规制鉴定机构。除鉴定机构的认证机制和行业内部监管外，还应同步构建鉴定结论公信公示制度以及环境司法鉴定结论科学性的采信标准。① 可尝试将环境污损鉴定的鉴定人资质情况、鉴定结论所依据的基本科学原理与技术方法、鉴定的操作程序及鉴定的对象、时间、地点和最终结论都予以公示，接受社会各界的监督。

（五）明确罚金刑数额标准，提高污染行为的违法成本

污染环境行为的发生通常是因为企业或个人追求经济利益，且未按要求采取相应的环保措施，导致生态环境被损害。而污染环境犯罪一旦发生实际危害后果，就需要花费大量的时间和资金来修复。对于这种贪利性犯罪，应当从经济利益上着手提高污染环境犯罪的违法成本，剥夺犯罪主体因忽视保护环境而获取的非法利益。我国虽然设立了罚金刑，但罚金刑数额标准较为宽泛，罚金的数额往往与犯罪所带来的不法收益不成正比，与修复损害所需的成本也相去甚远。从德、日刑法来看，罚金刑适用的扩大化尤其是单独适用罚金刑和细化罚金刑数额标准是惩治污染环境犯罪的发展趋势。而我国污染环境犯罪的刑事立法现状表明，目前将罚金刑上升为主刑的条件仍不够成熟，只能考虑细化罚金刑的数额标准。对于污染环境行为，大致涉及非法所得、行政罚款数额、实际损失和修复费用三种数额。但并非实施污染环境行为都会获得非法利益，且实践中较难核实非法所得的准确数额，故法官在判定罚金时以行政罚款数额、实际损失和修复费用为参考依据更为妥当。

（六）加强府院联动，提高预防和打击污染环境犯罪实效

新《环保法》对于污染企业"按日计罚"，规定行政机关可以自责令改正之日的次日起，按照原处罚数额进行按日连续处罚，地方性法规还可增加按日连续处罚的违法行为种类。建立健全环保部门与公安机关就大气

---

① 参见浙江省高级人民法院研究室对环境案件的分析及应对措施的调研。

污染案件行政执法和刑事司法的衔接机制,完善部门间情况通报、案件移交、协作办案等工作流程。同时在明确环境违法行为与犯罪行为认定标准的基础上,探索建立环境保护联动执法监督工作机制,并针对实践中发现的具有典型性和影响力的突出问题,及时向相关部门和行业协会提出司法建议。通过一系列的法规修订、府院联动等"组合拳",充分发挥行政处罚与刑罚的打击合力,确保污染环境行为被及时查处。

(七)提升审判人员业务能力,加强舆论宣传,营造良好的环境保护氛围

举办业务培训班,就法律适用中的理论问题与实践问题进行讨论学习,提高审判人员业务能力,统一裁判标准与裁量尺度。对于审判中出现的疑难复杂案件、群体性案件,提交审判长联席会议集体研究决定,从案件事实、法律适用等多方面进行把关。同时,做好污染环境案件裁判文书上网工作,展现我市法院污染环境审判工作风貌,并自觉接受社会监督。积极通过公民道德教育、新闻媒体、公开审判、法制宣传等途径及时向社会各界宣传我市法院污染环境案件审理的举措和成效,激发公众的环保监督热情,提高他们的维权意识和能力。

深化环境公益诉讼理论与实务研究 提升环境公共利益法治保障水平
——"环境公益诉讼理论与实务研讨会"综述

刘小飞　刘慧慧　陈　乾[*]

2017年4月21日,最高人民法院环境资源审判庭、最高人民法院环境资源审判理论研究中国人民大学基地在京召开环境公益诉讼理论与实务研讨会。最高人民法院党组副书记、副院长江必新出席研讨会并讲话,全国政协社会与法制委员会驻会副主任吕忠梅,中国人民大学常务副校长王利明以及来自全国人大环资委、全国人大常委会法工委、最高人民法院、最高人民检察院、国务院法制办、民政部、国家海洋局、环境保护部、清华大学、中国人民大学、天津大学、中国政法大学、中国社会科学院、北京理工大学、浙江大学等高等院校,江苏、贵州高级人民法院环境资源审判机构负责同志和部分社会组织代表60余人参加了会议。与会专家和实务部门同志围绕环境公益诉讼理论与实务问题进行了深入研讨,现择其要者综述如下:

一、关于加强环境公益诉讼理论与实务研究的必要性

关于加强环境公益诉讼理论与实务研究的必要性,江必新认为,环境公益诉讼是加强生态文明建设司法保障,促进生态环境的依法治理,以法治方式维护社会公共利益的重要制度安排,对国家治理体系和治理能力的完善和提高,推动政治、经济、社会、行政、司法的发展和完善发挥了重要作用。新环境保护法施行以来,人民法院受理审结了一批重大典型公益

---

[*] 作者单位:最高人民法院。

诉讼案件，探索完善环境公益诉讼制度规则，督促环境保护行政主管机关依法履职，培养提升人民法院环境资源审判能力，有效维护了社会公共利益和人民群众环境权益。新环境保护法施行已两年有余，2015年7月1日开始的检察机关提起公益诉讼试点期间也即将届满，检视环境公益诉讼制度的实施情况和成效，梳理审判实践中存在的问题，围绕环境公益诉讼原告资格、受理条件、调解监督、责任方式、诉讼费用、检察机关提起公益诉讼试点工作立法修改，以及环境公益诉讼与省级政府提起的生态损害赔偿诉讼的协调衔接等突出问题，汇集司法机关、环境保护行政主管部门、专家学者和社会公众的意见建议，研究完善审判规则，对于保障环境公益诉讼制度功能的有效发挥，具有非常重要的现实意义。关于如何充分发挥环境公益诉讼司法功能，江必新提出，应充分发挥环境公益诉讼审判职能作用，加强人民法院与环境保护行政主管部门、检察机关的沟通协调和制度衔接，建立常态化的沟通协调机制，通过沟通寻求共识，通过协调减少矛盾，推进环境公益诉讼制度的健康发展。应在司法解释权限范围内，加强审判理论和实务研究，不断完善环境公益诉讼裁判规则，解决困扰审判实践的具体问题。应认真总结检察机关试点提起公益诉讼案件审判工作情况，研究立法规定检察机关提起公益诉讼制度的必要性和可行性，为检察机关提起公益诉讼制度的构建与完善提供理论和实证的支撑。应坚持问题导向，围绕环境公益诉讼审判实践中的突出问题，开展理论研究和实践探索，不断完善公益诉讼制度和相关配套机制，推进环境公益诉讼制度进一步发展。

二、关于环境民事公益诉讼制度

（一）关于诉讼性质与受案范围

吕忠梅认为，应当针对环境公益诉讼这种特殊的诉讼形式制定特殊的规则，而不应简单地把此类诉讼分别纳入民事诉讼和行政诉讼制度框架。全国人大环资委法案室主任翟勇认为，要研究明确国家利益和社会公共利益之间的关系，解决社会组织提起公益诉讼所反映的意志与国家意志不尽一致的处理问题。中国政法大学教授侯佳儒认为，对于公益诉讼的受案范围应进行法定化和类型化的改造，通过法律和司法解释的修改，确定哪些涉及公共利益的事项属于法院受理公益诉讼范围，而不应由受诉法院通过个案进行抽象的判断。浙江大学光华法学院副教授巩固认为，公益诉讼无论是诉讼主体、标的、还是具体诉讼方式等均和普通民事诉讼有很大差别，传统民事诉讼的理论、原则、规则与民事公益诉讼不兼容，建议对于环境民事公益诉讼的制度定位与整体发展路径进行反思和重构。江必新、吕忠梅、环境保护部政策法规司司长别涛、北京理工大学教授罗丽、贵州省高级人民法院生态环境资源庭庭长罗朝国等均提出应当深入研究省级政府提起的生态损害赔偿诉讼和环境公益诉讼之间的关系，做好二者受案范围、诉讼顺位、责任承担等方面的协调和衔接。

关于环境民事公益诉讼的诉讼性质和收案范围问题，多数观点认为应当综合考量与普通民事诉讼的区别，对环境民事公益诉讼进行整体定位，同时处理与生态损害赔偿诉讼之间的衔接，厘清二者之间的关系。

（二）关于诉讼主体

中国人民大学教授肖建国认为，检察机关提起公益诉讼虽然面临困难和问题，但是相对于环保社会组织来说，压力和困难相对较小。检察机关作为国家法律监督机关，证据搜集能力和诉讼能力较强，在保护环境公共利益方面具有优势，因此在环境公益诉讼主体中检察机关应当处于重要位置。天津大学教授孙佑海认为，民事公益诉讼主体的范围应当扩大至环保社会组织和公民个人，检察机关应当只能提起行政公益诉讼。中国生物多样性保护和绿色发展基金会马勇认为，由于社会组织提起公益诉讼的支持和保障机制不足，2017年以来社会组织提起公益诉讼案件数量明显下降，建议将诉讼主体扩大至依法登记的环保社会组织，减少对于社会组织提起诉讼的限制。全国律协环境、资源与能源法专业委员会赵光认为，检察机关享有检察权和法律监督权，从其职责来说，提起民事公益诉讼存在不妥之处，建议规定检察机关只能提起行政公益诉讼。同时应当加大对于社会组织提起公益诉讼的支持力度。国家海洋局政策法制与岛屿权益司郑颖认为，海洋环境公益诉讼应当综合考虑政治、外交、国际公约等因素的影响，海洋环境保护法第八十九条已经对海洋生态环境损害的提起主体作出排他性规定，由其他机关或者社会组织来提起海洋生态环境损害的公益诉讼缺乏法律依据。罗朝国提出，由于环境污染行为往往存在多个排污者，法院在审理环境公益诉讼案件时是否可以依职权追加被告以及追加被告的范围如何，是实践中面临的难题，应予研究。

关于环境民事公益诉讼的诉讼主体问题。普遍观点认为，我国目前公益诉讼的诉讼主体还是较为多样的，不仅给公益组织可以提起诉讼的主体资格，还赋予检察机关提起民事、行政公益诉讼的权利，是创新和进步。但在审判实践中，无论是社会组织还是检察机关，都面临或多或少的困难。近年来社会组织成为提起环境民事公益诉讼的主力，为环境公益作出的贡献值得肯定，但同时还应当加强对社会组织在制度和程序上的保障，减少社会组织提起公益诉讼的压力。

（三）关于责任方式和范围

关于责任方式。吕忠梅认为，根据对2015年至2016年的环境公益诉讼案件的分析，环境民事公益诉讼的诉讼请求主要集中在恢复原状、停止侵害、消除危险和赔偿损失，且要求赔偿损失的比例不断上升，停止侵害、消除危险等责任形式占比不断下降，需要进一步厘清环境公益诉讼的责任承担方式。比如大气污染案件，大气本身是不可修复的，大气污染的修复也不是针对载体本身，而是针对被大气污染的其他生态环境。建议今后制定司法解释时考虑基于不同的污染形式规定不同的责任承担方式。巩固认为，公益诉讼能否实现维护环境公益的目的，关键在于是否采用了足以保护环境公共利益的责任方式。现行的民事责任方式主要适用于保护私益，物权法和民法总则中均未规定生态修复等环境损害责任方式，导致现有环境民事公益诉讼责任方式法律依据不足，建议规定环保禁令等适应环境公益特点的方式弥补法律责任方式的不足。华侨大学法学院副教授刘超认为，环境公益诉讼司法解释必须正面回应环境修复责任的问题，不同环境要素所承载的环境公共利益的性质和机理不同，所损害的环境公益以及通过环境公益诉讼救济的路径不同，应综合考虑不同类别公益诉讼承载的公共利益来确定修复责任具体方式。

对于该问题，与会专家学者均认为环境民事公益诉讼在适用传统民事责任的基础上，应当综合考虑环境案件的特殊性，考虑不同环境污染案件危及到的环境要素的特殊性，创建更加适宜的环境案件责任承担方式。

关于惩罚性赔偿问题。罗朝国认为，环境民事公益诉讼应当考虑污染者的过错问题，对于有重大过错的污染者实行惩罚性赔偿。江苏省高级人民法院环境资源庭副庭长陈迎介绍，江苏法院在审理环境公益诉讼时，一般以计算虚拟修复成本的方法确定赔偿数额，如果被告是以故意、隐蔽、违法的方式污染环境,实务中就尽量采取修复成本上限确定赔偿数额,体现一定的惩罚功能。马勇认为,法院应当发挥职权作用确定环境服务功能的期间损失,也可以考虑对被告的违法行为进行惩罚性赔偿。最高人民法院民四庭审判长余晓汉认为,期间损失是环境损害赔偿的重要内容,海洋环境保护法第八十九条第二款规定的对国家造成重大损失要提出索赔的原则,就包含了生态损害赔偿的重大性原则和可计量原则,不能因为公益诉讼案件期间损失举证难就以惩罚性赔偿代替期间损失。

总的来看,惩罚性赔偿在环境案件中的适用仍然应当慎重,通过运用虚拟成本治理和判决承担期间损失的方式可以体现惩罚功能。

(四)关于诉讼程序

1. 关于起诉和受理。肖建国认为,检察机关提起民事公益诉讼的诉前程序功能作用发挥不明显,且检察机关在其辖区内履行诉前程序与人民法院受理后在全国范围发布受理公告允许其他适格社会组织参加诉讼的规定存在冲突,鉴于检察机关作为公益诉讼原告的补充性,一旦有适格社会组织参加诉讼,检察机关就应当退出诉讼,建议取消检察机关提起民事公益诉讼的诉前程序。自然之友环境研究所葛枫认为,实践中存在不同原告分别就同一环境事件提起诉讼的问题,法院应当对于符合条件的起诉简化程序予以合并审理,不应要求社会组织撤回起诉材料后再申请作为共同原告参加诉讼。为避免对同一行为由不同社会组织重复起诉的问题,建议建立全国统一的环境公益诉讼信息公开平台。关于诉讼请求的确定问题。清华大学法学院讲师黄忠顺认为,如果法院认为原告提起的诉讼请求不足以保护社会公共利益可以进行释明,然后由法院进行追加或者变更。马勇建议进一步简化社会组织提起公益诉讼所需提交的材料。

针对环境民事公益诉讼在实践过程中出现的问题还应当制定更加合理的措施,尤其是实践中由于信息不畅通,造成同一污染行为多个社会组织在不同地区法院诉讼的问题。在环境公益诉讼司法解释的基础上,要进一步明确处理的原则,并逐步推动建立全国统一的环境公益诉讼信息共享平台,不仅可以避免重复起诉的情况发生,还节约了司法资源与社会资源。

2. 关于公益诉讼审理与行政机关履行职责的关系。江必新提出,司法机关应把握好司法权行使的界限,尊重行政机关的首次判断权和自由裁量权,对于能够通过行政强制执行方式解决的问题,司法机关不应代行行政机关的职责，而应在准确把握行使边界、遵守环境保护职权架构的前提下，补充环境行政执法的不足，监督、支持行政机关依法履行环境保护职责。别涛认为，行政机关在公益诉讼中应当积极发挥作用，尤其是环保部门在监管过程中掌握相关企业的基本信息，可以在损害评估、修复责任的落实以及监督等方面加大参与和支持公益诉讼的力度。罗朝国认为，对于属于行政职责范围的事项应当尽量督促行政机关依法履职，同时设定相应的程序规则，如在行政机关履职期间中止诉讼。中国政法大学副教授胡静认为，公益诉讼应在政府或者行政机关不履行环境保护职责的情况下发挥补充作用，环保社会组织应当致力于"唤醒"行政机关积极履行环境保护职责，让行政机关走在环境保护的前列，发挥其公共利益代表作用，将对环境纠纷的首次判断权交还给行政机关，防止发生司法权挤压和代行行政监管职责的问题。

与会专家学者一致认为，公益诉讼开展的过程中，司法机关和行政机关应当各司其职，不应过分干预，司法机关尊重行政机关的首次判断权和自由裁量权，行政机关也应当扮演好环境管理者的角色，社会组织可以充分发挥社会监督者的作用，督促行政机关依法履行环境管理的职责。

3. 关于调解与和解。陈迎认为，环境公益诉讼案件中被告往往担心其商业利益受到影响而积极进行和解。对于当事人达成和解的案件，法院应当关注和解的原因、和解方案能否彻底解决公益受损问题、是否存在道德风险等问题。江苏法院对于当事人和解和撤诉进行实质审查，和解协议约定的修复费用和赔偿数额通常比原告请求的数额高出4到5倍，以避免双方当事人串通降低赔偿数额损害社会公共利益的问题。葛枫认为，法律和司法解释应当明确规定调解与和解的规则，明确调解书的内容包括案件的基本事实、争议焦点、双方调解的基础、责任承担的方式、如何对环境修复情况进行监督等问题。黄忠顺认为，应当进一步细化调解与和解的公告、异议和审查处理的程序，防止当事人通过和解谋取不当利益。

多数学者认为环境公益诉讼当中的调解、和解有存在的价值，实践中也存在众多案例通过以上方式解决，但是对与公益诉讼的调解应当建立专门的审查程序，防止当事人通过和解谋取不当利益。某些地方法院的做法值得学习和推广，对于和解、调解的数额原则上不能低于原告起诉主张的金额，在这个基础上，不损害公共利益的情况下，才可以允许当事人之间进行和解和调解。

4. 关于诉讼费、律师费和鉴定费。肖建国认为,基于公益诉讼的特点,应当将公益诉讼案件诉讼费用的缓交决定效力延续到二审程序,由二审判决一并确定诉讼费用的负担问题。建议公益诉讼费用的收取标准由现行按照标的金额收取变更为按件收取固定的费用,对于确有困难的原告可以免交诉讼费用。孙佑海亦认为公益诉讼可以按件收取诉讼费用。余晓汉提出,无论是检察机关还是社会组织提起的公益诉讼均应免交案件受理费,因该两类主体均代表公共利益起诉,不应区别对待,同时诉讼保全申请费应当保留,否则可能对被告利益保障不公平。马勇、葛枫认为,应就公益诉讼案件的受理费用制定统一的标准,对于律师费用参照商业标准按时计费,且不以律师费已由原告支付作为被告承担律师费的前提。关于鉴定费用,葛枫建议对于复杂疑难的环境案件采取分阶段裁判方式,先对被告承担修复费用的责任进行判决,然后由被告支付鉴定费用进行调查评估并制订修复方案。

环境公益诉讼司法解释涉及诉讼费用的条款是根据国务院《诉讼费用交纳办法》的规定按照财产案件缴纳诉讼费用,同时遵循有原告方预先交费、最后根据案件的胜诉情况来确定诉讼费负担的基本规则。人民法院考虑到原告提起环境公益诉讼体现的是公益目的,救济全民享有的环境权益,诉讼获得的赔偿款也不归原告所有,因此采取了多种手段做好保障工作。从审判实践中看,原告起诉符合条件可以缓收案件受理费,原告胜诉的可以判决被告承担除诉讼费以外的鉴定费、合理的律师费,原告白素的,相关诉讼成本可以有环境保护公益基金或者资金账户予以支持。体现了人民法院鼓励维护社会公共利益,减轻原告负担的司法救助。此次会议多数人认为,为了更好的保护环境公共利益,对于公益诉讼案件的诉讼费用收取应当完全有别于普通民事诉讼,对于程序性的收费应当免除,但是仍然应当为保护被告人的权益保留诸如保全类的相关费用收取。

三、关于环境行政公益诉讼

（一）关于环境行政公益诉讼的实施情况和受案范围

吕忠梅认为,检察机关提起公益诉讼试点开展以来,行政公益诉讼案件数量占公益诉讼案件的比例呈现井喷式的增长,范围不断扩大。据统计,检察机关提起的公益诉讼案件的诉讼请求基本全部获得支持。从诉讼本身定纷止争的功能来讲，既然是诉讼，就会有输有赢，诉讼结果一边倒的情况是值得研究和探讨的现象。清华大学法学院教授余凌云认为，检察机关提起行政公益诉讼涉及政府形象和地方利益，并非简单的法律问题，核心在于检察机关如何提起诉讼、如何行使调查取证权。目前检察机关提起行政公益诉讼尚处于试点阶段，可以选择相对简单案件进行试点，也取得了一定的社会效果。下一步如果通过立法修改使提起公益诉讼成为检察机关法定职责，可能会面临更多的困难和问题。为此，建议通过建立跨区域的法院和检察院，完善公益诉讼案件信息公开制度和案件提级审理予以解决。最高人民法院行政庭审判长王晓滨认为，检察机关提起公益诉讼首先要解决诉讼范围的问题。环保机关或者政府行使环境管理职权的行为多样，公益诉讼主要针对的行政不作为也是非常复杂的问题，涉及到行政管理方式和经济发展，应当认真分析，慎重对待。刘超认为，关于行政公益诉讼受案范围，实践中除了行政不作为之外还存在行政乱作为的情形，应当在行政公益诉讼审判范围上确立明确标准，进行法定化类型化的梳理和明确规定。

对于环境行政公益诉讼的受案范围，多数人认为应当继续扩大和完善，实践中行政违法的类型较多，应当对此进行类型化的界定。在试点期满结束后，需要通过修改法律或者重新授权等方式对环境行政公益诉讼的受案范围予以明确。

（二）关于诉讼主体

江必新认为，关于检察机关在公益诉讼中的诉讼地位问题，既要考虑这一制度与现有诉讼基本制度的协调问题，也要兼顾检察机关代表国家利益和社会公共利益提起诉讼的特殊性，还要考虑到与其他诉讼制度的协调衔接问题，具体制度设计应当遵循诉讼的基本架构和以审判为中心的格局。吕忠梅认为，检察机关提起公益诉讼的身份定位问题，并非法检两家可以决定的事项，需要由立法机关站在全局高度，综合考量国家体制、现行司法制度和司法改革未来的趋势，进行整体利益衡量来决定。最高人民检察院民事行政检察厅副厅长刘艺介绍，近两年的检察机关提起公益诉讼试点工作对于督促行政机关依法履职，维护公共利益取得了显著成效，检察机关是国家法律监督机关，在公益诉讼中的诉讼地位不同于普通原告，建议进一步加强各方沟通协调，就具体制度设计达成共识，推动检察机关提起公益诉讼制度更好地发挥作用。全国人大常委会法工委行政法室杨威认为，检察机关作为法律监督机关提起公益诉讼是检察机关履行职能的新方式、新探索，取得的成果应予肯定，其诉讼地位有其特殊之处。关于社会组织是否可以提起行政公益诉讼的问题可以进一步研究。孙佑海认为，检察机关提起公益诉讼试点工作结束后，应当由检察机关继续承担提起环境公益诉讼职责，并将行政公益诉讼的原告范围扩大至适格社会组织。马勇、葛枫建议提起环境行政公益诉讼的主体应当多元化，在赋予检察机关提起行政公益诉讼职责的同时，应当考虑赋予环保社会组织以及更广泛的主体提起环境行政公益诉讼的权利。王晓滨认为，检察机关的诉讼地位问题应当由立法机关决定，行政公益诉讼领域可以暂不吸纳社会组织作为原告。余晓汉认为，现行诉讼法的基本构造均为原告和被告两方主体，并不存在其他特殊主体，没有必要单独为检察机关提起公益诉讼建立特殊的诉讼制度，可以通过准用条款来解决这个问题。罗朝国认为，无论公益诉讼由谁提起，都要遵循民事诉讼和行政诉讼的诉讼规律。

对于环境行政公益诉讼的诉讼主体问题，与会专家多数认为检察机关虽然在试点过程中取得了非常丰硕的成果，但是检察机关提起公益诉讼仍然还在试点阶段，以何种方式固定下来应当由立法机关综合考虑国情、当前的司法制度以及司法改革的大背景等各种因素决定。

（三）关于诉讼程序

1. 关于诉前程序。刘艺认为，在检察机关行政公益诉讼实践中很多地方采取了庭前会议的形式，由检察机关和行政机关共同出席商讨案件的处理方式，对于提高庭审效率，节约司法资源发挥了很好作用，应当予以保留和拓展。建议通过立法修改或者司法解释予以规定和适当拓展。别涛认为，立法修改中应当保留行政公益诉讼的诉前程序，通过诉前程序督促行政机关及时履行职责，并应在行政机关履职情况下中止起诉进程。

2. 关于管辖。刘艺认为，很多地方法院实行行政案件集中管辖或者跨区域管辖，对检察机关的起诉造成了一定的困扰，尤其在刑事附带民事诉讼的管辖问题上需要"两高"进一步沟通协调。王晓滨认为，行政案件实行跨行政区划管辖是中央司法改革任务，检察机关到集中管辖法院起诉并不存在制度障碍，实践中也有相关案例并取得了较好效果。

3. 关于选择性起诉。吕忠梅提出，一个行政机关的不作为行为往往涉及多个部门，但是实践中往往只起诉环保部门，问责对象是否全面，值得研究。马勇认为，检察机关具有提起环境公益诉讼的职责，应当对于检察机关失职不提起公益诉讼的行为建立监督和追责机制。陈迎认为，实践中公益诉讼案件的被告往往相对弱势，存在原告选择性起诉的问题，建议明确检察机关提起行政公益诉讼的具体标准，对于符合提起公益诉讼条件的行为，检察机关应当提起诉讼。罗朝国建议，明确行政公益诉讼被告确定的规则，解决环境行政公益诉讼案件涉及多个行政机关情况下如何准确确定被告的问题。

4. 关于检察机关调查取证权。余凌云认为，检察机关作为原告提起公益诉讼应当承担初步的举证责任，由于环境问题具有专业性，检察机关在提起公益诉讼时如何证明行为和损害的因果关系，如何提取造成污染的证据是完成举证责任的关键性问题，取证难度较大，应予认真研究。罗朝国认为，应当遵循当事人平等的诉讼基本原则，淡化检察机关在调查取证权上的法律监督机关职能。

对于环境行政公益诉讼的诉讼程序，与会专家绝大部分肯定了诉前程序存在的价值，肯定了其在督促行政机关积极履行职责，节约司法资源，保护环境公益方面发挥的作用；检察机关在接下来的实践中应当明确起诉的对象，管辖范围，避免出现选择性起诉和管辖不明的情形；此外，与会专家也认为检察机关参与环境公益诉讼也应当承当初步的举证责任，不能完全特殊化。四、关于环境公益诉讼配套制度

（一）关于修复费用的管理使用

江必新认为，无论是检察机关、社会组织提起的公益诉讼还是省级政府提起的生态环境损害赔偿诉讼，都会涉及生态环境修复费用或者服务功能赔偿款的管理和使用问题，应当研究建立统一的生态环境损害专项基金或者专项资金账户，解决审判实践中突出困难。吕忠梅认为，环境公益诉讼修复和赔偿费用的管理使用问题客观存在，涉及到财政资金的使用，建议财政部门研究制定有利于公益诉讼制度发展的资金管理规则。别涛认为，环境公益诉讼的费用管理问题一定程度上影响了公益诉讼制度的推进，应当完善公益诉讼修复费用的管理使用制度，对被告赔付费用的使用和管理作出制度安排，确保专款用于生态环境修复。葛枫认为，环境修复资金一旦进入国库很难取出使用，建议总结实践中由公益基金会设立专项

资金以及以信托方式使用资金的探索,鼓励地方法院采取多种方式创新公益诉讼损害赔偿款的管理使用方法,并建立社会监督机制。

生态修复赔偿资金的使用,多数人认为应当探索建立统一的生态环境损害赔偿基金,统一管理、统一使用,确保专款专用于生态环境修复。对于修复费用、赔偿资金等款项支付的问题,各地作法不一,有的支付到地方财政专户,有的放在法院执行账户,还有的放入基金或者政府的资金账户。《国务院关于深化预算管理制度改革的决定》规定要全面清理整顿财政专户,各地一律不得新设专项支出财政专户。不仅是行政机关,人民法院财务管理体制也面临重大改革,因此,目前没有全国统一的关于生态修复赔偿资金使用的规定。但生态环境损害赔偿制度改革是中央重大改革任务,相关财务规定也是改革的一项内容,各地可以根据本地实际情况,在保证专款用于生态环境修复和其他环境民事公益诉讼活动的原则下,进一步探索。

(二)关于环境损害评估鉴定

别涛认为,目前环境损害涉及到的评估鉴定周期长、费用高等问题严重制约了环境公益诉讼案件的审理,应当建立相应的规制规则。孙佑海认为,应当规定鉴定机构弄虚作假情况下的连带责任,提高鉴定的权威性。陈迎介绍,为解决实践中环境损害评估鉴定不规范,费用高,结果冲突,审查难度大等问题,江苏法院采取在人民陪审员中选择具备环境科学和环境法律方面知识的人参与案件审理、聘请专家辅助人对评估报告进行审查、由原被告双方聘请技术专家等办法,建议司法解释吸收实践经验,并进一步细化对于鉴定意见和专业技术问题审查判断的相应规则。

环境公益诉讼的鉴定评估问题一直备受关注,与会专家学者多认为当前成本高、周期长的问题制约了环境公益诉讼的审理,不仅如此,目前的环境损害鉴定评估机构缺乏专业化、公信力,具备司法鉴定资质的更是寥寥无几。鉴定技术规范也存在缺失和冲突。这些都是制约环境民事公益诉讼的"拦路虎"。为了解决审判实践鉴定的突出问题,最高人民法院制定的环境公益诉讼司法解释指出了几种解决之法。一是人民法院可以依职权委托鉴定人,二是人民法院可以从其他环境民事公益诉讼生效裁判认定的款项中酌情支付鉴定费用,三是可以通知专家出庭发表专家意见,四是对难以确定的修复费用或者鉴定内容,探索人民陪审员,专家辅助人等方式辅助审判工作结合相应内容予以合理确定。。

(三) 关于对环保社会组织的支持

民政部社会组织管理局杨婧认为，目前环境保护法关于在设区的市级民政部门登记的环保社会组织可以提起公益诉讼的规定，既避免了诉讼主体过于单一，又避免了滥诉，具有合理性。鉴于大多数社会组织欠缺诉讼能力，2015年和2016年全国参与环境公益诉讼的环保社会组织仅有10家和14家，建议适当降低社会组织提起公益诉讼的门槛，使这项制度充分发挥作用。葛枫建议，相关行政监管部门和人民法院应当加大对于环保社会组织调查取证等方面的支持力度，如向公益组织出具调查令，由其向相关主管部门调取证据，建立环保社会组织提起环境公益诉讼的鉴定费用支持机制等。

与会专家学者一致认为，社会组织提起公益诉讼已经有了很好的发展，从新环保法实施后，到检察机关试点提起公益诉讼制度试行后，社会组织一直是提起环境民事公益诉讼的主体力量。虽然社会组织有着比一般自然人较大的优势，但其在诉讼能力、证据收集、鉴定等方面也存在相当多的困难。无论从制度上还是实践中，都应当依法维护社会组织提起公益诉讼的合法权利，同时，采取多种措施进一步解决实践中存在的影响社组织起诉的突出问题，推动公益诉讼制度的健康发展。

生物多样性司法保护国际研讨会综述

刘慧慧　王　璐[*]

2017年9月14日至15日,生物多样性司法保护国际研讨会在江苏南京召开。本次研讨会由中华人民共和国最高人民法院和亚洲开发银行共同举办,最高人民法院副院长江必新大法官出席会议并致辞,来自国内外环境法理论界和实务界的专家以及特邀嘉宾50余人参加了会议。与会代表围绕濒危物种保护、湿地资源保护和森林资源保护等课题进行探讨,现择其要者综述如下。

一、中国生物多样性保护概况

江必新指出,生物多样性保护是当今世界面临的共同问题。1992年6月,联合国环境发展大会通过了具有里程碑意义的生物多样性公约,开启了全球范围生物多样保护的新时代。中国作为全球生物多样性保护事业的积极参与者,高度关注外来入侵物种对生物多样性的威胁,研究气候变化对生物多样性的影响;先后成立国家履约协调小组,构建了生物物种资源保护与管理部际联席会议机制;发布《中国生物多样性保护战略与行动计划》(2011–2030),勾画了今后一段时期生物多样性保护和可持续利用及公平惠益的宏伟蓝图;编制《中国生物多样性国情研究》报告,为相关部门和地方政府有针对性地开展生物多样性保护提供了重要参考;实施"中国—欧盟生物多样性项目(CEBP)"等重要双边、多边合作项目,为加强生物多样性多边和双边合作提供了良好的示范;加强生物多样性保护、预防入侵生物威胁等相关工作的宣传,让生物多样性保护在全社会形成更为

---

[*] 作者单位:最高人民法院。

广泛的共识。作为生物多样性保护体系的重要一环，环境司法在生物多样性保护中发挥着越来越重要的作用。2014 年，中国最高人民法院设立了环境资源审判庭，出台指导意见把生物多样性保护案件纳入专门化研究和审理范围。截至 2017 年 6 月，各级人民法院共设立环境资源审判庭、合议庭和巡回法庭 976 个。其中专门审判庭 344 个，合议庭 589 个，巡回法庭 43 个。专门化的环境司法体系基本形成，为加强包括生物多样性在内的环境资源司法保护奠定了坚实基础。

二、关于濒危物种的司法保护

与会专家一致认为，濒危物种是自然生态系统的主要组成部分，不同种类的野生动植物在不同类型生态系统的物质循环、能量流动过程中扮演重要角色，加强濒危物种保护、确保生态系统的平衡和稳定，对于维护全球生态环境具有重要意义。

（一）完善濒危物种的立法保护

中国武汉大学教授王树义介绍了濒危物种保护的现状。据世界自然保护同盟编制濒危物种目录统计，地球上濒临灭绝的动植物达到了 16300 多种，且这个数字持上升趋势，加强濒危物种保护是世界各国共同的任务。各国应当深化濒危物种保护的国际协作，改变生产生活方式，实现可持续发展。

尼泊尔最高法院大法官阿南达·莫汗·巴特拉伊介绍了尼泊尔宪法中野生动植物保护的规定及其他法律。2015 年，尼泊尔通过了一部强调权利保护的宪法，其中第 52 条规定，"国家采取措施保护和可持续利用森林和野生动物，保护生物多样性"。他建议加强法官能力建设，使法官具备正确适用濒危物种保护国际条约、国内法律的能力；重视国际合作在遏制野生动物犯罪和保护濒危物种方面的作用，加强国家间的协调和配合。

中国全国人民代表大会环境与资源保护委员会法案室主任翟勇认为，中国生物多样性保护的相关立法已经由末端治理转化为预防为主；由重视资源的开发利用转换为注重生物资源的生态价值、美学价值；构建起多元、系统的保护方式。新修改的野生动物保护法将第二章的标题"野生动物保护"改为"野生动物及栖息地保护"，实现了保护对象的全面性、系统性和相关性。当前，中国针对自然保护区的相关立法仍然存在不足，缺少高位阶的立法保护，单凭条例等法律规范保护的范围有限；生物安全方面存在立法空白。

（二）加强濒危物种的司法救济

四川省高级人民法院副院长白宗钊认为，破坏濒危物种、污染环境等环境侵权行为具有二元特征，其后果既有对自然环境的破坏，又有对他人人身、财产、精神的损害。鉴于环境资源审判的特殊性，应大力推进审判专门化，强化现代环境司法理念；设立环境资源审判庭，对包括濒危物种保护在内的涉环境资源刑事、民事、行政案件实行"三合一"审判；培养专业队伍从事环境资源审判工作。环境资源审判应牢固树立绿色发展的现代环境司法理念：1. 注重损害的预防，除造成实际损害的行为外，具有损害濒危物种重大风险的行为，也应依法纳入司法保护范围；2. 保护责任承担方式多元化，在坚持保护优先的前提下，探索除禁止开发区域以外的多元化生态责任承担方式，有利于实现濒危物种保护与社会发展的平衡；3. 促进生态修复，尽可能将受到损害的生态环境修复到损害发生之前的状态和功能是环境资源司法的最终目标。

武汉大学教授、环境法研究所所长秦天宝立足于中国司法保护现状，对加强中国濒危物种司法保护提出建议：（1）及时公布濒危物种司法保护典型案例或指导性案例，特别是涉及濒危物种保护常见罪名的案件，统一裁判尺度；（2）推进濒危物种司法保护的多元化，包括两个层面：一是责任形式的多元化，特别是提高民事责任与行政责任的适用度；二是具体制度的多样化，例如诉前保全、诉前禁令等制度的适用；（3）从社会关注案件中汲取经验，及时就案件所反映的法律问题进行研究；（4）进一步完善预防性民事公益诉讼的立案、管辖、举证证明责任分配及预防性执行措施等特别规则，以充分发挥公益诉讼在保护濒危物种方面的特殊预防功能；（5）加强宣传和与环保行政机关的协调，适时召开濒危物种司法保护新闻发布会、发出相关司法建议等。

三、关于湿地资源的司法保护

与会专家一致认为，湿地资源对保护生态环境、维护生物多样性具有极其重要的作用。中国是世界上湿地生物多样性最丰富的国家之一，也是亚洲湿地类型最齐全、数量最多、面积最大的国家。加强湿地资源司法保护措施具有重要意义。

(一) 湿地资源保护的重要性

国家林业局湿地保护管理中心副主任严承高介绍了中国湿地保护的现状，详细论述了湿地保护面临的问题和挑战。湿地保护事关国家生态、粮食和水资源安全，与人类的生存、繁衍、发展息息相关，是国家生态安全体系的重要组成部分，是经济社会可持续发展的重要基础。加强湿地保护是推进生态文明建设，解决湿地面临现实威胁的需要；是落实党中央、国务院关于湿地保护系列文件精神的需要和具体举措。近年来，社会各界、媒体对湿地保护广泛关注，对湿地保护立法盼望度极高，现阶段加强湿地资源立法保护具有紧迫性和必要性。

(二) 湿地资源保护的司法应对

巴基斯坦拉合尔高等法院法官贾斯蒂斯·扎瓦德·汉森认为，在湿地资源司法审查案件中，法院应积极适用预防原则，防范湿地遭受破坏，发布维持现状令，禁止开工建设和污染行为的发生。

世界野生动物基金会巴基斯坦分会总干事哈马德·纳齐·汉认为，保护湿地是系统工程，需要各方各司其职发挥作用，司法在湿地保护中扮演着重要的角色。加强湿地保护，需要完善环境法治，通过判决促进环境、社会和发展之间的平衡与协调；需要填补立法与行政执法等方面的空白，明确环境案件的裁判规则。

江苏省高级人民法院审判委员会专职委员刘亚平指出，加强湿地司法保护，需从以下方面着手：（1）构建专门化审判机制，平等保护合法权益。将涉环境资源刑事、民事、行政案件全部由同一个审判机构归口管理，着力构建专门化审判机制。（2）整合各类司法手段，实行最严格的司法保护。依托环境资源刑事、民事、行政案件"三合一"专门化审判机制和跨行政区域集中管辖体制的集聚优势，使湿地生态环境司法保护效果最大化、最优化；（3）注重司法实际效果，落实恢复性司法理念，将受损生态环境得到恢复作为案件裁判、处理的落脚点；（4）强化宣教引导，打造公众参与平台，注重拓展司法的功能边界，帮助社会公众提高保护湿地的意识。

(三) 湿地资源保护的工作重点

贾斯蒂斯·扎瓦德·汉森介绍了巴基斯坦湿地保护工作,认为巴基斯坦目前水资源和湿地利用方面有着多种政策、法律和法规,但均未就湿地保护制定专门规定。他建议为湿地提供充分法律保护、实现湿地可持续管理,并提出两种方案。其一是修改现行法律,纳入湿地管理的相关内容;其二是颁行湿地管理的专门性法律。

严承高认为,湿地与森林、海洋并称为全球三大生态系统,目前中国对森林、海洋的保护都有专门的法律规定,唯有湿地保护缺乏专门的法律法规。中国现行法律对于湿地的规定,散见于农业法、水法、渔业法、海洋环境保护法、自然保护区条例、海域使用管理法等法律法规中,内容过于笼统,可操作性不强,不能满足对湿地整体性保护和合理利用的要求。他建议重点推进国家层面湿地立法工作,尽快出台国家湿地保护法;加快地方层面湿地保护立法工作,敦促支持各地尽快颁布湿地保护条例;加强现有与湿地保护有关的法律法规的执法工作。

四、关于森林资源的司法保护

与会专家一致认为,森林资源司法保护是一项充满绿色、充满希望的事业。法院审理森林资源类案件,应把生态文明理念融入司法程序,体现绿色导向、绿色发展;应总结提升符合司法规律的程序机制,体现司法改革的成果;应实现全社会共同参与、共同推进生态司法保护的社会效果。

(一) 森林资源保护的新理念

巴西高等司法法院大法官安东尼奥·本杰明洞悉到森林资源国家立法目的的变化,他认为传统立法目的强调林木的"最优"利用、保持水土,防范水土流失;现行立法目的注重森林的多重功能,即经济、生态和社会功能,尤其关注生态功能。他认为不应再把森林看作某个区域树木的组成,而是看作与周围群落有密切联系的生态系统,对森林的立法保护应具有全局性观念。他列举了多个国家森林立法保护的模式,并着重对中国和巴西亚马逊流域森林保护机制进行对比,提出中国生态文明建设对森林保护的重要性。此外,他强调法官不仅是人类的保护者,也应该成为包括森林在内整个地球生态环境的保护者,在具体案件审理中要坚持预防性原则、生态自然恢复原则、"如有疑虑环境受益"原则和环境义务真实性原则，通过司法审判保护自然资源和生态环境。

亚洲开发银行高级项目主任牛志明就森林资源的可持续管理提出，要运用经济学手段对森林生态系统功能予以估算，以可量化的方式清楚地厘定了森林生态系统的功能包括涵养水源（4.06万亿元）、保育土壤（0.99万亿元）、固碳释氧（1.56万亿元）、积累营养物质（2100亿元）、净化大气环境（7900亿元）、生物多样性保护（2.4万亿元）。他还提出了两个尤具创新意义的概念：其一是高保护价值森林，即因其很高的环境、社会经济以及生物多样性或景观价值而具有至关重要意义的森林；其二是可持续森林管理，旨在为了当代和后代的利益，维持和增强所有类型森林的经济、社会和环境价值。

中国复旦大学教授张梓太认为，对于中国国情而言，包括森林资源在内的生物多样性问题实质是典型的结构性问题，要用结构性方法解决。中国人多、资源有限，利用频次和强度大，加上对资源的浪费严重，留给中国人的环境资源相对局限。解决这个问题的一个可行路径是围绕减少资源利用频次和强度，提高资源利用效率。

(二) 森林资源保护的新举措

1. 林业碳汇交易。福建师范大学教授、法学院院长林旭霞表示，林业碳汇交易活动发端于国际碳交易市场。在国际碳汇交易实践及运行规则的基础上，中国致力于培育本土性碳汇交易市场，并促进林业碳汇进入国家碳排放权交易体系。近年来，中国本土性碳汇交易市场已经形成，目前正在开展的碳汇自愿交易项目包括：开展农户森林经营碳汇项目，帮助林权改革后的林农可持续经营森林增汇、销售碳汇，例如，广东长隆碳汇造林项目、浙江临安碳汇造林项目；利用国际核证碳减排标准（简称VCS）开发项目，帮助减少森林采伐或将用材林转为公益林的森工企业开发碳汇项目，例如，伊春市汤旺河林业局森林经营增汇项目。上述项目无论对于"分山到户"的林农还是对于国营林场，都是一种很好的生态补偿。林业碳汇作为自然资源的生态价值和作为商品的可交易性通过特设的国际及国内碳汇交易市场得以统一和实现。

2. 生态修复性司法的应用。福建省高级人民法院副院长罗志沙介绍了福建省森林资源司法保护及开展生态修复性司法的情况。在各地探索实践的基础上,福建省高级人民法院于 2014 年出台《关于规范"补种复绿"建立生态修复司法机制的指导意见(试行)》,对破坏森林资源案件适用"补种复绿"措施。即对涉案罪犯依法进行刑事处罚的同时,通过协议赔偿方式,责令其补种一定数量的林木,尽快修复受损的森林植被,并将"补种复绿"的成效作为酌情从轻量刑情节,依法适用刑罚。自 2008 年以来,责令涉林刑事被告人补种、管护林木面积 8 万余亩,取得了惩治违法犯罪、修复生态环境、赔偿受害人经济损失"一判三赢"的良好效果。

五、生物多样性保护的实践与探索

(一)生物多样性保护的国际经验

1. 建立多样化合作机制。国际自然保护联盟国际环境法中心项目主管李宁系统介绍了国际自然保护联盟向公共、私人及非政府机构提供实现人类进步、经济发展和自然保护的知识与工具:(1)构建包括 1400 多名成员的志愿者网络,组织 16000 多名专家提供科学理论指导,组建 10 个专家小组和特别工作组落实操作工作;(2)为不同利益相关方提供中立的合作平台,使包括政府、非政府组织(NGO)、科学家、企业、地方社群和原住民组织等能够共同分享并实施行动方案,应对环境挑战、实现可持续发展;(3)建立环境法门户网站、跨国野生动植物非法贸易数据库等信息化协作机制。

亚洲开发银行中国常驻代表处主任伯纳莱特·宾汉介绍,亚洲开发银行不断加强亚太地区环境保护领域的合作,尤其重视大规模跨国地区生态环境治理,在跨区域环境治理项目中,亚洲开发银行在亚洲找到了包括世界环境组织在内的很多有诚意的伙伴,参与各方积极分享经验,贡献力量,夯实合作基础。

2. 促进亚太地区绿色转型。伯纳蒂特·宾汉简要概括了全人类共同面临的严峻环境挑战,并指出亚洲开发银行支持生物多样性保护工作,促进亚太地区绿色增长转型。主要集中在以下四个方面:(1)投资自然资本,对于包容性经济增长所必须的土地、森林和水资源汇集投资,以保护、维持和提升其生产潜能和表现;(2)生态系统服务,如 RETA 亚太地区生态系统服务和森林碳资助计划、灌溉农业包容性发展项目(缅甸)、森林投资规划(柬埔寨);(3)大型重点生态区域,如大湄公河次区域(核心环境项目和生物多样性走廊计划)、婆罗洲中心计划;(4)环境治理,环境可持续增长的转变要求通过政策和治理框架协助提升资源利用效率、降低环境压力,方法包括污染控制和实施在内的国家防护系统、环境司法、市场为导向的环境管理方法、绿色金融和商业计划等。

3. 巴基斯坦对于环境权的保护。贾斯蒂斯·扎瓦德·汉森介绍了巴基斯坦最高法院主办的南亚地区环境司法会议情况,并评价了《布尔班宣言》的成果,即在最高法院和高等法院设立绿色审判庭,审理与其他南亚国家类似的环境案件和借鉴吸收印度宪法中的环境权制度,在 1973 年《巴基斯坦宪法》中确立"清洁环境"这一基本权利。《巴基斯坦宪法》虽然未明确规定环境权,但巴基斯坦司法机构积极审理环境诉讼案件,以保护公民的基本权利。如谢拉·奇亚诉 WAPDA(Shehla Zia vs. WAPDA)一案,最高法院认为生命权意味着需要清洁无污染的环境。该案中,最高法院还引入了 1992 年联合国《里约环境与发展宣言》中的环境法预防原则。

(二)中国生物多样性保护司法实践

中国各级法院充分发挥审判职能作用,依法审理野生动植物、湿地资源、森林资源等相关案件,综合运用行政、刑事和民事司法措施,切实维护人民群众的环境权益,为加强生物多样性保护、推进生态文明建设与绿色发展提供公正、高效的司法服务和保障。

江必新介绍,中国法院在生物多样性案件审判中主要开展的工作包括:一是依法审理与生物多样性有关的各类诉讼案件;二是围绕办案发现的问题,向相关部门提出司法建议;三是结合审判工作,做好法制宣传。具体到最高人民法院,主要通过发布司法政策、制定司法解释、发布典型案例、推进全国法院环境资源审判司法专门化工作等司法措施积极应对生物多样性问题。2016 年 7 月至 2017 年 6 月期间,中国各级法院共审结非法捕猎、杀害珍贵、濒危野生动物制品罪,非法狩猎罪,非法捕捞水产品罪,盗伐林木罪等各类涉生物多样性保护刑事案件 6313 件,给予刑事处罚 13234 人;审结涉及土地、林地、草原等与生物多样性保护相关的行政案件 7483 件;审结涉及环境污染责任纠纷、养殖权纠纷、捕捞权纠纷、农业权纠纷、林业权纠纷、牧业权纠纷、渔业权纠纷、海洋开发利用纠纷等与生物多样性保护相关的民事案件 11576 件。中国法院还充分发挥环境公益诉讼对生物多样性的保护功能,审理了多起涉及湿地、林地、濒危植物、候鸟迁徙地等生物多样性保护的公益诉讼案件。2016年,最高人民法院审理的腾格里沙漠环境污染系列公益诉讼案,在裁判文书中直接援引了《联合国生物多样性公约》的规定,明确对于生物多样性的保护是环境保护的重要组成部分。

六、会议取得的成果

闭幕式上,最高人民法院环境资源审判庭副庭长、第三巡回法庭副庭长王旭光总结并高度评价了本次会议的成果,提出应高度关注并充分发挥司法的作用,采取有效措施提升生物多样性司法保护的力度。

(一)进一步加强生物多样性司法保护的措施

1. 充分发挥环境资源司法职能作用

妥善审理涉生物多样性以及森林、湿地等环境要素保护的民事、刑事、行政案件以及环境公益诉讼案件、生态环境损害赔偿诉讼案件。依法追究捕杀采挖濒危动植物资源、乱砍滥伐森林资源、毁损污染湿地等破坏生物多样性行为的法律责任。在严厉打击破坏生物多样性违法犯罪行为的同时,注重落实恢复性司法理念,通过补种复绿、增殖放流、限期修复、劳务代偿、第三方治理等方式,推动生态资源的修复。

2. 大力推进环境资源审判专门体系建设

构建环境资源审判专门机构,实行环境资源民事、行政,甚至刑事案件统一归口由一个审判庭审理的工作模式,对包括涉生物多样性保护案件在内的环境资源案件进行专业化审理。以流域、森林等生态系统或者以生态功能区为单位,对环境资源案件实行跨行政区划集中管辖,有效解决生物多样性保护中的"主客场"问题。

3. 推进构建生物多样性保护的多元共治机制

司法的作用是有限的。法院要按照法律规定的职责和程序,与行政机关、检察机关形成生物多样性保护的合力。推动完善仲裁、调解等非诉纠纷解决机制,使诉讼和非诉讼纠纷解决机制相互衔接、相互配合、优势互补,为森林等环境资源纠纷的解决提供多元化的选择。

4. 积极开展国际交流与合作

在环境问题全球化和国际合作新格局不断对生物多样性保护及环境资

源审判提出新课题的大背景下,关注国际潮流和发展趋势。加强对生物多样性保护及相关司法案例的比较研究,借鉴吸收成熟经验,不断拓展合作方式和渠道,依托信息化技术手段,推动信息共享,共同应对濒危物种、森林、湿地保护等全球环境问题。

(二)进一步推动生物多样性的国际合作

生物多样性司法保护国际研讨会取得了丰硕的成果。与会专家带来的有益经验对中国生物多样性司法保护机制的构建提供了很多有价值的启示,对增进中国与国际社会生物多样性司法保护领域的相互了解,深化交流合作,促进中国环境司法的完善具有十分积极而重要的意义。伯纳莱特·宾汉表示,全球自然资源受到威胁,包括水土流失、水的污染、海岸的生态系统等受到威胁、城市地区也面临生态生存压力,中国在环境治理方法发挥了关键作用,加强与司法部门的合作是环境治理战略的重要组成部分;联合国环境规划署法律司环境治理与公约处处长、多边环境公约和协调处处长吉瑞·哈拉切克先生提出,中国加入《国际濒危动植物保护公约》并与国际社会达成可持续发展战略共识,通过环境法治及完善司法体系来更好的保护环境,取得了举世瞩目的成果;阿南达·莫汗·巴特拉伊高度评价了中国和尼泊尔睦邻友好关系,双方在喜马拉雅地带环境保护领域的合作以及濒危物种保护的共同目标,致力于加强与中国在环境治理方面的国际合作;哈马德·纳齐·汉以中国湿地保护的实例,表示希望学习中国鄱阳湖综合流域管理等先进经验,真挚赞扬中国在湿地保护领域的推动和典范作用;东南亚国家联盟生物多样性中心财务和行政主管吉娜琳·巴贡·索里亚诺女士指出,湿地生态系统需要系统治理,中国政府高度重视,实现了政治经济生态利益的协调统一。此外,中国法院成立专门的环境资源审判机构,具有创新意义,探索生态补偿机制的做法也十分值得钦佩;安东尼奥·本杰明对中国生态环境治理予以积极评价,指出中国在森林资源保护领域的做法让巴西受益匪浅,中国提出的生态文明建设是十分重要的理念,且十分钦佩"三合一"的司法审判模式等。参会外方嘉宾在研讨会交流互动中,了解、学习中国在生物多样性司法保护领域的理念和做法,高度赞扬中国在生态资源保护中做出的积极贡献,进一步加深了国际社会对中国参与全球环境治理的认同感。

中国最高人民法院将秉持人类命运共同体、利益共同体、责任共同体的理念，积极借鉴各国、各地区环境司法在生物多样性保护等领域的有益经验，不断深化环境资源审判的国际交流合作。以此次研讨会为良好开端，中国法院期待与世界各国环境司法界及有关国际组织进一步开展多层次、多渠道、多领域的对话沟通，积极推进环境资源领域的司法协助与合作，共同探索保障全球生态安全的司法措施，携手共建生态良好的地球美好家园。

【裁判文书选登】

新疆临钢资源投资股份有限公司与四川金核矿业有限公司特殊区域合作勘查合同纠纷案

【裁判摘要】

当事人关于在自然保护区、风景名胜区、重点生态功能区、生态环境敏感区和脆弱区等区域内勘查开采矿产资源的合同约定，不得违反法律、行政法规的强制性规定或者损害环境公共利益，否则应依法认定无效。环境资源法律法规中的禁止性规定，即便未明确违反相关规定将导致合同无效，但若认定合同有效并继续履行将损害环境公共利益的，应当认定为效力性强制性规定。

中华人民共和国最高人民法院
民 事 判 决 书

（2015）民二终字第167号

上诉人（一审被告、反诉原告）：新疆临钢资源投资股份有限公司。住所地：新疆维吾尔自治区乌鲁木齐市天山区新华北路165号中天广场35层1室。

法定代表人：徐向东，该公司董事长。

委托代理人：李勇，北京市君合律师事务所律师。

委托代理人：郑跃杰，北京市君合律师事务所律师。

被上诉人（一审原告、反诉被告）：四川金核矿业有限公司。住所地：四川省成都市成华区东三环路二段龙潭工业园。

法定代表人：潘杨辉，该公司总经理。

委托代理人：刘兵，该公司工作人员。

委托代理人：邓学强，四川明炬律师事务所律师。

上诉人新疆临钢资源投资股份有限公司（以下简称临钢公司）因与被上诉人四川金核矿业有限公司（以下简称金核公司）合同纠纷一案，不服新疆维吾尔自治区高级人民法院（2014）新民二初字第13号民事判决，向本院提起上诉。本院依法组成合议庭，于2015年8月18日公开开庭审理了本案。临钢公司的法定代表人徐向东及委托代理人李勇、郑跃杰，金核公司的委托代理人刘兵、邓学强到庭参加诉讼。本案现已审理终结。

一审法院经审理查明：2011年10月10日，临钢公司（甲方）与金核公司（乙方）签订《新疆塔什库尔干县乌如克铅多金属矿普查探矿权合作勘查开发协议》（以下简称《合作勘查开发协议》），双方约定，甲方补偿乙方3500万元后，乙方愿意以本协议规定之对价及本协议所规定的其他条款和条件将其持有的新疆塔什库尔干县乌如克铅多金属矿普查探矿权（以下简称矿权）注入甲乙双方设立的项目公司，该项目公司甲方以现金出资、乙方以持有矿权出资共同设立，公司注册资本暂定为1000万元，其中甲方占80%，乙方占20%。之后由甲方出资对该矿进行普查、详查、勘探工作，相关成果由项目公司享有，相关风险由项目公司承担。在标的矿权未办理过户手续之前，甲方委托乙方代为持有该矿的矿权；在该标的矿权达到办理过户条件后，乙方直接将该标的矿权过户给项目公司。未办理过户手续之前，乙方负责标的矿权的维护工作，包括但不限于矿证有效期限的延续、年检、向有关部门报送相关资料等。本协议生效后，标的矿权的后续普查、详查、勘探工作均由甲方出资进行，在勘探阶段工作结束之前，乙方不再投入资金；由甲方出资进行的勘查工作成果由项目公司享有。甲方支付乙方标的矿权合作补偿款并向项目公司注入后续勘查资金与乙方将标的矿权转到项目公司并合作开发是不可分割的部分，两者互为条件。协议签订后15日内，甲方一次性支付定金3500万元到乙方指定账户；在标的矿权过户到项目公司的登记手续完成之日，该定金即直接转为甲方支付给乙方的矿权合作补偿价款。双方按法律法规的规定各自负担因订立和履行本协议而发生的税赋。因准备、订立及履行本协议而发生的费用及本协议所述的矿权发生的税务以外的费用和支出由甲乙双方均摊。乙方向甲方保证和承诺：乙方于 2008 年 12 月 30 日首次取得由新疆维吾尔自治区国土资源厅颁发的新疆塔什库尔干县乌如克铅多金属矿预查探矿权，2011 年 1 月 26 日正常延续并升级为普查，现名称为新疆塔什库尔干县乌如克铅多金属矿普查探矿权，《探矿权许可证》证号为：T65120081202022682，矿区面积为 31.28 平方公里，该探矿证有效期自 2011 年 1 月 26 日至 2013 年 1 月 26 日止。乙方保证取得的上述探矿证权属清晰、完整，不存在其他权利争议，亦不存在任何抵押等情况，该探矿证符合法律法规的取得条件，也拥有国家法律和地方法规所应具备的权利和许可，不存在可能被国土资源管理部门吊销《探矿许可证》等不确定事项，不在冰川保护区、自然保护区、风景区等可能影响矿山开发的区域范围内。甲方向乙方保证和承诺：甲方保证在本协议签订后即加快标的矿权的勘查工作，甲方保证标的矿权的后续普查、详查、勘探阶段的全部资金投入，在该矿完成勘探阶段之后的后续投入资金由全体股东按照股权比例承担。如发生以下任何一事件则构成该方违约：任何一方违反本协议的任何条款；任何一方违反其在本协议中作出的任何陈述、保证或承诺，或任何一方在本协议中作出的任何陈述、保证或承诺被认定为不真实、不正确或有误导成分；一方在未事先得到另一方同意的情况下，直接或间接出售所持有的标的矿权给第三方；如任何一方违约，另一方有权要求即时终止本协议及/或按照法律规定要求其承担违约责任，赔偿由此而造成的一切损失（包括但不限于诉讼费、律师费等）。本协议因下列原因而终止或解除：因不可抗力导致本协议无法履行，经双方书面确认后本协议终止；双方协商一致终止本协议；一方严重违反本协议，导致另一方不能实现协议目的，守约方有权解除本协议。同时，双方还对保密、通知等其他事项进行了约定。本协议在双方签字盖章后生效。

2011 年 10 月 25 日，临钢公司通过银行转账方式向金核公司支付 3500 万元，金核公司向其出具了收据。

2012 年 4 月 28 日，临钢公司与四川省核工业地质调查院（以下简称地质调查院）签订《地质勘查项目合同书》，约定：临钢公司委托地质调查院对新疆塔什库尔干县乌如克铁多金属矿进行地质勘查，并提交终审成果报告、原始资料、成果、相关图件及电子文档，所有资料的所属权归临钢公司，地质调查院不得向任何第三方泄露；合同工期：2011 年 12 月 20

日至 2012 年 12 月 30 日止；合同价格：预算合同价款 10960500 元（壹仟零玖拾陆万伍佰元整）。同时，双方还对结算与付款、技术标准和要求、违约责任、合同的变更和终止及争端的解决等事项进行了约定。该合同已实际履行。

2013 年 7 月 1 日，临钢公司与地质调查院签订《地质勘查项目合同书》，约定：临钢公司委托地质调查院对新疆塔什库尔干县乌如克铁多金属矿进行地质勘查，并提交终审成果报告及完整的所有原始资料，勘查工作所形成的所有原始资料、成果、报告及电子文档归临钢公司所有，地质调查院不得向任何第三方泄露；合同工期：2013 年 1 月 1 日至 2013 年 12 月 30 日止；合同价格：预算合同价款 10484200 元（壹仟零肆拾捌万肆仟贰佰元整）。同时，双方还对结算与付款、技术标准和要求、违约责任、合同的变更和终止及争端的解决等事项进行了约定。2013 年 7 月 23 日，塔什库尔干县金核昆仑资源投资有限责任公司（以下简称项目公司）成立。

2013 年 11 月 22 日，临钢公司向金核公司出具《关于解除〈新疆塔什库尔干县乌如克铅多金属矿普查探矿权合作勘查开发协议〉的函》（以下简称《解除函》），主要内容为：近期，临钢公司从有关部门惊悉案涉合作开发的项目位于新疆塔什库尔干野生动物自然保护区（以下简称保护区）中心区域，金核公司自合作至今未告知临钢公司。根据《合作勘查开发协议》第六条、第七条的规定，金核公司的行为已构成违约。为履行协议，临钢公司已向金核公司支付合作定金 3500 万元，并投入约 1700 万元用于矿山的道路建设、矿山建设、地质勘查、道路通行费等项目，相关支出资金成本也近 1000 万元。经研究，临钢公司决定终止合作，解除双方之间签订的《合作勘查开发协议》，望金核公司依《合作勘查开发协议》相关规定，承担相应责任。

2013 年 12 月 30 日，金核公司向临钢公司出具《关于继续履行〈新疆塔什库尔干县乌如克铅多金属矿普查探矿权合作勘查开发协议〉的复函》（以下简称《复函》），主要内容为：临钢公司的《解除函》已收悉。经向相关部门核实，早在金核公司 2008 年 12 月 26 日首次取得矿权前，保护区就已设立。自 2008 年 12 月 30 日至 2011 年 1 月 26 日止，矿权通过了自治区国土资源厅的正常年检，并延续升级为普查。双方签订《合作勘查开发协议》并合作勘查后，矿权于 2013 年 4 月 9 日再次获得正常延续，前后将近五年的时间（双方合作勘查也已两年多时间）。在此期间，无任何部门或机构就保护区事宜告知过金核公司，双方合作两年多的矿权勘查工作也未受到任何影响。故不存在金核公司明知矿权位于保护区而隐瞒不告知临钢公司。正因金核公司不明知前述情况，才会接受临钢公司提供的合作勘查协议文本第六条中关于保护区的"陈述和保证"条款的约定。由于获知保护区相关信息渠道的不对称，加之矿权自合法取得、正常年检延续之事宜，导致双方在订立和履行《合作勘查开发协议》时均未注意到前述情形。金核公司不存在明知矿权位于保护区而隐瞒不告知临钢公司，更不会在明知的情形下还在协议中作出不利的保证。矿权从取得到正常年检、延续获得批准，其真实合法性不存在任何问题，只要双方按照相关地方性法规的规定履行相关的审批手续，则矿权位于保护区的非核心区域的状态，对双方后续的合作勘查开发，继续履行协议不构成实质性的障碍。自双方签订协议友好合作两年多以来，金核公司代为持有矿权期间，按约切实履行了对矿权的维护工作，矿权在2013年4月顺利延续。同时，金核公司按约履行了设立项目公司的200万元出资义务。现项目公司已设立，各项工作依次展开，双方订立合同的目的是为了矿权的矿产开发，到目前为止未有管理部门对该项目的矿产开发明确禁止，故双方应继续友好合作，推进矿权的矿产开发工作。

2013年12月6日，新疆塔什库尔干野生动物自然保护区管理局（以下简称保护区管理局）出具证明，主要内容为：保护区管理局根据金核公司提供的新疆维吾尔自治区基础地理信息中心新疆塔什库尔干县乌如克铅多金属矿预查转换坐标，对该坐标上图至保护区功能区划图，所属区域均在保护区范围内。

另查明，临钢公司为本案诉讼已支付律师费20万元。

金核公司向一审法院提起诉讼称：临钢公司与其签订《合作勘查开发协议》后，认为双方合作开发的项目位于保护区，违反了协议第6.2.3条"不在冰川保护区、自然保护区、风景区等可能影响矿山开发的区域范围内"的约定，提出解除协议。金核公司认为，该协议系双方真实意思表示，且已实际履行，临钢公司此时提出解除合同的理由不能成立。请求：1、确认临钢公司解除《合作勘查开发协议》的行为无效；2、确认《合作勘查开发协议》有效，金核公司无需退还临钢公司已支付的矿权合作补偿价款3500万元。本案诉讼费用由临钢公司承担。

临钢公司答辩称：金核公司的诉讼请求无法定依据，应予驳回。根据协议第六条、第七条的明确约定，该协议的解除条件已经成就，临钢公司解除合同有约定依据。金核公司的第二项诉讼请求没有意义，临钢公司已依约行使解除权，金核公司应当返还3500万元合作补偿款，诉讼费用由法院依法裁判。

临钢公司向一审法院提起反诉称：《合作勘查开发协议》签订后，临钢公司依约履行了相关合同义务，但金核公司却未诚信作出陈述和保证。2013年，临钢公司得知合作矿权项下的勘查区块所属区域均在保护区范围内。依照协议第7.1.2条关于"任何一方违反其在协议中作出的陈述、保证或承诺，或任何一方在本协议中作出的任何陈述、保证或承诺被认定为不真实、不准确或有误导成分"，均构成违约以及第7.2条关于"如任何一方违约，另一方有权要求即时终止本协议及/或按照法律规定要求其承担违约责任、赔偿由此而造成的一切损失（包括但不限于诉讼费、律师费等）"的约定，金核公司应当向临钢公司承担返还财产、赔偿损失等违约责任。请求判令：1、解除双方签订的《合作勘查开发协议》；2、金核公司向临钢公司返还矿权合作补偿价款3500万元；3、金核公司赔偿临钢公司支出的勘查费用损失3288150元，修路费用损失5538600元，矿山道路通行维护费损失150万元，工程费用、管理费用等损失5702257元；4、金核公司赔偿临钢公司利息损失10843256.77元；5、金核公司赔偿临钢公司律师费用损失429161.32元、担保费用损失70万元，以上共计：63001425.09元。本案诉讼费用由金核公司承担。一审庭审后，临钢公司根据在庭审中的举证情况，将其诉讼请求第（四）项的利息损失10843256.77元变更为9465104.15元，同时放弃了第五项诉讼请求中担保费用损失70万元的部分。

金核公司答辩称：（一）合同解除权属私力救济权，由权利人单方作出需受领的意思表示即可，临钢公司向法院诉请以司法权解除双方签订的协议程序不当。（二）临钢公司诉请解除合同的事实与理由不客观充分，其诉讼请求不能成立。1、协议生效后双方已实际履行两年半，该矿的实际情况已发生实质性变化，现临钢公司要求解除协议，既不客观也不公平。2、双方已按约设立了项目公司，将该矿转入项目公司，由项目公司享有权利并承担风险，实行公司化运行。3、临钢公司在签约前查阅过该矿的相关资料，进行过调查评析和实地踏勘，其在签约时对该矿的具体情况是明知清楚的。4、金核公司的矿权合法、有效，不在自然保护区可能影响矿山开发的区域范围内，不影响本案协议的履行。5、保护区在《合作勘查开发协议》签订前就已设立，该事实是明示公开的。该保护区内设立了上百个矿权及采矿权，该区域不存在影响该矿勘查开发的政策因素。6、金核公司并未严重违反协议，不存在根本性违约，不影响临钢公司合同目的的实现，临钢公司按约无权解除协议，其以协议第七条7.2款主张解除有误。7、临钢公司因铁矿市场萎缩、价格下跌等因素企图解除协议的目的不正当，理应不予以支持。8、案涉协议合法有效，该协议交易程序的稳定性理应得到维护。9、临钢公司主张解除的合同条款是协议签订前已客观存在并公示的事实，其对权利是明知的，在自愿签订协议且已履行两年半后向法院提起诉讼已超过法律关于两年诉讼时效的规定，依法不应予以保护。10、临钢公司在协议签订履行后两年半以后行使解除权，期限已逾期，不应予以支持。

一审法院认为：2011年10月10日，临钢公司与金核公司签订的案涉《合作勘查开发协议》，系双方的真实意思表示，且内容不违反《中华人民共和国矿产资源法》等法律法规的强制性、禁止性规定，当属合法有效。该协议已实际履行，临钢公司按约向金核公司支付了3500万元，双方按约共同出资设立了项目公司——塔什库尔干县金核昆仑资源投资有限责任公司，临钢公司亦委托地质调查院对新疆塔什库尔干县乌如克铁多金属矿进行了地质勘查。临钢公司未提供证据证明其对案涉矿权的地质勘查工作受到过干预、阻止等不利因素的影响。自双方签订协议至提起诉讼，该协议已履行了约两年半的时间。

（一）关于案涉《合作勘查开发协议》应否解除的问题。根据《合作勘查开发协议》的内容，协议生效后，案涉矿权的后续普查、详查、勘探工作均由临钢公司出资进行，临钢公司保证在协议签订后即加快对案涉矿权的勘查工作，并保证后续普查、详查、勘探阶段的全部资金投入。金核公司则承诺，案涉矿权不在冰川保护区、自然保护区、风景区等可能影响矿山开发的区域范围内。因不可抗力导致本协议无法履行，经双方书面确认后本协议终止；一方严重违反本协议，导致另一方不能实现协议目的，守约方有权解除本协议。根据2013年12月6日保护区管理局出具的证明，案涉矿权所属区域均在保护区范围内。对案涉矿权所属区域在保护区范围内的事实，以及在案涉合同签订前保护区就已设立的事实，金核公司与临钢公司均予以认可，而政府相关部门在设立保护区时应对保护区的相关信息资料予以公示，该信息资料均系公开的公众信息，本案双方当事人均可自行获取。因此，对于案涉矿权在保护区范围内的事实双方当事人在签订合同前均应当明知。虽然案涉矿权位于保护区范围内，但案涉合同履行两年多的期间，临钢公司未向金核公司提出过异议，亦未提供证据证明其勘查工作受到了影响。双方在案涉协议第六条约定的"可能影响"未明确约定可能影响的具体内容，属约定不明。案涉协议第十一条约定："因不可抗力导致合同无法履行的，经双方确认后协议终止；因一方严重违约而导致另一方不能实现合同目的，则另一方有权解除合同。"金核公司并不存在上述约定所称的严重违约行为，不足以导致合同目的无法实现。由此可见，案涉合同并不存在双方约定的应当终止或解除的情形。故，一审法院依法对金核公司确认临钢公司解除案涉协议行为无效的诉讼请求予以支持，对临钢公司要求解除案涉《合作勘查开发协议》的反诉请求不予支持。

（二）关于案涉3500万元的问题。金核公司对收到临钢公司支付3500万元款项的事实予以认可，从案涉《合作勘查开发协议》的内容来看，双方当事人约定的该款项应为矿权合作补偿款，虽然在案涉协议第四条中对该款有关于定金的表述和约定，但从临钢公司的银行转账付款凭证和金核公司出具的收据上来看，均未注明是定金，且临钢公司反诉请求第二项也明确主张系返还矿权合作补偿款，通过上述事实说明，合同双方均认为该款系矿权合作补偿款，而非定金，因此，一审法院依法确认该款项为临钢公司向金核公司支付的合作补偿款。现合同未予解除，故一审法院对临钢公司要求金核公司返还矿权合作补偿款3500万元的反诉请求不予支持。金核公司关于无需退还临钢公司已支付的矿权合作补偿价款的诉讼请求已包含在其要求确认临钢公司解除案涉协议行为无效的诉讼请求中，无须单独主张，故一审法院对金核公司该项诉讼请求在判项中不予表述。

（三）关于临钢公司主张的勘查费用损失3288150元，修路费用损失5538600元，矿山道路通行维护费损失1500000元，工程费用、管理费用等损失5702257元、利息损失9465104.15元及律师费用损失429161.32元的赔偿问题。临钢公司的上述反诉请求均是基于案涉合同解除而主张，因合同未予解除，故一审法院对临钢公司的上述反诉请求均依法不予支持。

综上，根据《中华人民共和国合同法》第八条、第六十条、《中华人民共和国民事诉讼法》第一百五十二条及《最高人民法院关于民事诉讼证据的若干规定》第二条之规定，一审法院判决如下：（一）临钢公司解除《合作勘查开发协议》的行为无效，临钢公司与金核公司继续履行双方于2011年10月10日签订的《合作勘查开发协议》；（二）驳回临钢公司的反诉请求。本诉案件受理费100元，由临钢公司负担。反诉案件受理费356807.13元，由临钢公司负担。

临钢公司不服一审判决，向本院提起上诉称：（一）金核公司违反《合作勘查开发协议》，且合同目的因其违约行为而无法实现，临钢公司有权根据《中华人民共和国合同法》以及《合作勘查开发协议》的约定解除合同，一审判决错误地认定金核公司不存在违约行为，不足以导致合同目的无法实现，应当予以纠正。（二）在临钢公司有权解除《合作勘查开发协议》的情况下，金核公司应向临钢公司返还相应的款项，并赔偿损失，一审法院未支持临钢公司的相关诉讼请求，存在错误，应当予以纠正。请求：1、撤销（2014）新民二初字第13号民事判决的第一项和第二项；2、改判解除双方签订的《合作勘查开发协议》；3、改判金核公司向临钢公司返还矿权合作补偿价款3500万元；4、改判金核公司赔偿临钢公司支出的勘查费用损失3288150元，修路费用损失5538600元，矿山道路通行维护费损失150万元，工程费用和管理费用等损失5702257元；5、改判金核公司赔偿临钢公司利息损失，以同期同类银行贷款利率为计算标准，合作补偿价款3500万元从金核公司实际收款日（2011年10月25日）起计算至实际还款之日止；其他损失款从临钢公司提出解除合同之日（2013年11月22日）起计算至实际还款之日止；6、改判金核公司赔偿临钢公司一审律师费用损失20万元；7、判令金核公司赔偿临钢公司二审律师费用损失50万元；8、判令金核公司承担一审和二审全部诉讼费用。

金核公司答辩称：（一）金核公司自身并无过错，不存在严重违约行为，不影响双方签订的《合作勘查开发协议》合同目的的实现，临钢公司无权解除协议。一审判决的认定是客观、公正的。（二）临钢公司理应依法按约继续履行协议，其要求金核公司退回矿权合作补偿价款，并赔偿所谓损失，不能成立。请求驳回临钢公司的上诉请求。

临钢公司在二审中提供了以下新证据：新证据一、勘查区域与自然保护区位置平面图和卫星地图，拟证明案涉勘查区域位于保护区范围内。新证据二、《代理协议》和律师费发票，拟证明临钢公司因本案支出二审律师费50万元。新证据三、光盘视频和视频谈话文字记录，拟证明塔什库尔干县2012年起就不允许设立任何矿产开发企业。

金核公司对临钢公司出示的新证据质证认为：新证据一中的勘查区域坐标与金核公司掌握的坐标点有出入，应以探矿权证以及新疆维吾尔自治区国土资源厅官网上的坐标点为准。新证据二律师费是临钢公司的单方民事行为，不应由金核公司承担。新证据三视频来源不规范，存在不确定的因素，不符合证据三性原则，不能证明待证目的。

金核公司在二审中提供了以下新证据：新证据一、新疆塔什库尔干县乌如克铁矿详查探矿权证（证号：T65120081202022682），拟证明案涉矿权的有效期延续至2017年5月19日，合法有效，具备继续合作勘查开发的条件。新证据二、新疆维吾尔自治区国土资源厅《关于下达2015年中央返还两权价款资金矿产调查评价（第一批）项目任务书的通知》，拟证明2015年中央及新疆地方仍然加大在保护区范围内的矿产勘查开发投资、作业，地质调查院还继续承担该区域的矿产调查评价项目作业。新证据三、保护区功能区划图和该区域部分矿权分布情况及相关说明，拟证明保护区内存在上百家探矿权及采矿权，临钢公司在该区域还有其他已收购的矿权，双方合作的矿权位于实验区和缓冲区，不影响合作勘查开发的进行，不影响合同目的的实现。新证据四、现场照片一组，拟证明双方签订合同后进行了道路施工以及机械进场的情况，《合作勘查开发协议》已经实际履行了两年多时间。

临钢公司对金核公司出示的新证据质证认为：新证据一的真实性认可，但不认可合法性及证明目的，按照相关规定自然保护区内不允许任何矿产资源的勘探、开发，对主管部门是否应该颁发此证存疑。新证据二的真实性无法确认，不认可其关联性及证明目的，文件中未包含案涉矿权，且两权价款由中央财政予以返还不能证明勘探、开发矿产资源的合法性。新证据三由金核公司单方制作，内容是否准确无法确认，不认可其真实性及证明目的，探矿区域到底在自然保护区的实验区还是缓冲区，缺乏权威第三方来源。新证据四的八张现场照片的真实性存疑，且第一张拍摄于双方签订协议之前，这些照片反映了当地恶劣的自然条件，修建的道路桥梁等设施可以印证我方的损失。

本院对临钢公司出示的新证据认证如下：新证据一平面图及卫星地图由临钢公司单方自作，金核公司不予认可，其客观性无法确定，不予采信。新证据二《代理协议》及律师费支付凭证，金核公司对其真实性未提出意义，且未提交足以反驳的证据，予以采信。新证据三视频及其文字记录的真实性不能确定，不予采信。

本院对金核公司出示的新证据认证如下：新证据一探矿权证的真实性临钢公司不持异议，予以采信。新证据二当地国土资源厅的文件与本案无关联性，不予采信。新证据三图纸及相关说明由金核公司单方制作，临钢公司不予认可，其客观性、真实性无法确定，不予采信。新证据四照片的真实性无法确定，不予采信。

本院对一审法院查明的事实予以确认。

本院认为，当事人二审争议的焦点在于：（一）临钢公司与金核公司签订的《合作勘查开发协议》应否解除；（二）临钢公司要求金核公司返还合作补偿价款并赔偿投入损失的请求能否成立。

（一）关于案涉《合作勘查开发协议》应否解除的问题

《合作勘查开发协议》项下的探矿权位于新疆塔什库尔干野生动物自然保护区范围内，该自然保护区设立在先，金核公司的探矿权取得在后，从协议第6.2.3条关于"乙方保证取得的上述探矿证……不在冰川保护区、自然保护区、风景区等可能影响矿山开发的区域范围内"的约定来看，双方当事人均知道或者应当知道在自然保护区内不允许进行矿产资源的勘探和开发。《中华人民共和国自然保护区条例》第二十六条规定，禁止在自然保护区内进行砍伐、放牧、狩猎、捕捞、采药、开垦、烧荒、开矿、采石、挖沙等活动。金核公司主张，案涉矿权虽在自然保护区范围内，但处于实验区和缓冲区，依法允许勘探。《中华人民共和国自然保护区条例》第十八条规定："自然保护区可以分为核心区、缓冲区和实验区。自然保护区内保存完好的天然状态的生态系统以及珍稀、濒危动植物的集中分布地，应当划为核心区，禁止任何单位和个人进入；除依照本条例第二十七条的规定经批准外，也不允许进入从事科学研究活动。核心区外围可以划定一定面积的缓冲区，只准进入从事科学研究观测活动。缓冲区外围划为实验区，可以进入从事科学试验、教学实习、参观考察、旅游以及驯化、繁殖珍稀、濒危野生动植物等活动。"金核公司主张探矿属于"等活动"的范围。本院认为，开矿属于《中华人民共和国自然保护区条例》第二十六条明令禁止的行为，显然不包含在该条例第十八条所允许的活动范围内。金核公司的该项主张，缺乏法律依据，不能成立。因此，双方签订的《合作勘探开发协议》违反了《中华人民共和国自然保护区条例》的禁止性规定，如果认定该协议有效并继续履行，将对自然环境和生态造成严重破坏，损害环境公共利益。根据《中华人民共和国合同法》第五十二条第四项、第五项之规定，《合作勘查开发协议》应属无效。一审法院认定该协议有效并判令双方继续履行，适用法律错误，本院予以纠正。无效合同不存在解除问题，故对金核公司要求确认临钢公司解除《合作勘查开发协议》的行为无效的本诉请求，以及临钢公司要求判决解除《合作勘查开发协议》的反诉请求，均不予支持。

（二）关于返还财产及赔偿损失的认定问题

《中华人民共和国合同法》第五十八条规定："合同无效或者被撤销后，因该合同取得的财产，应当予以返还；不能返还或者没有必要返还的，应当折价补偿。有过错的一方应当赔偿对方因此所受到的损失，双方都有过错的，应当各自承担相应的责任。"因《合作勘查开发协议》无效，临钢公司基于该协议向金核公司支付的3500万元矿权合作补偿价款，金核公司应当予以返还。临钢公司在《合作勘查开发协议》履行期间，与喀什地区公路桥梁工程有限责任公司签订了《新疆塔什库尔干乌如克铁矿普查项目道路施工工程项目合同书》及《补充合同》，委托后者为案涉勘查项目修建道路，该道路已物化为矿区财产，应由金核公司予以补偿。临钢公司为此支付的工程款中的250万元有加盖银行印鉴的付款凭证为凭，证据充分，本院予以支持。其余303.86万元修路费用以及临钢公司主张的328.815万元勘查费用、150万元矿山道路通行维护费，相关付款凭证为临钢公司自行打印的电子回单，未经银行盖章确认。金核公司在一审质证中提出，电子回单可以自己打印，但应当去银行补盖印章，对其真实性并不认可。临钢公司在二审中仍未就此补强证据，其付款凭证的真实性不能确定，本院不予认定。临钢公司主张的5702257元工程费用、管理费用损失是项目公司日常经营管理中的费用支出，付款人均为项目公司，而临钢公司及金核公司在项目公司成立时均有注资，不能仅认定为临钢公司的损失，该部分款项应在项目公司清算时另行解决。临钢公司在合作前未对矿区位置进行必要的调查了解便盲目投资，对《合作勘查开发协议》的无效具有过错，应当自行承担由此导致的资金利息损失，故对其上诉主张的约665.33万元利息损失，不予支持。临钢公司主张律师费用的依据为《合作勘查开发协议》第7.2条的约定，现该协议已被认定无效，律师费用应由临钢公司自行承担。金核公司的探矿权仍在其名下，不存在返还问题。临钢公司应将该矿的经营管理权交还金核公司。金核公司如因《合作勘查开发协议》无效而遭受损失的，可另案主张权利。

综上所述，一审判决认定事实清楚，但适用法律不当，应予纠正。本院根据《中华人民共和国民事诉讼法》第一百七十条第一款第二项之规定，判决如下：

一、撤销新疆维吾尔自治区高级人民法院（2014）新民二初字第13号民事判决；

二、新疆临钢资源投资股份有限公司与四川金核矿业有限公司签订的《新疆塔什库尔干县乌如克铅多金属矿普查探矿权合作勘查开发协议》无效；

三、四川金核矿业有限公司于本判决生效之日起十日内向新疆临钢资源投资股份有限公司返还矿权合作补偿价款3500万元；

四、四川金核矿业有限公司于本判决生效之日起十日内赔偿新疆临钢资源投资股份有限公司修路费用损失250万元；

五、驳回四川金核矿业有限公司的诉讼请求；

六、驳回新疆临钢资源投资股份有限公司的其他诉讼请求。

如未按本判决指定的期间履行给付金钱义务的，应当按照《中华人民共和国民事诉讼法》第二百五十三条的规定，加倍支付迟延履行期间的债务利息。

一审本诉案件受理费100元，反诉案件受理费356807.13元，由金核公司与临钢公司各负担178453.565元。二审案件受理费333711.54元，由金核公司与临钢公司各负担166855.77元。

本判决为终审判决。

审 判 长　王季君
代理审判员　晏　景
代理审判员　朱　婧
二〇一五年十一月十四日
书 记 员　冯哲元

山东省德州市中级人民法院
民事判决书

(2015) 德中环公民初字第 1 号

原告：中华环保联合会。住所地：北京市朝阳区和平里 14 区青年沟东路华表大厦 6 层。

负责人：谢玉红，副秘书长。

委托代理人：张猛，山东康桥律师事务所律师。

委托代理人：李树森，山东康桥律师事务所律师。

被告：德州晶华集团振华有限公司。住所地：山东省德州市德城区湖滨南路 55 号。

法定代表人：王金平，总经理。

委托代理人：张顺华，山东铜镜律师事务所律师。

委托代理人：刘洪赞，河北合明律师事务所律师。

原告中华环保联合会与被告德州晶华集团振华有限公司（以下简称振华公司）大气环境污染责任纠纷公益诉讼一案，本院于 2015 年 3 月 24 日受理后，于 2015 年 3 月 25 日公告案件受理情况。在公告期满后，未收到其他机关或社会组织参加诉讼的申请。本院依法组成合议庭，于 2016 年 6 月 24 日公开开庭进行了审理，原告中华环保联合会的委托代理人李树森、张猛，被告振华公司的委托代理人张顺华、刘洪赞到庭参加了诉讼。本案现已审理终结。

原告中华环保联合会诉称，振华公司原有三条浮法玻璃生产线，1#线已于 2011 年全面停产，2#线、3#线因玻璃生产特殊工艺要求及冬季供暖，一直继续生产，振华公司虽已投入资金建设了两线脱硫除尘设施，但 2#、3#线两个烟囱向大气长期超标外排放污染物，造成了严重的大气污染，严重影响了周围居民生活,被环境保护主管部门多次处罚后仍未整改,继续超标向大气排放污染物,根据《最高人民法院关于审理环境民事公益诉讼案件适用法律若干问题的解释》,特提起诉讼,请求法院判令:一、被告立即停止超标向大气排放污染物,增设大气污染防治设施,经环境保护行政主管部门验收合格并投入使用后方可进行生产经营活动;二、被告赔偿因超标排放污染物造成的损失2040万元(按照被告大气污染防治设施投入及运营的成本计算得出);三、被告赔偿因拒不改正超标排放污染物行为造成的损失780万元(以10万为基数,自2015年1月1日开始暂计算至2015年3月19日);四、被告在省级及以上媒体向社会公开赔礼道歉;五、本案诉讼、检验、鉴定、专家证人、律师及诉讼支出的费用由被告承担。上述第二、三项诉讼请求中的赔偿款项支付至地方政府财政专户,用于德州市大气污染的治理。后原告中华环保联合会将诉讼请求第二项变更为判令被告赔偿因超标排放污染物造成的损失2746万元。

被告振华公司答辩称,一、被告已经停止侵害;二、原告所诉因果关系难以判定,大气污染是动态的,无法确定大气污染是由被告一家企业造成的;三、对原告单方作出的鉴定评估意见不认可,原告所诉损害赔偿金额及要求在媒体公开道歉没有事实依据,原告在索赔时应当考虑被告已经实际投入的运营成本;四、同意原告要求被告将赔偿款项放置专项财政账户的诉讼请求。

经审理查明,原告中华环保联合会于2005年4月22日经民政部登记注册,宗旨为围绕可持续发展战略,围绕实现国家环境保护目标,围绕维护公众环境权益,发挥政府与社会之间的桥梁和纽带作用,推动资源节约型、环境友好型社会建设,推动中国及全人类环境事业的进步与发展。业务范围:围绕国家环境与发展的目标和任务,充分发挥政府与社会之间的桥梁和纽带作用,为各级政府及其有关行政主管部门提供决策建议;组织开展环境与发展论坛、环保新技术推介等活动,受政府委托承办或根据环境保护需要开展相关成果展览,推动资源节约型、环境友好型社会建设;组织开展维护环境权益的理论研究和实践活动,积极推动维护环境权益的立法和执法,建立健全环境权益保障体系,为环境权益受到侵害的弱势群体提供法律帮助,维护其合法环境权益;开展环境领域公众参与、社会监督,多渠道多角度为环境领域公众参与和社会监督创造条件,构建环境领域公众参与和社会监督的平台;开展环境政策、法律、法规和环保科技咨询服务；开展环境保护的宣传教育活动，普及环境保护和维护环境权益知识，提高全民的环保意识和环境维权意识；组织开展国际民间环境交流与合作，接受委托，组织和承担环境保护国际合作项目；开展环境公益活动，促进环境公益活动社会化，承办政府及有关组织委托的其他工作。经民政部年度检查，2009年度合格、2010年度合格、2011年度基本合格、2012年度基本合格、2013年度合格。原告中华环保联合会提供了2009年至2013年各年度工作报告，内容主要体现从事环境问题调研、提供环境保护咨询服务、承接国家课题、召开理论研讨会、交流会，并声明自成立以来无违法记录。

被告振华公司成立于2000年，经营范围包括电力生产、平板玻璃、玻璃空心砖、玻璃深加工、玻璃制品制造等。2002年12月，该公司600T/D优质超厚玻璃项目通过环境影响评价的审批，2003年11月，通过"三同时"验收。2007年11月，该公司高档优质汽车原片项目通过环境影响评价的审批，2009年2月，通过"三同时"验收。

根据德州市环境保护监测中心站的监测，2012年3月、5月、8月、12月，2013年1月、5月、8月，振华公司废气排放均能达标。2013年11月、2014年1月、5月、6月、11月，2015年2月排放二氧化硫、氮氧化物及烟粉尘存在超标排放情况。德州市环境保护局分别于2013年12月、2014年9月、2014年11月、2015年2月对振华公司进行行政处罚，处罚数额均为10万元。2014年12月，山东省环境保护厅对其进行行政处罚。处罚数额10万元。2015年3月23日，德州市环境保护局责令振华公司立即停产整治，2015年4月1日之前全部停产，停止超标排放废气污染物。原告中华环保联合会起诉之后，2015年3月27日，振华公司生产线全部放水停产，并于德城区天衢工业园以北养马村新选厂址，原厂区准备搬迁。

本案审理阶段，为证明被告振华公司超标排放造成的损失，2015年12月，原告中华环保联合会与环境保护部环境规划院订立技术咨询合同，委托其对振华公司排放大气污染物致使公私财产遭受损失的数额，包括污染行为直接造成的财产损坏、减少的实际价值，以及为防止污染扩大、消除污染而采取必要合理措施所产生的费用进行鉴定。2016年5月，环境保护部环境规划院环境风险与损害鉴定评估研究中心根据已经双方质证的本院调取的证据作出评估意见，鉴定结果为：振华公司位于德州市德城区市区内,周围多为居民小区,原有浮法玻璃生产线三条,1#浮法玻璃生产线已于2011年10月全面停产,2#生产线600t/d优质超厚玻璃生产线和3#生产线400t/d高档优质汽车玻璃原片生产线仍在生产。1、污染物性质,主要为烟粉尘、二氧化硫和氮氧化物。根据《德州晶华集团振华有限公司关于落实整改工作的情况汇报》有关资料显示:截止2015年3月17日,振华公司浮法二线未安装或未运行脱硫和脱硝治理设施;浮法三线除尘、脱硫设施已于2014年9月投入运行;2、污染物超标排放时段的确认,二氧化硫超标排放时段为2014年6月10日-2014年8月17日,共计68天,氮氧化物超标排放时段为2013年11月5日-2014年6月23日、2014年10月22日-2015年1月27日,共计327天,烟粉尘超标排放时段为2013年11月5日-2014年6月23日,共计230天;3、污染物排放量,在鉴定时段内,由于企业未安装脱硫设施造成二氧化硫全部直接排放进入大气的超标排放量为255吨,由于企业未安装脱硝设施造成氮氧化物全部直接排放进入大气的排放量为589吨,由于企业未安装除尘设施或除尘设施处理能力不够造成烟粉尘部分直接排放进入大气的排放量为19吨;4、单位污染物处理成本,根据数据库资料,二氧化硫单位治理成本为0.56万元/吨,氮氧化物单位治理成本为0.68万元/吨,烟粉尘单位治理成本为0.33万元/吨;5、虚拟治理成本,根据《环境空气质量标准》、《环境损害鉴定评估推荐方法(第Ⅱ版)》、《突发环境事件应急处置阶段环境损害评估技术规范》,本案项目处环境功能二类区,生态环境损害数额为虚拟治理成本的3-5倍,本报告取参数5,二氧化硫虚拟治理成本共计713万元,氮氧化物虚拟治理成本2002万元,烟粉尘虚拟治理成本31万元;鉴定结论,被告企业在鉴定期间超标向空气排放二氧化硫共计255吨、氮氧化物共计589吨、烟粉尘共计19吨,单位治理成本分别按0.56万元/吨、0.68万元/吨、0.33万元/吨计算,虚拟治理成本分别为713万元、2002万元、31万元,共计2746万元。

在本案审理过程中,原告中华环保联合会申请环境保护部环境规划院专家吴琼出庭,就二氧化硫、氮氧化物、烟粉尘超标排放给大气造成的损害、污染物排放时间、污染物排放量、单位治理成本、虚拟治理成本、生态损害赔偿数额的确定以及被告投入运营设备是否会对虚拟治理成本产生影响提出专家意见,本院予以准许。吴琼认为,二氧化硫、氮氧化物以及烟粉尘是酸雨的前导物,超标排放肯定会对财产及人身造成损害,进而对生态环境造成损害,使大气环境的生态服务价值功能受到损害,影响大气环境的清洁程度和生态服务价值功能;因被告单位项目区域周围多为居民社区、属于环境保护域内保护的敏感点,按照环境损害评估推荐方法虚拟治理成本可取3-5倍,可取较高值为参数5;被告已经投入的运营设备对虚拟治理成本的计算不会产生影响,且虚拟治理成本中不包含惩罚性赔偿因素。

另查明,原告中华环保联合会支付技术咨询合同费用10万元;原告中华环保联合会与山东康桥律师事务所于2016年4月20日订立委托代理合同,约定按照诉讼标的2746万元计算代理费,为436100元,但未提交交款凭证或发票,原告中华环保联合会亦承认至开庭之日该费用未发生;原告中华环保联合会主张为诉讼支出交通住宿等费用1万元,但未提交支付凭证。

还查明,被告振华公司曾分别与德州峰骋液压机械有限公司、张家港市锦明环保工程装备有限公司、德州海山水电暖设备安装有限公司等公司订立施工合同或购销合同,就2#生产线、3#生产线脱硫除尘项目供货、施工、安装、制作等进行了约定,各合同约定价款总计为1815万元,被告振华公司要求将此费用从赔偿数额中扣除。

以上事实,有中华环保联合会章程、声明、2009年度-2013年度报告书、振华公司600t/d优质超厚玻璃生产线项目环境影响评价报告表及审批意见、振华公司高档优质汽车玻璃原片项目环境影响报告表及审批意见、振华公司600t/d优质超厚玻璃生产线项目及天然气替代重油燃烧节能改造工程竣工环境保护验收监测表及审批意见、振华公司高档优质汽车玻璃原片项目竣工环境保护验收监测报告表及验收的批复、振华公司废气监测报告、德州市环境保护局行政处罚决定书、技术咨询合同、鉴定评估意见、合同、调查笔录、庭前会议笔录、勘验笔录及开庭笔录在卷证实。

本院认为,根据双方的起诉与答辩,双方争议焦点为:一、本案原、被告主体是否适格?二、被告振华公司应承担何种民事责任,损害赔偿数额如何计算?

关于焦点一,本案原、被告主体是否适格?

《中华人民共和国环境保护法》第五十八条规定,对污染环境、破坏生态、损害社会公共利益的行为,符合下列条件的社会组织可以向人民法院提起诉讼:(一)依法在设区的市级以上人民政府民政部门登记;(二)

专门从事环境保护公益活动连续五年以上且无违法记录。原告中华环保联合会系 2005 年 4 月 22 日在民政部登记成立的社会组织,自登记之日至本案起诉之日成立满五年,从事环境保护公益活动满五年,并无违法记录。庭审中,被告振华公司对原告中华环保联合会作为环保公益组织提起本案诉讼亦无异议。因此,原告中华环保联合会是本案的适格主体。

根据《最高人民法院关于审理环境民事公益诉讼案件适用法律若干问题的解释》(以下简称环境民事公益诉讼司法解释)第一条规定,法律规定的机关和有关组织依据民事诉讼法第五十五条、环境保护法第五十八条等法律的规定,对已经损害社会公共利益或者具有损害社会公共利益重大风险的污染环境、破坏生态的行为提起诉讼,符合民事诉讼法第一百一十九条第二项、第三项、第四项规定的,人民法院应予受理;第十八条规定,对污染环境、破坏生态,已经损害社会公共利益或者具有损害社会公共利益重大风险的行为,原告可以请求被告承担停止侵害、排除妨碍、消除危险、恢复原状、赔偿损失、赔礼道歉等民事责任。本院认为,企业事业单位和其他生产经营者超过污染物排放标准或者重点污染物排放总量控制指标排放污染物的行为可以视为是具有损害社会公共利益重大风险的行为。被告振华公司超量排放的二氧化硫、氮氧化物、烟粉尘会影响大气的服务价值功能。其中,二氧化硫、氮氧化物是酸雨的前导物,超量排放可至酸雨从而造成财产及人身损害,烟粉尘的超量排放将影响大气能见度及清洁度,亦会造成财产及人身损害。被告振华公司自 2013 年 11 月起,多次超标向大气排放二氧化硫、氮氧化物、烟粉尘等污染物,经环境保护行政管理部门多次行政处罚仍未改正,其行为属于法律规定的"具有有损害社会公共利益重大风险的行为",故被告振华公司是本案的适格被告。

关于焦点二,被告振华公司应承担何种民事责任,损害赔偿数额如何计算?

根据环境民事公益诉讼司法解释十八条的规定,环境民事公益诉讼案件承担责任的方式包括六种:停止侵害、排除妨碍、消除危险、恢复原状、赔偿损失、赔礼道歉。原告中华环保联合会关于被告振华公司立即停止超标向大气排放污染物以及在省级以上媒体向社会公开赔礼道歉的诉讼请求于法有据。根据本院查明的事实,被告振华公司已于 2015 年 3 月 27 日放水停产,停止使用原厂区,可认定被告振华公司已经停止侵害。环境权益具有公共权益的属性,从经济学角度而言,环境资源是一种综合性的财产,在美学层面上,优良的环境可以成为人的精神活动的对象,因被告振华公司超标向大气排放污染物,其行为侵害了社会公共的精神性环境权益,应当承担赔礼道歉的民事责任。

关于生态损害赔偿费用。为证明被告振华公司因其行为应当承担的生态损害赔偿数额,原告中华环保联合会以双方提交的证据以及本院向环境保护机关调取的证据为依据,委托环境保护部环境规划院进行鉴定评估,经评估,二氧化硫单位治理成本为0.56万元/吨,超标排放255吨,虚拟治理成本为142.8万元(0.56万元/吨×255吨);氮氧化物单位治理成本为0.68万元/吨,超标排放589吨,虚拟治理成本400.52万元(0.68万元/吨×589吨);烟粉尘单位治理成本为0.33万元/吨,超标排放19吨,虚拟治理成本6.27万元(0.33万元/吨×19吨)。本院认为,一、原告中华环保联合会提交的鉴定评估报告虽系单方委托作出,评估机构具有法定资质,评估事项与待证事实有关,评估依据均已经过原、被告双方的质证,具备证据的真实性、客观性、关联性,且被告振华公司未举出相反证据推翻该鉴定评估报告,本院认为该报告可以作为认定事实的依据;二、根据德州市环境保护局《关于德州晶华集团振华有限公司高档优质汽车玻璃原片项目环境影响评价执行标准的意见》、《环境空气质量标准》(GB3095-2012)、《环境损害鉴定评估推荐方法(第Ⅱ版)》、《突发环境事件应急处置阶段环境损害评估技术规范》的规定,利用虚拟治理成本法计算得到的环境损害可以作为生态环境损害赔偿的依据,被告振华公司所在区域为空气功能区为二类,按照规定,环境空气二类区生态损害数额为虚拟治理成本的3-5倍,本院认定按虚拟治理成本的4倍计算生态损害数额,即:2198.36万元(142.8万元×4+400.52万元×4+6.27万元×4);三、《中华人民共和国侵权责任法》第六十六条规定,因污染环境发生纠纷,污染者应当就法律规定的不承担责任或者减轻责任的情形及其行为与损害之间不存在因果关系承担举证责任。《最高人民法院关于审理环境侵权责任纠纷案件适用法律若干问题的解释》第七条规定,污染者举证证明下列情形之一的,人民法院应当认定其污染行为与损害之间不存在因果关系:(一)排放的污染物没有造成该损害可能的;(二)排放的可造成该损害的污染物未到达该损害发生地的;(三)该损害于排放污染物之前已经发生的;(四)其他可以认定污染行为与损害之间不存在因果关系的情形。被告振华公司主张因其已投入脱硫设备,运营成本1815万元,应当据此减轻责任。本院认为，鉴定评估报告是对被告振华公司现有脱硫、除尘设备予以确认的情况下对污染物超标排放量及治理成本进行了认定，被告振华公司该项请求不属于法律规定的不承担责任或者减轻责任的情形，故对被告振华公司该项抗辩本院不予认可。

关于原告中华环保联合会要求被告振华公司赔偿因超标排放污染物造成的损失780万元。本院认为，原告中华环保联合会该项诉讼请求的依据是《中华人民共和国大气污染防治法》第九十九条及《中华人民共和国环境保护法》第五十九条，该两条规定的是行政处罚而非民事责任，且环境民事公益诉讼司法解释中并未规定惩罚性赔偿，故原告中华环保联合会该项诉讼请求法律依据不足，本院不予支持。

关于原告中华环保联合会"增设大气污染防治设施，经环境保护行政主管部门验收合格并投入使用后方可进行生产经营活动"的诉讼请求，因该项诉讼请求不属于环境民事公益诉讼司法解释规定的承担责任的方式中的任何一种，加之被告振华公司已经放水停产，原厂停止使用，另选新厂址，故对原告中华环保联合会该项诉讼请求本院不予支持。

关于评估费用、律师费以及为诉讼支出的其他合理费用问题。根据环境民事公益诉讼司法解释第二十二条规定，原告请求被告承担检验、鉴定费用，合理的律师费以及为诉讼支出的其他合理费用的，人民法院可以予以支持。原告中华环保联合会主张的评估费用10万元，属于为诉讼合理支出，本院予以支持；其主张律师费40万元及其他诉讼支出费用1万元，原告中华环保联合会承认关于律师费仅订立委托合同，未实际支付，且未就诉讼支出1万元提交支付凭证，关于此项请求本院不予支持。

综上所述，依照《中华人民共和国民法通则》第一百二十四条、《中华人民共和国侵权责任法》第六十六条，《中华人民共和国环境保护法》第五十八条，《最高人民法院关于审理环境侵权责任纠纷案件适用法律若干问题的解释》第八条，《最高人民法院关于审理环境民事公益诉讼案件适用法律若干问题的解释》第一条、第二条、第十八条、第二十条、第二十二条、第二十三条判决如下：

一、被告德州晶华集团振华有限公司于本判决生效之日起30日内赔偿因超标排放污染物造成的损失2198.36万元，支付至德州市专项基金账户，用于德州市大气环境质量修复；

二、被告德州晶华集团振华有限公司在省级以上媒体向社会公开赔礼

道歉;

三、被告德州晶华集团振华有限公司于本判决生效之日起 10 日内支付原告中华环保联合会所支出的评估费 10 万元;

四、驳回原告中华环保联合会其他诉讼请求。

如未按本判决指定的期间履行给付金钱义务,应当依照《中华人民共和国民事诉讼法》第二百五十三条之规定,加倍支付迟延履行期间的债务利息。

案件受理费 182000 元,由被告德州晶华集团振华有限公司负担。

如不服本判决,可在判决书送达之日起十五日之内向本院递交上诉状,并按对方当事人的人数或者代表人的人数提出副本,上诉于山东省高级人民法院。

审　判　长　刘立兵
代理审判员　张小雪
代理审判员　高晓敏
二〇一六年七月十八日
书　记　员　王　洁

《环境资源审判指导》稿约

《环境资源审判指导》由最高人民法院环境资源审判庭编写，以关注、探讨我国环境资源审判工作中的理论和实务问题为宗旨，是最高人民法院指导全国法院环境资源审判工作的窗口，也为全国环境资源审判工作人员及其他关注、研究环境资源审判工作的人士提供了一个广阔、互动的交流平台。

本丛书设置的主要栏目有：

【环境资源审判政策与精神】主要包括领导同志对环境资源审判工作的指示、讲话等，有关的环境资源审判工作会议精神等。

【法律法规、中央文件、司法解释、规范性文件】主要收录与环境资源审判有关的法律法规、中央文件、司法解释及最高人民法院规范性文件等。

【环境资源部门规章】主要收录与环境资源审判有关的部门规章。

【案例研析】刊登生效的环境资源类典型案例，主要包括当事人基本情况、当事人诉请和答辩情况、法院查明事实、法院裁判要旨、关于案件事实和法律适用的分析与认定等内容，所涉及的争议问题适用法律正确、分析论证透彻。

【法官学术交流】刊登法官出国考察、参与国际学术研讨、国内学术研究等形成的报告、论文等，为比较法研究提供素材。

【裁判文书选登】精选刊登一些认定事实清楚，适用法律准确，逻辑性、说理性比较强的环境资源类案件裁判文书供读者研究、参考。

我们热忱欢迎司法理论和实务工作者，尤其是人民法院的同志赐稿，我们将以稿件质量及对人民法院环境资源审判工作的参考和借鉴价值为唯一评判标准。来稿请写明个人基本信息、联系地址、电话、电子邮箱。诚然，由于水平所限，经验阙如，编撰工作中缺点和错误在所难免，敬请广大读者不吝赐教，批评指正。

投稿方式：请将电子文本发送至邮箱 hjzyspzd@163.com。

银行汇款方式：

开户银行：工行王府井金街支行
账　　号：0200000709004606170
开户名称：人民法院出版社
传　　真：010—67550541
邮　　箱：fysgzzz@163.com

邮局汇款方式：

邮　　编：100745
地　　址：北京市东城区东交民巷27号
联系人：人民法院出版社工作总站
咨询电话：010-67550536/67550538
网　　址：www.courtpress.com.cn

人民法院出版社收款凭证　　　年 月 日

代号	书名	单价	邮费	合计	订数	金额
K201408	民事审判指导与参考（2018年1-4辑）	200	30	230		
K201509	商事审判指导（2018年1-4辑）	200	30	230		
K201411	审判监督指导（2018年1-4辑）	200	30	230		
K201410	立案工作指导（2018年1-2辑）	100	15	115		
K201412	知识产权审判指导（2018年1-2辑）	100	15	115		
K201413	涉外商事海事审判指导（2018年1-2辑）	100	15	115		
	环境资源审判指导（2018年1-2辑）	100	15	115		
合计金额				仟 佰 拾 元 角 分		

人民法院出版社书刊发行单

订购单位						
详细地址			邮政编码			
联系人			联系电话			

代号	书名	单价	邮费	合计	订数	金额
K201408	民事审判指导与参考（2018年1-4辑）	200	30	230		
K201509	商事审判指导（2018年1-4辑）	200	30	230		
K201411	审判监督指导（2018年1-4辑）	200	30	230		
K201410	立案工作指导（2018年1-2辑）	100	15	115		
K201412	知识产权审判指导（2018年1-2辑）	100	15	115		
K201413	涉外商事海事审判指导（2018年1-2辑）	100	15	115		
	环境资源审判指导（2018年1-2辑）	100	15	115		
合计金额				仟 佰 拾 元 角 分		

注：请将此订单填写清楚后寄回或传真给我社发行中心。

　　如需发票，请注明。

欢 迎 订 阅

2018 年度中国审判指导丛书

中国审判指导丛书由最高人民法院各有关业务庭室组织编写,最高人民法院相关领导任各辑主编。该丛书及时刊登相关政策、案例、司法解释及其理解与适用等,对各级人民法院的审判工作具有权威指导作用。人民法院出版社自出版发行该丛书以来,受到了广大读者,特别是全国各级法院法官们的欢迎,对指导全国法院的审判工作发挥了重要的作用。

《民事审判指导与参考》由最高人民法院民事审判第一庭编。该书自 2011 年起由人民法院出版社出版,旨在传播最高人民法院和地方各级人民法院的优秀民事审判工作经验,对最新疑难经典案例进行探讨与解析,提供审判实践中解决疑难问题的思路,是最高人民法院民一庭履行对下指导的工作平台。全年四辑,每辑 50 元,共 200 元。

《商事审判指导》由最高人民法院民事审判第二庭编。本书刊登最高人民法院关于商事审判工作的指导意见、司法解释及其理解与适用、典型案例评析、重要裁判文书等,具有指导性、权威性。全年四辑,每辑 50 元,共 200 元。

《审判监督指导》由最高人民法院审判监督庭编,最高人民法院审判委员会委员孙华璞主编。书中主要收录了审判监督工作的政策与精神、司法解释及其理解与适用、案例评析等。另外,还选登了部分优秀裁判文书。本书对审判监督工作具有重要的指导和参考作用。全年四辑,每辑 50 元,共 200 元。

《立案工作指导》由最高人民法院立案庭编,最高人民法院副院长姜伟主编。书中主要收录了立案工作的政策与精神,法律法规、司法解释及其理解与适用,请示与答复,申诉与申请再审疑案评析等。另外,选登了部分优秀裁判文书。全年两辑,每辑 50 元,共 100 元。

《知识产权审判指导》由最高人民法院民事审判第三庭编,最高人民法院副院长陶凯元主编。本书是我国知识产权审判工作的指导用书,主要内容有:知识产权审判政策与精神、知识产权司法解释理解与适用以及案例点评等,同时收录了反映知识产权审判动态的文章、重要的专题论述和优秀裁判文书等。全年两辑,每辑 50 元,共 100 元。

《涉外商事海事审判指导》由最高人民法院民事审判第四庭编,最高人民法院审判委员会副部级专职委员刘贵祥主编。本书收录了有关涉外审判的领导讲话、司法解释、相关资料信息以及有关涉外商事海事审判的实务性论文。全年两辑,每辑 50 元,共 100 元。

《环境资源审判指导》由最高人民法院环境资源审判庭编。本书收录了有关环境资源审判最新司法政策与精神、司法解释、环境资源部门规章和环境资源刑事、民事、行政典型案例及其释评;同时,还视情约请全国法院资深法官或者学界著名专家对有关环境资源审判热点问题进行深度研讨。全年两辑,每辑 50 元,共 100 元。

<u>上述图书,邮购另加15%邮费。</u>